내 일과 삶을 가꾸는 기술
잡 크래프팅

내 일과 삶을 가꾸는 기술
잡 크래프팅

1판 1쇄 발행 2014. 7. 25.
1판 3쇄 발행 2022. 6. 1.
2판 1쇄 발행 2023. 3. 10.
2판 2쇄 발행 2023. 6. 20.

지은이 임명기

발행인 고세규
편집 임여진 디자인 유향주 마케팅 백선미 홍보 이한솔
발행처 김영사
등록 1979년 5월 17일(제406-2003-036호)
주소 경기도 파주시 문발로 197(문발동) 우편번호 10881
전화 마케팅부 031)955-3100, 편집부 031)955-3200 | 팩스 031)955-3111

값은 뒤표지에 있습니다.
ISBN 978-89-349-4333-4 03320

홈페이지 www.gimmyoung.com   블로그 blog.naver.com/gybook
인스타그램 instagram.com/gimmyoung   이메일 bestbook@gimmyoung.com

좋은 독자가 좋은 책을 만듭니다.
김영사는 독자 여러분의 의견에 항상 귀 기울이고 있습니다.

내 일과 삶을 가꾸는 기술

잡 크래프팅

임명기

김영사

차 례

Chapter 3. 일에 지배될 것인가, 일을 지배할 것인가?

Chapter 4. 빨리 가려면 혼자 가고 멀리 가려면 함께 가라

Chapter 5. 오늘을 즐길 줄 아는 것이 잡 크래프팅

우리의 일을 다시 생각해볼 때

인생은 결코 계획한 대로만 흘러가지 않는다.

2014년에 이 책을 처음 선보였을 때 나는 국내 최고의 인사제도 전문가가 되기를 꿈꿨다. 하지만 9년이 지난 지금 그 목표와는 거리가 먼 교육 담당자로서 삼성의 임원과 리더를 대상으로 교육과정을 운영하고 있다. 이는 내 계획에 없던 일이다.

그러나 누군가를 성장시키고, 변화하도록 자극하는 교육 업무는 참으로 보람 있는 일이었다. 더구나 함께 일하는 동료, 선후배에게서도 배울 점이 아주 많았다. 여러 회사에서 선발된 우수한 동료들은 각자의 개성과 강점으로 일의 깊이와 다양성을 더했다.

최근의 교육은 과거와 같이 일방향 강의가 아니라 교육생들의 참여와 체험, 실습이 병행되는 쌍방향 형식이다. 교육 프로그램을 제공하는 일은 흡사 방송국의 PD처럼 가용 인력, 기술, 자원을 최대한 동원해 최고의 퍼포먼스를 만들어내는 것과 비슷했다. 때마침 불어닥친 코로나19 팬데믹으로 온라인 비대면 교육이 늘어나면서 방송 송출, 영상 제작, 편집 기술까지 요구되었다. 그래서 나는 나의 역할을 '교육 파트장'이 아니라 '책임 프로듀서'라고 정의하기로 했다. 어렸을 때 꿈이었던 방송 프로듀싱을 강의실이라는 무대 위에서 연출하는 셈이다.

이 개정판을 내게 된 것도 계획한 일은 아니었다. 초판이 발간된 이후에 여러 전문가와 기관이 잡 크래프팅에 관심을 보였지만 그렇게 반향이 크지는 않았던 듯하다. 하지만 최근 MZ세대 직원들이 추구하는 재미, 의미, 성장을 제공하면서도 동시에 그들이 자발적으로 몰입하게 하는 방법으로 잡 크래프팅이 주목받고 있다. 이 개정판은 기존 책의 내용을 수정·보완하는 한편 최근 삼성의 승격자 교육과정에서 직원들이 직접 작성하고 공유한 잡 크래프팅 사례를 더했다. 대부분 실제 사례에 기반했으며 사례에서 언급된 이름은 일부를 제외하고는 실명으로 사용해도 좋다는 허락을 받고 사용했다. 사례의 인용을 기꺼이 허락해준 삼성의 임직원 여러분께 감사의 마음을 전한다.

아울러 개정판 출간은 필자 혼자서 한 작업이 아니다. 팀원들이 사례를 발굴하고 각색·보완하는 작업을 했고, 책에 수록된 통계 수치나 자료를 현시점에 맞게 업데이트해주었다. 회사에서 이런 출판 작업은 처음 해본다는 그들에게 또 하나의 흥미로운 잡 크래프팅 경험이었길 바란다.

지금의 역할도 개정판의 출간도 계획대로 흘러간 것은 아니었지만, 어쨌거나 이 모두가 끊임없는 잡 크래프팅의 결과가 아닐까?

잡 크래프팅, 일이 즐거워지는 변화

내 평생의 일을 결정하게 된 건 순전히 우연이었다.

소대장으로 복무하던 군대 시절, 때마침 만기 전역하게 된 대대본부인사장교 후임으로 당장 사람이 필요했고 나는 1년이라는 적당한 복무 기간이 남아 있었다. 이런 이유로 졸지에 군 생활 2년 반 중에 1년을 인사장교로 근무하게 되었다. 그런데 그 일이 내 평생의 일을 결정하게 될 줄이야.

제대를 하고 회사에 입사한 후 배치 면담을 했다. 당시 나를 면담한 인사팀 선배는 내 이력서를 쭉 훑어보더니 이렇게 말했다.

"인사장교를 했네? 그럼 인사팀으로 가면 되겠다."

그리고 15년이 지났고, 나는 오늘도 여전히 사람과 조직에 관한 일을 하고 있다.

내 경우와 마찬가지로 오늘날 많은 직장인이 현재의 일을 갖게 된 것이 온전한 자신의 결정이 아니었을 확률이 높다. 자신의 인생은 자기 마음대로 사는 게 가장 행복하다지만 세상은 이를 쉽게

9

허락하지 않는다. 더구나 우리나라와 같이 성공에 이르는 공식이 다양하지 않은 사회에서는 자신의 의지와 다르게 사회적 바람직함과 주변의 기대에 따라 직업을 결정하기 쉽다.

비좁은 취업 경쟁을 뚫고 직장에 들어가서도 고민은 여전하다. 지금 하는 일이 '과연 내가 좋아하는 일인가, 평생을 할 만한 일인가'라는 회의에 빠져든다. 결국 도저히 이건 아니라는 생각이 들었을 때 다른 일을 찾아 나선다. 하지만 한 취업 기관의 온라인 설문조사에 따르면 이직자의 59퍼센트가 다시 원래의 직장으로 돌아가고 싶은 속내를 밝혔다고 한다. 둘 중 한 사람은 후회한다는 말이다.

인생에 정답은 없다. 오로지 나의 선택만이 있을 뿐이다. 그것이 어떤 선택이든지 하기로 마음먹은 일이라면 내가 선택한 그 일을 즐겁고 보람 있는 일로 만들어야 한다. 괴테 또한 '인생의 행복은 내가 좋아하는 일을 찾는 데 있는 것이 아니라 내가 하는 일을 좋아하는 데 있다'라고 충고한 바 있다.

그렇다면 어떻게 해야 내 일을 좋아할 수 있을까? 어떻게 해야 내가 선택한 일을 즐겁고 보람차게 만들 수 있을까? '생각을 바꾸면 고통도 즐길 수 있다'와 같은 잠언적 가르침이나 종업원의 헌신을 끌어내려는 경영자의 미사여구도 아닌, 진정 내 직장에서 사용할 수 있는 구체적인 방법과 실전 지침이 필요하다.

그렇게 탄생한 것이 삼성경제연구소에서 나온 〈잡 크래프팅, 일이 즐거워지는 변화〉라는 보고서였다. 보고서가 나온 이후 세간의 관심과 좀 더 널리 읽히기를 원하는 많은 분의 도움에 힘입어 이렇게 책으로 다시 세상의 빛을 보게 되었다. 처음 보고서를 준비하면서 찾았던 자료 및 사례와 책 출간을 결심한 이후에 추가로 수집한 자료를 바탕으로 한 권의 책을 만들었다. 잡 크래프팅이 주요 주제이기는 하지만, 그 외에도 이 시대 우리 사회를 살아가는 직장인으로서 의미 있고 행복한 삶을 위해서 가져야 할 마음가짐에 대한 평소 생각도 함께 담았다.

또한 이 책에는 현장의 인사담당자로서 보고 느낀 점과 조직심리 분야를 공부하는 과정에서 알게 된 심리학 연구 결과가 함께 엮여 있다. 실무와 이론의 통합, 개인의 행복과 조직의 이해 사이에서 균형적인 관점을 유지하려고 노력했지만, 그렇지 않다고 느껴진다면 그 이유는 순전히 부족한 내 글솜씨 탓이다.

학창시절 단 한 번도 생각해보지 않았던 '인사전문가'라는 직업을 우연히 맞이한 이후, 나에게는 하루하루가 잡 크래프팅의 과정이었다. 비록 시작은 회의적이었으나 지금은 누구보다 내 일을 사랑하게 되었다. 사람을 깊이 이해하고 그 이해 위에서 많은 이들에게 도움이 되는 인사제도와 정책을 만들어내는 일은 상당히 매력적이다.

회사에 다니면서 글을 쓰는 일은 생각보다 쉽지 않았다. 가족의 도움이 없었다면 이렇게 따로 시간을 내어 책을 낸다는 것은 결코

생각지도 못했을 일이다. 저녁 시간대와 주말, 가족과 함께 해야
했을 그 시간을 책을 위해 양보한 사랑스러운 아이들에게 고마움
을 전한다.

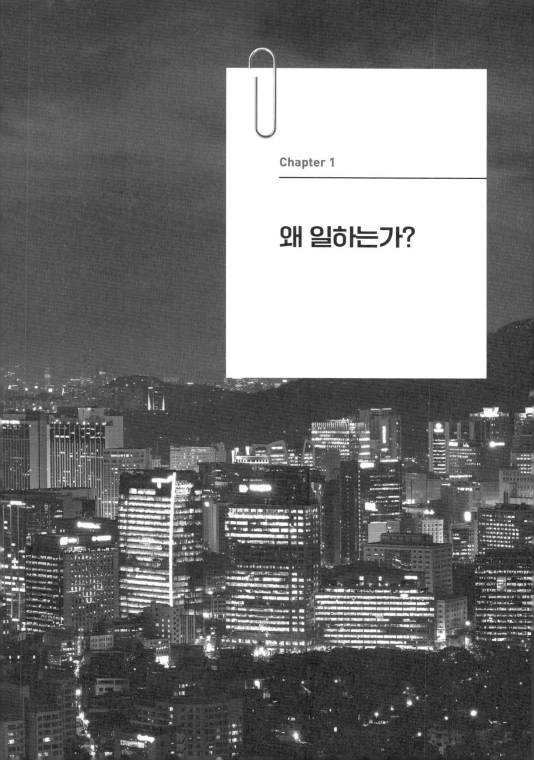

Chapter 1

왜 일하는가?

일의 목적 3가지

당신은 왜 지금 그 일을 하는가? 먹고살기 위해? 명성을 얻기 위해? 당신의 소명이기 때문에? 어떤 관점으로 자신의 일을 인식하느냐에 따라 일의 의미와 일을 대하는 태도, 삶의 행복 수준이 달라진다.

동환 씨는 메모리 기술팀에서 일한다. 무슨 일을 하고 있냐는 단순한 물음에 그는 이렇게 답했다.

"저보고 '돈 받고 하는 일이 뭐냐'라고 물으면 '디램DRAM 반도체를 생산할 때 생기는 각종 불량에 대응하는 일'이라고 쉽게 말할 수 있겠죠."

그러나 동환 씨는 자신의 일의 의미를 그것보다 더 깊게 생각하고 있었다.

"그런데 생각해보면 지금처럼 클라우드 서비스, 메타버스 등 가상세계가 기하급수적으로 확장되는 세상에 반도체는 없어서는 안 될 물건이잖아요. 반도체에 뭔가 작은 오류가 있다면 온 세상에 큰 문제가 생길 수도 있는 거죠."

동환 씨는 멋쩍게 미소 지었다.

"내가 하는 일이 없다면 세상이 당장 멈출 수도 있다는 생각이 들었고, 내가 하는 일이 바로 그런 일이구나 싶었어요."

내가 하는 일이 없다면 세상이 당장 멈출 수도 있다는 동환 씨, 그는 어떻게 자신의 일을 이렇게 정의할 수 있었을까? 같은 질문을 자신에게 해보자. 당신은 무슨 일을 하며, 왜 그 일을 하는가?

≫ 어떤 일 하세요?

일의 사전적 정의를 살펴보자. 일은 '무엇을 이루거나 적절한 대가를 받기 위해 어떤 장소에서 일정한 시간 동안 몸을 움직이거나 머리를 쓰는 활동 또는 그 활동의 대상'이다. 옛날 사람들에게 일은 노예가 하는 것이었다. 그런데 오늘날 일의 의미는 단순하지 않다. 근대 사회에 들어 일과 노동은 우리 삶에서 아주 중요한 요소가 되었다. 그래서 우리는 새로운 사람을 만나면 "어떤 일 하세요?"라고 묻는다.

얼마 전부터 대한민국엔 짝짓기 프로그램이 대세다. 프로그램마다 차이는 있지만 대개 자기소개는 서로 만난 지 하루 이틀 후에 진행한다. 그런데 나이, 학력, 특히 직업이 공개되었을 때 참여자나 이를 보는 시청자 모두 의외라는 표정으로 쳐다보기 일쑤다. 왜 그럴까?

우리는 새로운 사람을 만나면 보통 하는 일을 가장 먼저 물어보고, 주고받은 명함의 직업을 통해 학력과 사회적 지위, 경제력까지 추정한다. 명함에 쓰인 단 몇 글자가 우리를 대변하는 셈이다. 그러다 보니 어떤 사람의 직업을 듣고 "전혀 그렇게 보이지 않는다"

라며 당황하는 일도 생긴다. 어쩌면 우리는 "무엇을 하느냐?"라는 질문에 당당하게 대답하기 위해서 지난 세월을 쉼 없이 달려온 게 아닐까?

내 삶을 온전히 이해하기 위한 질문

다른 사람에 대해 알고자 할 때 상대방의 직업이 '무엇'인지 정도만 물으면 되지만, 그것이 내 인생일 때는 이야기가 달라진다. 나는 '왜'라는 질문도 받아야 한다. 내가 무엇을 한다는 사실만으로는 충분하지 않다. 내가 그 일을 왜 하는지도 알아야 내 삶을 온전히 이해할 수 있다.

우리는 왜 일을 하며, 직업을 통해 무엇을 이루고자 할까? 최근 직업에 대한 태도를 알기 위해 MZ세대 취준생과 직장인들에게 직업을 통해 이루고 싶은 것이 무엇인지 묻는 설문조사가 실시되었다. 복수 응답이 가능한 가운데 가장 많은 표를 얻은 2가지는 '개인의 역량향상/발전'(56.4%)과 '높은 연봉으로 경제력을 높이는 것'(54.6%)이었다. '하고 싶은 일을 마음껏 해보는 것'(42.3%), '일을 통해 누군가에게 도움을 주는 것'(25.8%)은 상대적으로 적게 선택받았다.[1]

10여 년 전의 비슷한 조사와 사뭇 달라진 점은 비록 결과의 수치 차이가 작긴 하지만, 지금의 MZ세대가 '개인의 성장'을 '높은 보수'보다 우선시한다는 부분이다. 2012년에는 직업은 '보수를 받기 위한 수단'이라는 응답이 74퍼센트로 가장 많았고 '경력을 쌓

아가는 수단'으로 본다는 응답은 71퍼센트로 두 번째로 많았다.[2]

≫ 일을 바라보는 3가지 관점

중세에 한 신부가 성당을 건설하는 공사 현장을 지나가고 있었다. 공사 현장에는 마침 뙤약볕에 구슬땀을 흘리며 열심히 일하는 석공 3명이 있었다. 잠시 쉬어 가고 싶었던 신부는 그들에게 말을 건넸다.

"지금 무엇을 하고 있습니까?"

신부의 물음에 첫 번째 사람은 살짝 고개를 들었다가 이내 다시 숙이면서 대답했다.

"보면 모르시오. 먹고살려고 돌을 깨고 있소."

두 번째 사람은 잠시 멈추었던 망치질을 계속하면서 말했다.

"비록 힘은 들지만 제대로 된 석공이 되기 위해 망치질을 익히고 있소."

세 번째 사람은 먼지가 날리는 공사 현장의 하늘을 한 번 쳐다보더니 이내 희망이 가득한 눈빛으로 신부를 보며 말했다.

"나는 세상에서 가장 아름다운 사원을 짓고 있습니다."

같은 일이라도 누군가에게는 먹고살기 위한 수단이, 누군가에게는 성장을 위한 과정이, 또 다른 누군가에게는 세상에 필요한 무언가를 만들어내는 의미 있는 작업이 된다. 학자들 또한 일에 대한 관점을 '생계수단job' '경력과정career' '소명calling' 등 3가지로 나눈다. 여기서 중요한 것은 개인의 관점에 따라 일을 대하는 태도와 일에 몰입하는 정도가 달라진다는 점이다.[3]

먹고살기 위해 돌을 깨는 석공

일을 바라보는 첫 번째 관점은 생계수단으로 보는 것이다. 일을 생계를 유지하거나 부를 얻기 위해 돈을 버는 수단으로 바라보는 관점이다. 앞서 설문조사 결과에서 높은 응답률로 나타났듯이 많은 직장인이 일을 생계수단으로만 본다. 단지 먹고살기 위해 돌을 깨는 석공의 생각과 같다. 이 부류의 사람들은 금전적 보상 때문에 일하며 일이 아닌 다른 것에서 열정과 재미를 추구하려고 한다.

인류 역사를 돌이켜 보면 이집트의 피라미드나 중국의 만리장성 건설에 강제로 동원된 수많은 노예부터 오늘날 제3세계의 저임금 단순 노동자들까지, 일 자체에서 그다지 의미를 느끼지 못하고 오히려 일 때문에 고통받은 사람이 많았다. 그리 멀리 볼 필요도 없다. 당장 우리 주변만 보아도 먹고살기에 바빠 일의 성취감이나 의미를 말하는 것이 배부른 자의 투정으로 들린다는 사람이 수두룩하지 않은가?

경력을 위해 돌을 깨는 석공

일을 바라보는 두 번째 관점은 일을 '경력과정'으로 보는 것이다.

다시 말해 일을 어떤 목표에 이르는 과정이나 통과의례로 보는 관점이다. 비록 지금은 힘들게 돌을 깨고 있지만 훌륭한 석공이 되기 위함이니 참고 견뎌야 한다는 두 번째 석공의 태도와 같다. 이 부류의 사람들은 명성이나 권력을 얻거나 출세하려고 일하며, 일을 개인이 성장하거나 다른 사람에게 인정받기 위한 수단이라고 생각한다. 이들에게 승진이나 높은 지위 획득은 큰 동기부여가 된다. 이들은 한 단계씩 무언가를 이루는 자신을 보며 뿌듯해한다. 그러나 동기부여라는 요소가 없으면 쉽게 열의를 잃고, 무언가에 쫓기는 듯한 상태에서 목표를 향해 질주하게 된다.

아름다운 사원을 짓고자 돌을 깨는 석공

일을 바라보는 세 번째 관점은 일을 소명으로 보는 것이다. 흔히 소명은 종교가 있는 사람들에게만 해당한다고 여기는데, 꼭 그런 것만은 아니다. 소명의 정의는 다양하지만 기본적으로 다음 3가지 요소가 충족된다면 소명이라고 할 수 있다.

먼저 자신이 특별히 의미 있는 일을 한다고 생각하는 것이다. 다음으로 그 일이 자신의 목소리든, 초월적인 존재의 부름이든 간에 자신의 사명이라고 인식한다. 마지막으로 그 일을 함으로써 세상을 더 살기 좋은 곳으로 만드는 데 이바지한다고 믿는다.[4]

일을 소명으로 인식하는 사람들은 자기 자신의 이익을 내세우기보다 공익을 우선시하고, 일 자체에서 충족감을 얻는다. '나는 단지 돌을 깨는 것이 아니라 아름다운 사원을 짓는다'는 석공의 인식이 바로 이에 해당하며 일을 통해 자아실현을 한다는 이들이 이 부류에 속한다.

매슬로의 욕구단계설

일을 바라보는 관점 3가지는 매슬로의 욕구단계설과 상당 부분 비슷하다. 이것은 인간의 욕구가 그 중요도에 따라 일련의 단계로 이루어져 있다는 일종의 동기이론이다. 욕구가 하나 충족되면 다음 단계의 욕구가 나타나고 이 욕구도 충족되어야 하는 체계로 이루어져 있다.

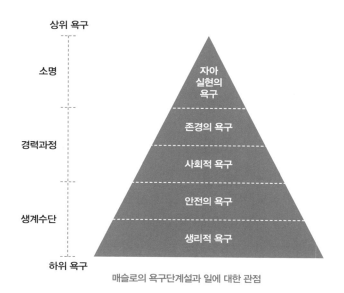

매슬로의 욕구단계설과 일에 대한 관점

욕구단계설에서 가장 낮은 단계는 생리적 욕구다. 배고픔에서 벗어나 생명을 유지하는 데 기본적으로 필요한 옷, 음식, 집에 대한 욕구는 물론 성적 욕구까지 이 단계에 포함된다. 다음 단계는 안전의 욕구이고, 그다음 애정 및 소속에 대한 사회적 욕구, 존경의 욕구로 이어지며 마지막은 자아실현의 욕구다.

일을 바라보는 관점도 욕구단계설과 비슷한 체계라고 볼 수 있다. 기본적인 생리적 욕구와 안전에 대한 욕구를 충족하기 위해 일을 생계수단으로 보는 거라면, 그다음 단계는 다른 사람들에게 인정과 존경을 받기 위해 일을 지속적인 성장과 높은 사회적 지위, 목표를 달성하려는 과정으로 보는 것이다. 또한 매슬로의 욕구단계설 마지막 단계인 자아실현의 욕구 정의를 살펴보면 일을 소명으로 보는 인식의 정의와 닮았다.

≫ 열정 가득한 일, 그것이 잡 크래프팅

매슬로는 욕구단계설에서 그 이전의 욕구가 충족되어야지 그다음 단계로 갈 수 있다고 보았다. 이는 사람의 욕구가 하나의 욕구 단계로만 이루어져 있지 않다는 뜻이다.

일을 보는 관점도 마찬가지다. 모든 사람이 일에 대한 3가지 관점을 복합적으로 가지고 있다. 처음에는 원대한 목표와 꿈을 가지고 일을 시작했지만 일상에 치여 돈만 생각하게 된 직장인이 있을 수 있다. 반대로 돈이 주된 목적이었지만, 일을 해나가는 과정에서 조금씩 성장하는 자신을 발견하며 목적과 의미를 찾은 직장인도 있을 수 있다.

분명한 것은 자신의 일에서 의미를 찾은 사람이 행복하다는 점이다. 두둑한 연봉과 안정적 지위는 필요하다. 하지만 그에 만족해서는 안 된다. 자신의 일을 사회적 대의를 품은 일로 만들고, 당신만의 가치관과 성격의 강점을 활용할 수 있는 열정 가득한 일로 바꾸어야 한다. 앞선 사례처럼 모든 사람이 쓰고 있는 DRAM을 개발하는 동환 씨는 이 세상이 반도체 없이는 돌아가지 않는 곳임을 생각하며 자신의 일에 커다란 의미를 부여하고, 일에서 가슴 뛰는 열정을 발휘하고 있다.

당신이 어떤 마음으로 지금의 일을 시작했는지 필자는 알 수 없다. 하지만 지금 당신의 일을 의미가 있고 열정이 가득한 것으로 만들 수는 있다. 그 방법이 바로 앞으로 5개 장에 걸쳐 설명할 '잡 크래프팅Job crafting'이다.

일터에서 행복한 것이 진짜 행복이다

하루의 대부분을 일터에서 보내는 직장인에게 직장에서의 행복은 매우 중요하다. 이것이 삶 전체의 행복을 결정짓기 때문이다. 1주일 중 5일은 불행하고, 2일은 행복하다면 그것은 진짜 행복한 것이 아니다.

어느 날, 회의를 마치고 일어나다가 한 후배가 문득 이런 질문을 던졌다.

"선배, 행복은 강도가 아니라 빈도라면서요?"

뜬금없다 싶었지만 요즘 '행복'을 고민하는 그에게 말했다.

"응, 맞는 말이야. 큰 기쁨 한 번보다는 작은 기쁨이 여러 번 반복되는 게 더 행복한 삶이라는 거지. 미래의 어떤 큰 성공을 위해 현재의 시간을 희생하기보다는 현재의 일상 속 기쁨을 소중히 하라는 의미도 있는 것 같아."

"그럼 바로 이 순간의 기쁨을 느끼는 데 집중해야겠네요."

앗! 이걸 말하려는 건 아니었는데…….

"그런데 그건 반만 맞고 반은 틀려. 행복을 '순간의 기분'으로만 본다면 그게 맞겠지만, 실제 행복은 지나고 나서 느끼는 '어떤 만족과 보람'이기도 하니까. 과정 중에는 고통스러울 수 있지만 그 과정에서 의미를 찾고 성취감을 얻었다면 행복하다고 할 수 있지 않을까?"

≫ 오늘 일터에서의 즐거움이 내일의 행복이 된다

우리 인간에게는 현재 순간을 경험하는 '경험 자아'가 존재한다. 그리고 시간이 흐른 뒤 그 경험을 기억하면서 새롭게 해석하고 의미를 부여하는 '기억 자아'도 존재한다. 이 2가지 자아는 행복을 해석하는 방식이 다르다. 그러다 보니, 직장인으로서 추구하는 행복에도 2가지 측면이 있다. 하나는 매일 일터에서 느끼는 긍정적인 기분, 또 다른 하나는 의미 있는 일을 통한 보람과 성취감이다.

그런데 우리는 상대적으로 일터에서 매일 느끼는 즐거움에 대해서는 사치라고 여기는 듯하다. 돈 벌러 온 직장에서 무슨 재미와 즐거움을 찾느냐는 말이다. 하지만 재미와 즐거움은 그 자체로 강한 동기부여 수단이기도 하다.

잘 알려진 바와 같이 우리나라 직장인의 연평균 근로시간은 다른 나라에 비해 매우 긴 편이다. OECD에 보고된 주요국의 임금근로자 연간 근로시간을 비교해보면, 2021년에 한국의 근로시간은 1,928시간으로 비교 대상 국가들 가운데 가장 길다.[5] 직장에서 보내는 시간이 절대적으로 많기에 직장에서 머무르는 동안 느끼는 행복이 삶 전체에서 중요한 부분을 차지한다.

더구나 직장에서 느끼는 감정은 단순히 직장 내에서만 머무르지 않는다. 우리는 서구 사회처럼 회사 일과 개인의 사생활을 엄격히 구분하지 않는다. 이 때문에 한국인에게 직장에서의 행복이란 친구, 가족관계 등 삶 전체의 질을 좌우하는 중요한 요소가 된다.

왜 일이 삶의 행복에 큰 영향을 미치는가?

먼저, 직장에서의 감정이 가정생활과 개인의 전반적인 삶에 큰 영향을 미치는 이유는 '파급효과Spillover effect' 때문이다. 파급효과는 직장과 가정이 서로의 영역에 영향을 미쳐서 두 영역이 유사해지는 효과라고 할 수 있다. 직장에서 좌절한 날, 그 기분이 가족의 감정에까지 영향을 미치는 경우를 흔히 볼 수 있다. 종로에서 뺨 맞고 한강에서 눈 흘기는 격이다. 예를 들어, 직장인이라면 직장 상사에게 꾸지람을 들은 날, 한 번쯤은 자신도 모르게 부모 또는 배우자, 아이들, 친구에게 신경질을 낸 적이 있을 것이다. 막상 나를 화나게 한 직장 상사나 고객에게는 아무 말도 하지 못하고, 죄 없는 부하직원이나 가족에게 화풀이하는 것이다.

다음으로, '자원 고갈Resource drain'도 문제가 된다. 하루에 개인에게 주어진 시간, 주의력, 에너지는 한정되어 있다. 직장인은 하루 동안 쓸 이 연료를 아침에 가득 채우고 출근한다. 그런데 직장이라는 한 영역에서 이 자원이 100퍼센트 소진된다면 다른 영역, 즉 가정에서 사용할 자원이 남아 있을 리 없다.

심리학자 로이 바우마이스터의 유명한 실험이 있다. 바우마이스터는 실험자 그룹을 둘로 나누어 한 그룹은 앞에 맛있는 초코칩쿠키를 두고 먹지 못하게 하고, 다른 한 그룹은 초코칩쿠키를 편하게 먹도록 했다. 이후 두 그룹에 어려운 퍼즐을 풀어보게 했다. 그랬더니 초코칩쿠키를 앞에 두고 참았던 사람들은 퍼즐 풀기를 빨리 포기했다. 바우마이스터는 초코칩쿠키를 먹지 않으려고 참느라 이미 의지력을 상당 부분 소진했기 때문에 퍼즐 풀기에서 의지력을 충분히 발휘하지 못했다고 보았다. 전혀 관련이 없어 보이는 행동이나 생각이 실제로는 같은 의지력 저장고를 사용한다는 사실을 확인한 실험이다.

초코칩쿠키를 먹지 않고 참는 일에도 의지력이 이렇게 소진되는데, 그것이 힘든 노동이라면 어떨까? 직장에서 자원이 100퍼센트 소진된다면 퇴근 후 개인 삶에 사용할 자원이 남아 있을 리 없다. 침이 바짝바짝 마르고, 화장실에 갈 시간조차 없을 정도로 정신없이 일을 마치고 돌아온 가장에게 어떻게 아이들과 놀아주고 가정을 돌볼 힘이 남아 있겠는가? 저녁이 있는 삶을 즐기려면 가정을 위해 자원을 조금은 남겨놓아야 한다.

마지막으로, '직장-가정 갈등Work-family conflict'이 존재한다. 이는 직장과 가정에서 요구하는 역할이 서로 달라 양립할 수 없어서 한쪽의 요구가 다른 쪽의 요구를 채우기 어렵게 하는 역할 간 갈등 형태를 말한다. 특히 육아를 병행해야 하는 여성 직장인에게 이런 갈등이 흔히 나타날 수 있다. 엄마로서 필요한 행동이 직장에서 요구하는 행동과 충돌하기 때문이다. 예를 들어, 부서원들과 동료애를 원만히 유지하려고 회식 자리에 참석하고 싶지만, 저녁 시간에 아이들만 집에 둘 수 없어 갈등하는 경우다.

코로나19 팬데믹 이후로 일하는 시간과 일하지 않는 시간의 경계가 더 불분명해졌다. 재택근무가 일상화되면서 많은 직장인이 이전의 고정된 업무시간과 일 처리 방식에서 자유로워진 반면, 직장과 가정이 전보다 더 빈번하게 서로를 침범하고 있으며 두 영역 간 갈등이 심해질 가능성도 커졌다.

2가지 자아가 모두 행복한 나를 위해

오늘날 직장에서 보내는 시간이 삶 전체의 행복에 미치는 영향력 은 절대적이다. 주말까지는 한참 기다려야 하는 반면 주말은 너무 빨리 지나간다고 불평하는 사람이 많다. 토요일이 되려면 월요일 부터 5일이나 기다려야 하지만 토요일부터 월요일까지는 2일뿐이 니 당연한 이야기다.

그러나 아침 출근과 동시에 퇴근을 기다리고, 월요일이 시작되 자마자 금요일을 기다리는 삶이 과연 행복한 삶일까?

직장에서 겪는 모든 경험은 삶의 질을 결정한다. 우리는 직장에 서 하루하루의 일상이 행복하고, 순간순간이 기쁨으로 충만하길 바란다. 마찬가지로 의미 있고 가치 있는 일을 통해 성취와 성장감 을 맛보기를 원한다.

진정 행복해지려면 일과 사람들 속에서 하루하루 즐거움을 맛봄 과 동시에, 때로는 힘들고 지난한 과정을 거쳐 한 프로젝트를 성공 적으로 마무리하면서 벅차오르는 희열도 느낄 수 있어야 한다. 내 안의 두 자아가 모두 행복하도록 말이다.

5일을 행복할 것인가, 2일을 행복할 것인가? 삶의 대부분을 보 내는 일터에서 행복한 것이 진짜 행복이 아닐까?

우리는 왜 자신의 직업과 직장에 만족하지 못할까?

인류 역사에서 상당 기간 사람은 출신 계급이나 부모 직업에 따라 자연스럽게 평생 할 일이 정해졌다. 오늘날 직업은 다양해졌지만 그중에서 과연 어떤 일이 내 적성에 맞을지 알아내는 일은 쉽지 않다. 직업이 사회적 지위나 소득을 절대적으로 결정하는 사회에서 우리는 더 좋은 직업을 갖기 위해 끝없이 분발하라고 독려받는다.

한 신입 직원을 만났다. 그런데 본인은 '중고 신입'이란다. 무슨 말인가 했더니, 입사 전 경쟁사에 다녔던 경험이 있었다. 그의 이야기가 궁금했다.

"정민 씨는 왜 A사를 떠나 이곳, B사로 왔어요?"

"제가 경험한 그 회사는 늘 패배주의에 찌든 2등 기업이에요. 무엇 하나 하려고 해도 B사는 어떻게 하는지 벤치마킹하며 따라가기 급급해 보였어요. 그럴 거면 아예 B사에 가서 제대로 배우자 결심했죠. 그래서 중고 신입으로 들어온 거예요."

그런데 그는 그 결정을 후회하고 있다고 한다.

"왜 이제 와서 다시 후회하고 있나요?"

"얼마 전에 뉴스 보셨어요? '경쟁사 특별보상 지급 시 이에 대응하는 추가 보너스 지급' 이런 내용을 A사에서 발표했는데, B사 대비 총보상우위를 선언하고 연봉을 대폭 올렸더라고요.

더구나 우리 회사 15년 차 휴가 일수가 그곳 신입 휴가 일수랑 같다지 뭐예요. 내가 잘못 왔구나 싶네요."

우리가 지금 하는 일에 만족하지 못하는 이유는 셀 수 없이 많다. 우리는 그 이유가 무엇이든 그러한 문제가 없는 더 나은 일과 일터가 어딘가에 있을 거라고 믿는다. 어쩌면 그러하기에 불만이란 게 생기는 건지도 모른다. 선택할 수 없다면 불만도 없다. 결국 이 모든 불만의 저변에는 남들과 비교해 생기는 상대적 결핍과 박탈감이 있다.

≫ 일에 만족하지 못하게 하는 3가지 제약

넷플릭스나 텔레비전의 드라마를 보면 성공적 인생을 살아가는 주인공이 등장한다. 서른도 안 되어 보이는 잘생긴 본부장은 해외 유학파에 명석하고 몸매도 다부지며 여성들에게 인기까지 많다. 매번 바이어를 대상으로 프레젠테이션을 멋지게 해내서 분위기를 반전시키고, 상상도 못 한 아이디어로 사람들을 사로잡는다. 드라마는 우리에게 마음만 먹으면 이렇게 될 수 있다고 말하는 듯하다.

하지만 이런 이야기들은 현실을 사는 우리, 특히 20대에게 상대적인 박탈감을 준다. 저성장 시대에 대학을 졸업하고도 비정규직을 전전하는 이가 많고, 정규직 일자리를 얻었다고 해도 이들의 역할은 상사가 시키는 허드렛일에 청춘의 밤을 하얗게 새우는 것이다.

타인과의 본능적인 비교

사람들이 자신의 일을 하찮거나 별것 아니라고 여기는 이유는 그 일이 정말 볼품없어서라기보다 영상매체 속에서만 존재하는 화려한 직업과 비교하기 때문일 수 있다. 남들과 자신을 비교하는 심리는 사회적 인간에게는 본능에 가깝다. 아무리 자신을 세상에 하나밖에 없는 소중한 존재라고 여긴다고 해도 인간은 다른 사람과 자신을 비교하는 본능에서 자유롭기 어렵다. 인스타그램과 유튜브 등 SNS에서뿐만 아니라 언제 어디서든 우리는 끊임없이 상대방과 자신의 모습을 비교하지 않던가. 그중 직업은 다른 사람과 나를 구분하는 가장 큰 정체성이기에 사회적 지위를 비교하기 가장 쉬운 잣대이기도 하다.

긍정의 환상

여기저기서 성공한 사람들의 사례가 끊임없이 회자된다. 그들은 하고 싶은 것, 꿈꾸는 것은 뭐든지 도전하면 이룰 수 있다고 말한다. 정말 그럴까? 방송 매체를 통해 너무나 잘 알려진 한 요식업 CEO를 예로 들어보자. 그는 첫 사업에 실패해 빚 17억 원을 짊어지고 가게를 시작했다. 든든한 자금줄은 없었지만 다양한 메뉴를 실험적으로 시도했고, 점포 위치 선정과 홍보 전략에서도 탁월한 능력을 발휘했다. 많은 전문가는 여기서 그만의 인내와 끈기, 탁월한 능력을 성공요인으로 꼽았다. 그런데 정말 이러한 요인이 그를 성공으로 이끌었을까?

필자가 분석한 그의 성공요인은 바로 '아버지'였다. 그는 어린 시절, 점심 한 끼를 먹으려고 중국집 5곳을 돌아다녔다고 한다. 유난히 입맛이 까다로웠던 아버지가 음식이 마음에 들지 않으면 한 젓가락만 맛보고 바로 자리에서 일어나 다른 중국집을 찾았기 때문이다. 입맛이 까다로운 아버지 덕분에 그는 자기 나름의 미각을 갖게 되었고, 그러한 경험으로 지금처럼 성공할 수 있었다. 부모님에게 재산보다 더 소중한 성공의 씨앗을 물려받은 것이다(물론 이런 씨앗을 제대로 심고 키운 그의 노력도 성공의 밑바탕이었음은 부인할 수 없다).

우리는 성공한 사람들의 미담을 들으며 우리도 노력만 하면 그들처럼 될 수 있다는 희망을 품는다. 그러나 한 사람의 성공 뒤에는 노력 이상으로 타고난 재능이나 운, 기회가 있음을 받아들일 필요가 있다. 성공의 이면에 숨어 있는 남다른 재능이나 기회를 간과하고 누구나 할 수 있다는 이상적인 믿음만 강조하면 용기를 북돋기보다 오히려 '나는 왜 못할까'라는 자괴감을 불러올 수 있다.

너무 많은 선택의 기회

내 일이 볼품없이 느껴지는 또 다른 이유는 역설적이게도 선택의 기회가 너무 많기 때문이기도 하다. 우리는 직업 선택의 자유가 있는 사회에서 살고 있다. 그런데 동서양을 막론하고 개인이 직업 선택의 자유를 갖게 된 것은 최근의 일이다.

태어나면서부터 신분이 결정되었던 과거의 신분제 사회에서는 귀족이나 노예가 아닌 일반 상민도 대부분 부모의 직업에 따라 자신의 직업이 결정되었다. 부모가 하던 일을 그대로 자식이 물려받았다. 서구에는 대장장이를 뜻하는 스미스Smith, 빵을 만드는 사람을 뜻하는 베이커Baker 등 직업을 뜻하는 성이 지금도 흔하다. 우리나라도 예외는 아니었다. 부모의 신분과 직업을 물려받은 양반 자제들은 글공부를 해서 관직에 오르려 했고, 천민인 백정의 아들이 백정이 되고 상민인 농부의 아들이 농부가 되는 것이 당연했다.

그러나 서구에서 산업혁명이 일어난 뒤 직업 선택의 폭은 몰라보게 넓어졌다. 이는 21세기 대한민국에서도 예외가 아니다. 요즘엔 과거에 비해 어려서부터 여러 직업을 살펴보고 경험할 기회가 많다. 어린이나 청소년을 대상으로 하는 직업체험 프로그램을 주변에서 쉽게 찾아볼 수 있다. 직업 멘토링 캠프에서 여는 직업체험 박람회는 물론이고 부모의 직장에서 제공하는 각종 체험 프로그램까지 다양하게 있다. 문제는 이렇게 다양한 선택지가 마냥 좋은 것만은 아니라는 점이다.

선택에 동반되는 필연적인 후회

하버드대학교 심리학자 대니얼 길버트는 학생들에게 아름다운 사진들을 보여주고 그중에서 하나만 고르게 하는 실험을 했다. 이 실험을 통해 일단 선택한 뒤 나중에 다른 사진으로 바꿀 수 있다는 말을 들은 그룹보다 한 번 선택하면 다시는 바꿀 수 없다는 말을 들은 그룹이 선택에 대한 만족도가 높다는 사실이 밝혀졌다. 사진을 바꿔도 된다고 들은 그룹은 여전히 선택하지 않은 다른 사진에 대한 미련을 버리지 못했다. 그중 일부는 사진을 바꾸기도 했지만, 바꾼 뒤에는 오히려 처음에 선택한 사진이 왠지 더 나아 보인다고 여겼다.

인간은 선택권이 없으면 자유롭지 못하다고 느끼지만, 때로 선택권은 인간에게 자유가 아닌 압박 요인으로 작용하기도 한다. 선택하지 않은 것에 대한 미련, 자신에게 더 잘 맞는 다른 것이 있지 않을까 하는 생각 때문에 만족도가 떨어진다.

이는 직업을 선택할 때도 마찬가지이다. 물론 직업을 선택하는 일은 단순히 사진을 선택하는 것과는 달라서 내 자격요건이나 학력 등에 따라 선택의 기회가 제한된다. 하지만 선택할 기회가 과거보다 많아진 것은 부인할 수 없는 사실이다. 선택할 기회가 많아지면 후회할 일도 늘어난다. 그래서 우리는 자신이 선택한 이 직업이 정말 우리에게 맞는지 끊임없이 되뇌게 된다.

≫ 심리적 구속을 스스로 극복하라

우리가 자신의 직업을 하찮고 별것 아니라고 여기게 되는 이유는 다양하다. 강조하고 싶은 점은 자신의 일을 하찮고 별것 아니라고 여기는 사람이 당신만이 아니며, 문제의 원인이 당신에게만 있는 것은 아니라는 사실이다. 많은 이가 현재와 미래의 직업 때문에 괴로워한다. 취업을 노리는 청춘들은 좋아하는 일이 남들 보기에 괜찮은 직업이 아니어서, 혹은 자신이 그 일을 할 만한 능력이 부족해서 괴로워한다.

앞선 사례에서 만난 '중고 신입' 직원, 정민 씨는 두 개의 가치 사이에서 고민에 빠진 경우다. 내가 더 배우고 성장할 수 있는, 선도 기업에 해당하는 현재의 회사에 만족해야 하는가? 아니면 더 높은 연봉과 휴가를 주겠다는 다른 회사로 옮겨야 하는가? 분명한 사실은 모든 걸 한꺼번에 다 가질 수는 없다는 점이다. 이 시대의 모든 직장인은 비슷한 고민을 안고 산다.

공무원이든 대기업 직원이든, 혹은 그러지 않아도 될 사람들까지도 자기 일에 만족하지 못하고 있다. 모두의 부러움을 한 몸에 받는 사람조차 지난 선택에 대한 자기 나름의 아쉬움과 회의감을 갖고 있다.

자신의 일에서 진정한 행복을 되찾기 위해서는 앞에서 살펴본 제약요인을 스스로 극복할 수 있어야 한다. 아무리 새롭고 만족스러운 일을 찾아 나선다고 한들 여전히 더 좋아 보이는 다른 일이 눈에 뜨일 것이다. 그런 상황이면 새로운 일, 새로운 일터에 대해 또다시 불만이 싹틀 수밖에 없다.

이직만 하면 정말 행복해질까?

지금 다니는 직장이 만족스럽지 못하다면 다른 직장을 고려해보는 것이 당연하다. 그러나 막연히 '지금 여기가 싫어서' '왠지 저곳이 여기보다 나아 보여서'라는 이유로 이직을 고민한다면 그 고민은 이쯤에서 그만해야 한다. 인생에 정답은 없다. 내가 선택한 길을 정답으로 만들어야 할 뿐이다.

몇 달 전 퇴직 의사를 밝히고 요즘 뜨고 있다는 스타트업으로 떠났던 혁준 씨 소식이 들려왔다.

"얘기 들으셨어요? 혁준 씨가 옮긴 회사를 그만뒀다네요. 거기 간 지 6개월도 안 된 거 같은데……."

"그래? 그곳 대표가 학교 다닐 때 알던 친구라고, 본인에게 많은 권한을 주기로 했다고 꽤 기대했었는데."

혁준 씨의 속내를 전해 들었는지 후배는 이렇게 말했다.

"회사 규모가 크지 않은지라 시스템보다는 대표 마음대로 결정하는 일이 많았나 봐요. 권한이 생겨도 자신이 생각했던 것과는 달라 불편했다네요."

"그냥 친구로 지낼 때랑 회사에서 상사와 부하로 만날 때랑은 아무래도 다르겠지."

한 공공연구원의 연구 결과를 보면 처음 이직을 하면 첫 직장보다 높은 임금을 받지만, 두 번째 이직에서는 기업 규모에 따라 임금 상승 여부가 달라지고, 세 번째 이직에서는 사업체 규모에 상관없이 임금이 하락했다.[6] 과거에 비해 많이 변하기는 했지만 여전히 우리 사회에서 회사를 옮기는 결정은 쉽지 않다. 낯선 환경에서 새롭게 적응하는 고생을 감수하는 대신 연봉이라도 높아야 할 텐데 그렇지 않은 모양이다.

우리는 이직을 결정할 때, 꼴도 보기 싫은 지금의 상사만 없으면 직장생활이 행복해질 거라고 믿는다. 그러나 막상 이직한 회사에서는 전혀 다른 종류의 고민에 휩싸인다. 맡게 된 일이 예상과 다르거나 고객과의 관계에서 스트레스가 발생하는 등 이직하기 전에는 생각지도 못했던 다양한 문제와 부딪힌다. 그래서인지 많은 이들이 다시 원래 직장으로 돌아오고 싶다고 말한다.

왜 우리는 이런 실수를 저지르는 것일까? 우리를 둘러싼 수많은 변수 중에서 가장 크게 느끼는 문제 한두 가지만 해결하면 얼마든지 행복하게 살 수 있을 거라는 믿음은 왜 잘못된 것일까?

>> 왜 우리는 기대만큼 행복하지 않은가?

미국 대학생들을 대상으로 수행한 한 연구 결과를 보자. 자신이 응원하는 학교 풋볼팀이 우승한다면 어떤 감정일지 예측해보게 했더니, 학생들은 우승이 주는 정서적 영향의 지속 기간을 과하게 예측했다.

"아마도 경기 종료를 알리는 휘슬이 울리면 우리는 경기장으로 쏟아져 나가 모두 함께 응원가를 부르겠지. 그리고 모든 사람이 모여 승리의 축배를 들 거야."

그러나 실제로 자신이 응원하는 팀이 우승한 그날의 상황은 달랐다. 사람들은 생각처럼 행복해하지 않았으며, 광란의 파티도 열리지 않았다.[7]

뇌의 임의 채워 넣기

뇌 과학자나 인지심리학자들은 이것을 '뇌의 임의 채워 넣기' 때문에 발생하는 현상으로 분석한다. 눈을 예로 들자면, 우리가 어떤 물체를 보고 인식하는 것은 그 물체의 상이 우리 눈의 망막에 맺히기 때문이다. 그런데 눈에는 맹점이라는 것이 있어서 그 부분에는 상이 맺히지 않는다. 맹점은 시신경이 안구로 들어가는 부분인데, 여기에는 시각세포가 없어서 아무것도 감지하지 못한다. 따라서 어떤 물체가 이 부분에 투영되더라도 보이지 않아야 정상이다. 그러나 우리의 뇌는 그 주변에 있는 색을 이용해 알아서 색을 칠해버리면서 이를 보완한다.

이러한 뇌의 '임의 채워 넣기'는 다양한 영역에서 일어난다. 그중 하나가 바로 미래를 예측하는 행위다. 사실 미래에는 본인이 예측하지 못하는 다양한 사건이 함께 일어난다. 그러나 예측하는 시점에서는 그런 모든 것을 고려할 수 없다. 그러다 보니 뇌는 특정 사건의 영향력을 과도하게 판단한다. 실제로 풋볼팀의 결승전이 열린 그 주는 시험 기간이었다. 응원하는 팀이 우승했지만, 그날 저녁에 학생들은 기말고사를 준비해야 했다. 그러나 우승한다면 얼마나 기쁠지 예측하던 그 시점에는 이런 부분을 간과했다.

우승은 우승이고 현실은 현실이다. 미래의 '그날'은 풋볼팀의 우승만이 아니라 나를 둘러싼 수많은 사건으로 가득 차 있다.

우리가 예측하지 못하는 불확실성

로또 당첨도 이와 비슷하다. 로또에 당첨되면 기쁠까? 100퍼센트 생각만큼 기쁘지 않다. 또한 기쁨이 지속하는 기간도 생각보다 짧다. 로또 당첨이라는 사건이 우리가 예상하지 못한 불확실한 사건을 몰고 오기 때문이다. 당장 돈벼락을 맞는다는 생각에 기쁘겠지만, 그와 동시에 로또 당첨이 몰고 올 수많은 변화도 생각하고 대비해야 하는데, 과연 그럴 수 있을까?

연세대학교 서은국 교수는 로또 당첨을 개울물 위를 떠가는 낙엽에 무언가가 떨어지는 사건으로 묘사했다. 개울물(인생)을 따라 흘러가던 낙엽(개인) 위에 무언가 무거운 것(로또)이 떨어졌다. 그것은 낙엽 위에 사뿐히 내려앉지 않고 일대 풍파를 일으켰다. 로또에 당첨되면 지금 내 삶은 그대로 있고 그 위에 엄청난 당첨금만 추가되는 것이 아니라 내 삶과 주변에 큰 변화가 일어난다. 실제로 로또에 당첨된 사람들은 이전의 일상으로 돌아가지 못한다고 한다. 직장을 떠나거나 때로는 가족과 헤어지기도 하며 좋든 싫든 새로운 인생이 시작되기 때문이다.

우리 삶은 생각보다 복잡하다. 미국 중북부와 같이 겨울이 춥고 긴 곳에 사는 사람은 늘 햇살이 가득한 서부 캘리포니아 사람들이 더 행복할 것이라고 생각한다. 그런데 실제로 그럴까? 연구 결과를 보면 두 지역 주민의 실제 행복 수준은 거의 차이가 없었다.[8] 그저 자신의 결핍 때문에 상대적으로 남의 떡이 더 커 보이는 것이다. 마찬가지로 이직을 하더라도 막상 어디든 옮기고 나면 처음에 좋았던 느낌도 이내 일상에 묻히기 마련이다.

≫ 이직의 성공은 우연과 운에 달렸다

그렇다면 '이직은 하지 말아야 하는 것'이라는 결론을 내려야 할까? 물론 아니다. 이직 여부는 자신이 판단하는 것이고 때로는 과감히 떠나는 결단도 필요하다. 다만, 직장을 옮기는 것도 의외로 우연과 운의 영향을 많이 받는다는 사실을 알아야 한다. 당신이 직장을 옮기려고 할 때 마침 옮기고 싶은 회사의 해당 직무에 빈자리가 생겼다면 로또까지는 아니더라도 조상의 은덕을 봤다고 해도 될 만하다. 구인 구직 시장에는 늘 사람이 많지만, 제 일을 제때 찾기는 너무도 어렵기 때문이다. 수요와 공급이 다른 어떤 분야보다도 일치하기 어려운 곳이 이직 시장이다.

다니던 외국계 회사가 국내에서 철수하게 되어 불가피하게 새 직장을 알아봐야 했던 지인이 있다. 그는 자기 나름대로 한 분야에 전문성이 있는 터라 이직하기가 그다지 어렵지 않을 거라고 생각했다. 대기업 한 곳의 문을 두드렸으나 해당 직무에 사람이 더 필요하지 않다는 대답이 돌아왔다. 지인은 몹시 실망했지만 당장 눈을 낮추어 다른 직장을 찾기보다 이 기회에 전문성을 더 키우자는 생각으로 학원에 등록했다. 몇 달 뒤 헤드헌팅 업체에서 연락이 왔다. 지인을 원하는 회사가 있다는 것이었다. 기뻐하며 어떤 회사인지 물어보니 몇 달 전 사람이 더는 필요하지 않다고 자신의 이력서를 정중히 반려한 그 회사였다. 당시에는 자리가 없었지만, 그사이 상황이 변한 것이다.

세상의 많은 일이 그렇겠지만, 직장을 옮기는 일은 '마트에서 주차하기'와 비슷하다. 대형 마트의 주차장은 매우 넓다. 그러다 보니 입구 쪽 좋은 자리에 주차하고 싶은 마음은 방문객 모두 똑같다. 그러나 누구나 선호하는 그 자리에 주차할 수 있을지 여부는 운이 90퍼센트 이상을 좌우한다. 다른 차들보다 앞서간들 내 뒤에서 빈자리가 생기면 그 자리는 뒤차의 몫이 되고, 다른 차보다 뒤에 있더라도 마침 내가 진입할 때 빠져나오는 차량이 있다면 그 자리는 내 차지가 된다. 좋은 자리에 주차하겠다고 주차장을 몇 바퀴 돈들 재수가 좋지 않으면 번번이 다른 차에 자리를 내줄 수밖에 없다. 일을 찾는 것도 마찬가지다. 옮기려고 하는 시점에 마침 원하는 자리가 비어 있다면 당신은 행운아다.

➤➤ 버티는 힘 기르기

이직하는 이유는 무척 다양하기 때문에 일반화하기 어렵다. 그리고 다시 한번 강조하지만 필자 역시 무조건 이직을 만류하고 싶은 생각은 없다. 하지만 지금까지 필자의 짧지 않은 인사업무 경험을 빌리면, 성급한 결정과 상황에 대한 오판으로 굳이 하지 않아도 될 이직을 하는 경우가 꽤 많았다.

성공을 좌우하는 온전한 인내심

환경이나 조건이 비슷하고 남아야 할지 떠나야 할지 잘 모를 때는 옮기는 것보다 버티는 것이 성공 확률이 높다. 다음 예를 보자.

웨스트포인트(미국육군사관학교)에서는 첫 학기 수업이 미처 시작되기도 전에 신입생 상당수가 자진해서 입학을 포기한다. 엄청난 경쟁률을 뚫고 합격한 인재 중 무려 5퍼센트가 일명 '비스트 배럭스'라고 불리는 기초군사훈련을 받다가 중도에 하차한다고 한다. 웨스트포인트는 그 원인을 찾으려고 연구를 의뢰했고, 펜실베이니아대학교 심리학과 앤절라 더크워스 교수는 연구 수행 후 끈기라고 할 수 있는 '그릿Grit'을 그 해답으로 내놓았다. 그녀는 그릿을 가지고 있느냐 없느냐가 신입생들의 중도 하차를 결정하는 원인이라고 보았다.

아무리 성적이 우수하고 체력이 강인한 신입생이라도 그릿이 부족한 경우 중도에 포기해버렸다. 좋은 머리와 강한 체력도 훈련을 견뎌낼 끈기가 없으면 별 도움이 되지 않았던 것이다. 언급된 사례가 특히 강인한 정신력과 강도 높은 끈기가 필요한 사관학교의 사례다 보니 이 조직에만 해당하는 것이 아니냐고 생각할 수 있다. 하지만 연구진은 그릿의 영향이 군대뿐만 아니라 학교나 일반 사회조직에서도 똑같이 통용된다고 보았다.

어떤 일이든 시작은 그리 어렵지 않다. 그러나 지속하기는 어렵다. 스티브 잡스도 이와 비슷한 말을 한 적이 있다.

"나는 성공적인 기업가와 그렇지 못한 기업가를 나누는 기준에서 '온전한 인내심'의 비중이 절반을 차지한다고 확신한다."

아울러 창의성과 열정이 전부여야 할 것 같은 벤처 창업가들에게도 이렇게 말했다.

"인터넷 창업 열풍의 문제점은 많은 사람이 창업한다는 것이 아닙니다. 사업을 시작해놓고 금방 내팽개치는 것이 문제입니다."

내가 선택한 일을 정답으로 만들기

실제로 '버티기'는 성공한 사람들이 흔히 자신의 성공 요인으로 언급하는 항목이다. 이는 때로는 '끈기'로, 때로는 '집념'으로 표현된다. 버틸 수 있는 사람이 최종 승리자가 되는 경우가 많다. 잘했기 때문이 아니라 포기하지 않았기에 그 자리에 오를 수 있었던 것이다. 특히 기업에서 고위 직급에 오른 여성의 경우 성공 비결을 묻는 인터뷰에서 '버티기'가 유용했다는 답변을 자주 한다. 아직은 고위직에 여성 임원 수가 적고 남성은 물론이고 같은 여성끼리도 경쟁해야 하니 결혼, 출산, 육아 등 갖은 악조건을 이겨내고 남성

중심의 조직사회에서 버텨낸 사람만이 최종 승리자가 될 수 있기 때문이다.

자, 두 갈림길이 있다. 버틸 것인가? 이직할 것인가? 누군가는 "직장을 구했다면 죽이 되든 밥이 되든 끝까지 가보라"고 말한다. 중간에 포기하는 패배자가 되지 말라고. 하지만 다른 누군가는 "아니라는 생각이 들면 과감히 던져버리고 다른 일을 찾아 도전하라"고 말한다. 그게 용기라고. 사람들의 조언은 우리를 더욱 혼란스럽게 한다.

인생에 정답은 없다. 선택은 온전히 자신의 몫이다. 하지만 그게 어떤 선택이든 무슨 일을 하기로 마음먹었다면 자신이 선택한 일을 더욱 즐겁고 보람차게 만들어야 한다. 정답을 알 수 없다면 자신이 선택한 일을 정답으로 만들면 된다. 그 방법이 바로 앞으로 소개할 '잡 크래프팅'이다.

내 일을 정답으로 만드는
잡 크래프팅

지금 하는 일을 좋아하기로 마음먹는다고 해서 일이 저절로 좋아질까? 그렇지 않다. 자신의 일을 좋아하는 일로 만들려면 '잡 크래프팅'이 필요하다. 일에 대한 생각, 일의 범위와 수준, 동료·상사·고객과의 관계를 바꾸면 내가 하는 일을 진정 좋아하는 일로 만들 수 있다.

"상우야, 너 요즘 무슨 일 해?"

"응, 나 체크인 해."

"뭐? ○○호텔에 취업했다더니 고작 고객 응대하는 거야?"

친구의 말에 나는 말문이 막혔다. 그리고 그날 밤 집에 돌아와 내가 하는 일이 어떤 의미가 있는지 곰곰이 생각했다.

'내가 하는 일이 하찮은 일일까? 단순하고 너무 쉬운 일인가?'

호텔을 방문하는 고객은 정말 다양하다. 가족과 휴가를 즐기려는 고객, 사랑하는 사람에게 프러포즈를 준비한 고객, 친구들과의 기념일을 축하하는 고객, 비즈니스 때문에 한국에 방문한 외국 고객, 관광차 한국에 온 고객 등 호텔을 방문한 이유가 제각각이다.

내가 하는 일을 적어보았다. 고객을 만나고, 불만을 해결하고, 새로운 장소와 음식, 이벤트를 안내하는 일……

많은 고객이 호텔을 떠나며 다시 오겠다는 이야기를 하고, 그들의 특별했던 경험에 감사의 편지를 남기곤 한다.

맞아, 그럼 나의 일은 그들에게 "행복한 경험을 만들어주는 일"이 아닐까?

≫ 내가 꿈꾸던 일을 하는가?

직업 선택의 폭이 넓어진 현대 사회에서는 오히려 원하는 직업을 찾기가 매우 어려워졌다. 누구나 꿈꾸고 선호하는 일자리는 많지 않으며, 높은 연봉과 번듯한 직함을 성공의 잣대로 보는 사회적 인식 때문에 직업을 선택할 때 자신의 희망과 적성은 뒷전으로 밀리기 쉽다. 원하는 직장에 들어갔다고 하더라도 하고 싶은 직무를 맡기도 쉽지 않다. 이나모리 가즈오 교세라 명예회장은 이렇게 말했다.

> 원하는 직장에, 원하는 업무를 맡아, 원하는 환경에서 일하는 사람이 얼마나 되겠는가? 별로 없다? 아니다. 거의 없다. 99.9퍼센트가 자신이 꿈꾸던 일과는 다른 일을 하게 된다.

이는 비단 일본만의 현실이 아니다. 게다가 지금은 '이건 내가 원하던 일이 아니다'라는 생각이 들더라도 현재의 일을 포기하기가 쉽지 않은 저성장 시대다. 바로 이전 세대만 해도 대학만 나오면 취직은 그리 어렵지 않았다. 하지만 고도성장을 더는 기대하기 어려운 요즘에는 옮길 만한 일자리를 쉽게 찾을 수 없다.

더구나 오늘날 업무가 과거보다 더욱 세분화되고 전문화되면서 개인의 업무가 점점 상호 연관적이고 의존적인 형태로 바뀌고 있다. 조직 또한 표준화된 업무 프로세스와 양식을 요구하면서 규정과 모니터링 시스템으로 개인의 업무 자율성을 점점 더 제약하고 있다.

잡 크래프팅에 주목하라

자신이 원하는 직업을 찾기도 어렵고, 직장 내 직무 이동이나 이직도 쉽지 않은 현실에서야말로 '잡 크래프팅(자발적 직무설계)'에 주목해야 한다.

잡 크래프팅이란 맡은 업무를 스스로 변화시켜 더욱 의미 있게 만드는 일련의 활동을 말한다. 다시 말해 직원 개개인이 자발적으로 자신의 업무를 바라보는 관점을 긍정적으로 바꾸고 업무 범위와 관계를 조정하거나 업무에 대한 인식을 전환하려고 노력하는 것이다.

예일대학교 에이미 브제스니브스키 교수는 연구진과 함께 '잡 크래프팅'의 개념을 처음 제시했다. 먼저 그녀는 직업을 바라보는 관점 중 '소명'에 주목했다. 소명으로 일하는 사람은 부와 명예가 따르지 않아도 그 일을 하는 것만으로 행복해하고 즐겁게 일에 몰두할 수 있다.

전통적으로 소명 의식을 갖는 일로 분류되는 직업은 성직자, 법관, 의사, 과학자 등 전문성이 필요하며 사회적으로 존경받는 직업이었다. 그러나 브제스니브스키 교수는 그런 일이라도 돈벌이 수단에 지나지 않는 경우가 있으며, 어떤 일이든 소명이 될 수 있다는 사실에 주목했다. 예를 들어 흔히 사람들이 기피하는 쓰레기를 치우는 일이라도 그 일을 하는 사람이 자신이 세상을 깨끗하고 위생적으로 만든다고 자부한다면 그 직업은 그 사람에게 소명이 된다.[9]

브제스니브스키 교수는 어떤 사람들이 이처럼 자신의 일을 소명으로 여기는지 조사하는 과정에서 보통 사람도 몇 가지 노력으로 자신의 일을 소명으로 바꿀 수 있다는 사실을 발견했다. 자신의 일을 소명으로 삼은 사람들이 수행한 몇 가지 노력을 분석하는 과정에서 잡 크래프팅 방법을 발견한 것이다.

잡 크래프팅의 핵심, 능동성

'잡 크래프팅'은 회사가 아닌 조직 구성원 스스로 능동적이고 적극적인 변화를 만들어낸다는 점에서 경영학에서 일반적으로 인용하는 '잡 디자인' 개념과 차별화된다.

잡 디자인 또는 워크 디자인 이론에서는 조직 구성원 개인은 관리자에 의해 수동적으로 관리되는 존재로 인식된다. 관리자가 고안한 직무설계와 그에 기반한 직무기술서에 따라 조직 구성원의 업무와 역할이 결정되는 것이 잡 디자인이라면, 잡 크래프팅은 조직 구성원 개개인이 적극적이고 능동적인 역할을 해서 직무의 성격이나 경계를 바꿀 수 있다고 보는 것이다. 즉 잡 크래프팅은 직무상 변화에 개인이 수동적으로 반응하는 것이 아니라 개인이 직무상 변화를 창조하거나 주도하는 것을 포함한다. 이때 다른 이들과 비슷한 일을 맡더라도 개인은 각각 그 일을 해석하는 방식, 일에 대한 관심이나 흥미, 숙련도, 주도성 등에서 차이가 나기 때문에 개인마다 일을 만들어나가는craft 방법이 다를 수 있다.

잡 크래프팅은 이처럼 조직 구성원 개개인이 직무기술서에 따라 맡은 업무 범위 및 경계의 한계에 머무르지 않고, 자발적으로 업무 범위 및 업무를 통해 맺은 타인들과의 관계를 조정하거나, 업무에 대한 인식을 전환하는 것을 뜻한다.

잡 크래프팅의 이론적 구조 [10]

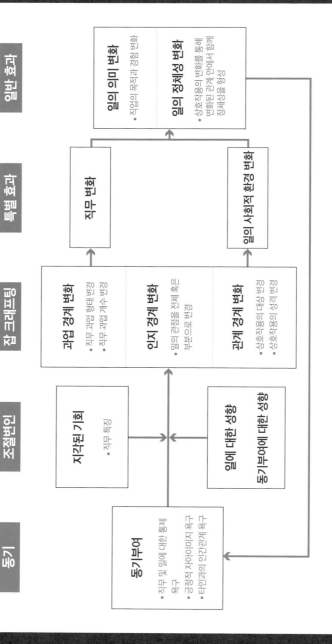

| 동기 | 조절변인 | 잡 크래프팅 | 특별 효과 | 일반 효과 |

동기

- 직무 및 일에 대한 통제 욕구
- 긍정적 자아이미지 욕구
- 타인과의 인간관계 욕구

조절변인

지각된 기회
- 직무 특징

일에 대한 성향
동기부여에 대한 성향

잡 크래프팅

과업 경계 변화
- 직무 과업 형태 변경
- 직무 과업 개수 변경

인지 경계 변화
- 일의 관점을 전체 혹은 부분으로 변경

관계 경계 변화
- 상호작용의 대상 변경
- 상호작용의 성격 변경

특별 효과

직무 변화

일의 사회적 환경 변화

일반 효과

일의 의미 변화
- 직업의 목적과 경험 변화

일의 정체성 변화
- 상호작용의 변화를 통해 변화된 관계 안에서 함께 정체성을 형성

에이미 브제스니브스키와 제인 E. 더튼은 잡 크래프팅 활동을 일으키는 동기들(선행변인)과 잡 크래프팅 활동 기회 및

개인의 일 관련 태도(조절변인)가 어떻게 잡 크래프팅의 형태를 결정하는지, 그 활동이 개인 및 조직에 어떤 영향을 미치

는지에 대한 최초의 이론 모델을 제시했다.

그들은 잡 크래프팅 모델에서 선행요인, 즉 잡 크래프팅을 시도하려는 욕구를 3가지로 정의했다. 에드워드 L. 데시 등

수많은 자기결정이론 연구자들이 인간의 심리적 욕구 중 가장 보편적인 것 3가지로 자율성의 욕구 autonomy, 유능함

의 욕구 competence, 관계 맺기의 욕구 relatedness를 꼽았는데, 이 요인들을 잡 크래프팅의 동기를 부여하는 기본적

인 욕구로 제시한 것이다. 브제스니브스키와 더튼은 잡 크래프팅에 다음과 같이 설명했다. 첫째, 잡 크래프팅은

직무 및 일에 대한 개인적 통제 욕구에서 시작된다. 둘째, 일에서의 긍정적 자아이미지 욕구에서 시작된다. 셋째, 타인

과의 인간관계 욕구에서 시작된다. 그들은 잡 크래프팅을 조절변인으로는 지각되는 지각되는 잡 크래프팅 성향을

꼽았다. 또한 잡 크래프팅을 각각 배타적이 아닌 상호 연관되어 작용하는 3가지(과업/인지/관계) 경계의 변화로 구분했

다. 잡 크래프팅 활동을 통해 조직의 직무설계가 변경되고 사회적 환경이 변화하며(특별 효과), 개인은 일의 의미와 정

체성 변화를 경험한다(일반 효과).

≫ 잡 크래프팅의 3가지 방법

잡 크래프팅은 자신의 일에 존재하는 3가지 경계를 넘어서려는 노력으로써 가능하다. 일 자체의 물리적·인지적 경계, 일과 관련된 고객·동료 등 사람들과의 관계의 경계를 넘어서는 노력이 이에 속한다. 경계를 넘어선다는 것이 꼭 한계를 돌파하라는 의미는 아니다. 기존에 다른 이가 만들어놓았거나 자신도 모르게 그은 경계선에 갇혀 고민하지 말고 스스로 다시 선을 그어보자는 의미다.

첫 번째 잡 크래프팅 방법은 업무의 수 및 범위, 일하는 방식 등 과업의 물리적인 경계를 변화시키는 것이다. 자기 본연의 과업 외 다른 영역으로 과업의 범위를 넓히는 경우가 이에 해당한다. 교사가 수업시간의 교육 효과를 극대화하기 위해 IT 기기 활용방법을 익히면서 이에 큰 흥미를 갖게 되어 학교 내 IT시스템 운영업무를 담당하는 경우다.

두 번째 잡 크래프팅의 방법은 업무의 목적이나 의미에 대한 자기 인식의 경계를 변화시키는 것이다. 자신의 과업이나 관계, 일의 목적을 더 의미 있게 재해석하고 재정의하는 행위다. 예를 들어, 병원 청소부가 자신의 일을 단지 청소하는 일로 생각하지 않고 자신을 치료 팀의 일원으로 여기면서 환자의 회복에 기여하는 업무를 하는 것으로 인식하는 경우가 이에 해당한다.

마지막 잡 크래프팅 방법은 직장에서 만나는 고객, 상사, 동료와의 관계 및 상호작용의 경계를 변화시키는 것이다. 직장에서 비슷한 관심과 기술을 가진 사람들과 친구가 되려고 노력하거나 마케팅 담당자가 자신을 더 잘 이해하고 도움을 주는 영업담당자와 더욱 친밀한 관계를 유지하는 경우가 이에 해당한다.

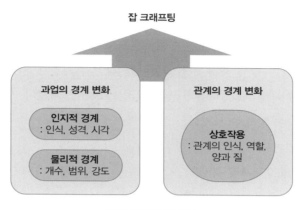

잡 크래프팅

과업의 경계 변화	관계의 경계 변화
인지적 경계 : 인식, 성격, 시각	상호작용 : 관계의 인식, 역할, 양과 질
물리적 경계 : 개수, 범위, 강도	

3가지 잡 크래프팅 기법

구글, 잡 크래프팅을 시도하다

잡 크래프팅을 통해 개인은 직장에서 일에 대한 만족감과 충만감을 얻을 수 있고, 기업은 종업원의 직무 몰입 덕분에 성과 향상을 기대할 수 있다. 〈포천〉 500대 기업에서부터 작은 비영리기업에 이르기까지 잡 크래프팅을 시도한 조직의 구성원들은 자신의 삶에 만족하고 더 나은 성과를 보이며, 높은 회복탄력성을 보여주었다.[11]

  잡 크래프팅을 적용한 대표적인 기업은 구글이다. 구글은 마케팅, 회계, 인사 등 다양한 직무를 담당하는 직원들에게 잡 크래프팅 워크숍을 진행했다. 이 워크숍에서 직원들은 자신의 직무를 재설계하고 새로운 직무에 필요한 조직 내 관계를 재설정하며 함께 자신의 일을 재정의하는 시간을 가졌다. 연구진은 통제집단과의 비교연구를 통해 워크숍 시행 6주 후와 6개월 후에도 참가자들의 행복도가 높게 유지된다는 사실을 밝혀냈다.[12]

이처럼 조직 구성원 개인이 적극적으로 잡 크래프팅을 시도하고 기업 또한 이를 허용하고 장려한다면 개인과 기업 모두 긍정적인 효과를 기대할 수 있다. 더구나 지금은 그 어느 때보다 개인의 잡 크래프팅이 필요한 시기다.

잡 크래프팅, 어떻게 할 것인가

잡 크래프팅의 3가지 방법에 대해 이어지는 장에서 어떻게 다룰 것인지 간단히 살펴보면 다음과 같다.

2장에서는 잡 크래프팅의 첫 번째 방법인 '생각의 변화'를 다룬다. 일의 목적을 명확히 알고, 일에 대한 인식을 긍정적으로 전환할 방법을 설명한다. 일과 삶을 바라보는 관점인 프레임의 중요성과 이를 실현할 수 있는 구체적인 방법을 제시해 일의 본질에 대한 이해와 일의 의미를 되새기는 데 도움을 줄 것이다.

3장에서는 잡 크래프팅의 두 번째 방법인 '일 자체의 변화'를 다룬다. 일의 물리적 경계, 즉 가능한 범위에서 과제의 개수와 난이도를 조정하거나 업무 영역을 확대 내지 축소해 이를 실현할 방법을 설명한다. 자신의 업무를 스스로 통제하고 강점을 강화해 일에 더욱 즐겁게 몰입할 수 있도록 이끌 것이다.

4장에서는 잡 크래프팅의 세 번째 방법인 '관계의 변화'를 다룬다. 자신이 맡은 역할을 넘어 자신에게 더욱 의미 있는 역할을 찾아 고객, 동료와의 관계와 상호작용을 재설정하는 방법을 알려준다. 많은 직장인에게 조직 내 관계를 새롭게 바라보고, 조직에서 일어나는 다양한 갈등을 줄여 궁극적으로 의미 있는 역할을 수행할 수 있도록 도울 것이다.

이제 본격적으로 잡 크래프팅의 영역과 실천 방법을 살펴보자.

잡 크래프팅은 이제 선택이 아닌 필수다

평생직장의 시대는 끝났다. 불안정한 고용시장과 일의 급격한 형태 변화로 조용한 사직이나 파이어족처럼 일의 중요성을 축소하는 분위기가 형성되고 있지만, 이런 때일수록 평생경력을 만들 수 있는 자기 주도적 움직임, 즉 '잡 크래프팅'이 필요하다.

코로나19가 한창 기승을 부리던 어느 날, 그룹 내 여러 회사의 교육 담당자들이 줌 미팅에 모였다. 단연 화두는 '이런 환경에서 어떻게 교육해야 하느냐'는 것이었다.

"예전처럼 강의실에 사람들을 모아놓고 교육할 수가 없잖아요. 온라인으로 다 연결해야 하는데, 그러다 보니 담당자들이 영상 편집이나 방송 송출까지 할 줄 알아야 해요."

"거기다 온라인으로 교육생들이 들어오다 보니 몰입도가 떨어져요. 결국 집중을 위한 다양한 이벤트를 고민해야 하더라고요."

"그뿐이 아니죠. 저희 부서장은 온라인상의 교육 몰입도 측정 툴을 개발하라는데…… 도대체 그걸 어찌 개발합니까?"

서로의 이야기는 답답함만 더할 뿐이었다. 코로나19가 세상을 빠르게 변화시켰다지만, 사실 교육 담당자의 역할 변화에 대한 고민은 진작에 시작되었어야 했다.

우리의 일은 그 어느 때보다 빠르게 변화하고 있다. 어떻게 변화할지 예측하기는 쉽지 않겠지만, 우리는 이에 대비하고 있어야 한다. 그 변화에 따라 내가 하는 업무 방식과 프로세스, 조직 내 사회관계를 유연하게 조정해나갈 수 있어야 한다.

앞서 나왔던 교육 담당자들의 고민도 마찬가지다. 회사 주도로 획일적으로 이루어졌던 기업 교육은 지금 시대에 더는 효과가 없다. 지금은 임직원 스스로 현장에서 학습하고자 하는 동기가 있어야 한다. 과거에는 교육 담당자가 우수한 강사를 초빙해 중요 정보와 최신 트렌드를 전달하는 역할을 했다면, 이제는 직원 한 명 한 명의 성장과 경력개발을 돕는 코치나 컨설턴트 역할을 해야 한다. 교육의 본질은 그대로지만, 그 역할은 달라질 수 있는 것이다.

≫ 평생직장 시대에서 평생직업, 평생경력의 시대로

직전 세대까지만 해도 '평생 일을 할 수 있는 직장'에 다니는 것이 당연했다. 따라서 회사의 인사제도나 복리후생은 장기근속을 유도하는 방향으로 발전했고, 회사는 구성원들의 열정과 충성심을 우대하고 배려해왔다.

그러나 이는 회사가 계속 성장하고 일자리가 꾸준히 늘어나는 고도성장기에 적합한 방식이었다. 화려하던 산업화 시대가 저물고 본격적으로 저성장 시대가 시작되자 일자리는 더 이상 늘지 않았다. 적은 비용과 인력으로 경쟁력을 유지하려는 기업들은 정리해

고와 구조조정, 희망퇴직, 아웃소싱 등을 활용해 인력 운영을 하고 있다.

결국 사람들은 그동안 당연시했던 '평생직장'이라는 개념을 버리고 그 대안으로 '평생직업'에 집중하기 시작했다. 노동시장에서 자신의 가치와 경쟁력을 증명해 꼭 한 회사가 아니더라도 다른 회사로 자리를 옮겨 정년까지 일할 수 있으리라 기대했다.

그런데, 이럴 수가…… 내 직업이 통째로 사라질 수가 있다니.

직업은 변화한다. 탄생과 성장, 쇠퇴의 과정을 거치며, 분화와 통합도 일어난다. 이러한 변화 속에서 시대 저편으로 사라지기도 하고, 새로운 시대적 여건을 반영해 새로 등장하기도 한다. 예를 들어, 언론사의 필수 인력으로 최고의 대우를 받던 문선공*은 컴퓨터 편집 시대가 열리면서 한순간에 역사의 뒤안길로 사라졌다. 미처 한 세대가 지나기 전에 쓰임새가 없어진 것이

★ 문선공: 인쇄소에서 원고대로 활자를 골라 뽑는 사람.

다. 기술과 도구의 발달로 특정 직업이 없어지고 새로운 직업이 등장하는 일은 앞으로도 계속될 것이다.

미래학자들이 사라질 직업을 예측하는 기준은 '기계가 그 일을 대체했을 때의 효용이 인간이 그 일을 계속할 경우에 비해 얼마나 높은가' 하는 것이다. 소위 고도의 전문성이 필요한 직업이라고 해서 사라질 위험이 없을까? 그렇지 않다. 비행기 조종사는 무인 드론으로 대체되고, 의사의 진단은 AI로 가능해지는 시대가 이미 와 있다. 그렇다고 그들의 전문성이 필요 없어진 것은 아니다. 새로운

기술과 도구의 출현으로 일 처리 방식이 바뀌고 있을 뿐이다. 하늘에는 예나 지금이나 비행체가 날아다니고, 질병을 진단하고 치료하는 행위 자체도 여전히 중요하다.

≫ MZ세대가 일하는 방식

MZ세대*는 과거 그 어느 세대보다 자신의 일에 대해 유연하고 다양한 관점을 가지고 새로운 변화를 모색하는 세대다. 이는 달라진 근로환경에 기인하기도 한다. 주 52시간 도입으로 불필요하게 눈치 보며 오래 일하지 않

> ★ MZ세대: 1980년대 초반~2000년대 초반에 출생한 밀레니얼 세대와 1990년대 중반~2000년대 초반에 출생한 Z세대를 통칭하는 말.

아도 되면서 자기 시간이 늘어났다. 더구나 코로나19가 촉발한 재택근무의 일상화, 비대면 근무 환경이 수십 년이 걸려야 일어났을 변화를 빠르게 앞당겼다.

최근에는 부업을 2가지 넘게 한다는 의미인 'N잡러'라는 신조어까지 등장했다. 단순히 돈을 벌기 위해서가 아니라 자기계발이나 자아실현을 위해 퇴근 후나 주말에 부업을 하는 사람이 늘고 있다. 이런 현상은 유튜브, 전자상거래, 배달/운송 등 디지털 플랫폼의 발달 덕분에 가능해졌다. 디지털 플랫폼의 부상으로 원하는 시간에 원하는 장소에서 자유롭게 일하는 새로운 형태의 노동 개념이 확산되었다. 이러한 '긱 워커Gig worker'의 개념은 사실 예전에도 있었지만 최근 코로나19 팬데믹과 디지털 플랫폼의 발달로 이들의

수가 폭발적으로 증가했다. 특히 MZ세대는 고용 보장도 되지 않으면서 시간·공간의 제약까지 있는 일자리보다 일의 유연성이 높은 긱 워크를 선호하기 시작했다. 반면 변화는 부정적인 측면을 불러오기도 한다.

월급만큼만 일할게요, 조용한 사직

최근 미국에서 시작된 '조용한 사직Quiet quitting'이 우리나라에도 SNS 등을 통해 퍼지고 있다. 조용한 사직은 직장을 그만두지는 않지만 정해진 시간과 업무 범위 내에서만 일하고 초과근무를 거부하는 노동 방식을 뜻하는 신조어다.

　조용한 사직은 젊은 세대에게 큰 호응을 얻고 있다. 어느 한 조사에서는 '딱 월급 받는 만큼만 일하면 된다'라는 말에 10명 중 7명이 '동의한다'고 응답했다. 20대에서는 동의한다는 비율이 78.5퍼센트에 달했다.[13] 조용한 사직을 외치는 이들은 먼저 나서서 새로운 기획을 제안하지도 않고 추가적인 일도 하지 않고 지시받은 일만 하겠다고 한다. 승진 욕심도 없다. 어차피 오르지 못할 나무, 쳐다보면 뭣하냐는 심리인 셈이다.

　안타까운 현실이지만, 마냥 철없는 요즘 애들의 치기로 치부하기도 어렵다. 필자가 입사하던 당시 선배들을 보면 회사 월급으로 집도 사고 어렵지 않게 가족도 부양했다. 하지만 요즘은 부동산 등 자산 가치가 과도하게 치솟은 상황이다. 조용한 사직이란 개념이 자신의 월급 수준으로는 꿈도 꾸지 못하는 세상에 대한 한탄과 푸

넘이라면 이해할 만하다. 일을 아예 안 하고 월급만 챙겨가는 이른바 '월급 루팡'을 한다는 게 아니라 딱 돈 준 만큼 일하겠다는 것이 다행이라면 다행일까?

그러나 조용한 사직이 젊은 세대에게 당장은 자조적인 만족감을 줄지언정 어떤 행동 변화나 삶의 개선으로 이어지지는 않는 것 같다. 사직이라는 현 상태에 그대로 머물 것이 아니라 적극적으로 개선하려는 노력이 필요하다. 사직이라는 것은 무언가의 끝이기도 하지만 무언가를 새로 시작하겠다는 결연한 의지이기도 하니까.

빠르게 벌고 빠르게 퇴직하는 파이어족

'파이어족FIRE族'의 등장 역시 우리 시대의 새로운 자화상이다. 파이어족은 경제적 자유와 조기 은퇴Financial Independence & Retire Early를 추구하며 살아가는 이들을 지칭한다. 이들은 빠른 은퇴를 위해 극단적인 소비 절감과 저축을 실천하며 40대 전후에 조기 은퇴하는 것을 목표로 한다. 불필요한 소비에서 벗어나 중요한 것에 집중한다는 점에는 동의하지만, 현재의 일을 단지 경제적 자유를 획득하기 위한 수단으로만 보는 관점은 받아들이기 어렵다.

은퇴가 목적이 되어서는 안 된다. 은퇴 이전의 삶 또한 내 인생에서 소중한 시간들이고, 은퇴 이후의 삶 또한 의미 있고 가치 있는 시간이 되어야 한다. 경제적 자유를 달성했다고 해서 갑자기 삶이 의미로 가득 차지는 않는다. 오히려 경제적 자유를 통해 얻은 해방감과 여유를 맘껏 활용할 수 있는 나만의 일을 준비하는 게 어떨까? 내가 얻을 수 있는 물질적 가치에 연연하기보다 그 일을 함으로써 내가 세상에 줄 수 있는 가치에 집중할 수 있을 것이다.

자기 정의의 일

세상이 변하는 속도는 우리의 생각보다 빠르다. 우리가 익힌 지식이나 기술은 시간이 지남에 따라 진부해지고 늘 새로운 것으로 대체된다. 끊임없는 학습과 적응만이 살아남을 길이다. 평생직장에서 평생직업이, 이제는 평생경력이 중요해진 세계에서 나를 지켜줄 수 있는 회사란 더는 존재하지 않는다. 런던대학교 교수이자 심리학자인 린다 그래튼은 그녀의 저서 《일의 미래》에서 이렇게 얘기했다.

> 우리는 더 이상 기업이라는 기계에 속한 톱니바퀴가 아니며 스스로의 힘으로 선택하고 그 결과를 책임질 능력이 생겼다. 따라서 일반적인 틀에 자신을 가두는 대신 한 개인으로서 자신을 중시하고, 자신만의 생활 방식을 추구하며, 자신이라는 사람을 정의하는 자기 정의Self-definition를 위해 노력해야 한다.

이제 우리는 모두 스스로 자신의 일과 경력을 정의하고 가꾸어 가는 '자기 정의 일'을 시작해야 한다. 물론 그 첫걸음은 잡 크래프팅일 것이다.

Memo
'업의 개념'과 잡 크래프팅

잡 크래프팅이라는 개념이 우리에게 다소 낯설 수 있지만, 사실 삼성에서는 비슷한 개념을 이미 오랫동안 강조해왔다. 고 이건희 회장은 생전에 '업業의 개념'을 강조했는데, 업의 본질과 특성을 명확히 파악하고, 이에 따라 사업 방향과 전략을 수립하라는 뜻이었다.

이와 관련된 일화가 있다. 이 회장이 당시 신라호텔 임원에게 호텔산업의 본질이 무엇인지 물었다. 임원은 서비스업이라는 대답을 했고, 이에 이 회장은 경영진이 호텔업의 특성을 제대로 알고 있지 못한 것 같다고 평했다. 경영자라면 호텔업이 서비스업이라고 단순히 생각할 것이 아니라, 이것이 근본적으로는 장치산업이자 부동산업이란 것을 이해해야 한다는 것이었다. 이 회장은 이러한 업의 개념을 제대로 갖는 것이 기업 경영의 기본이자 사업의 성패를 가르는 핵심 요소라고 생각했다.

또한 1997년에 발간된 《삼성인의 용어》에서는 자동차업을 '전자업'으로 정의 내리기도 했다. 이미 자동차업이 부품 가격으로 볼 때 전기 전자제품이 30퍼센트나 차지하고 있고, 더욱이 앞으로 10년 내에는 이 비율이 50퍼센트를 웃돌게 될 것이라고 하며, 그렇게 되면 이

것이 과연 자동차업인지, 전자업인지 모호해질 것이라는 예상이었다. 전기차가 이미 대세인 현재 자동차업을 미리 내다본 혜안이었다. 하버드대학교의 테드 레빗 경영학 교수가 발표한 〈마케팅 근시안 Marketing Myopia〉이라는 논문 역시 업의 개념과 비슷한 내용을 담고 있다. 그는 1960년대 미국의 철도 산업이 쇠퇴한 이유가 자신들의 산업을 운송 사업이라고 보지 않고 단순히 철도 사업으로 인식했기 때문이라고 평가했다. 사업을 제품 위주로 너무 좁게 정의한 나머지 이후에 나타난 새로운 운송 수단인 자동차, 트럭, 비행기 등의 경쟁자들에게 시장을 뺏길 수밖에 없었던 것이다. 이렇듯 사업의 영속을 위해서 제품과 업의 본질이 무엇인지 꿰뚫어 볼 수 있어야 한다는 레빗 교수의 연구는, 이 회장이 강조한 업의 개념과 상당히 닮았다고 볼 수 있다.

이 회장은 이러한 업의 개념을 경영자뿐 아니라 임직원에게도 강조했다. 본인이 맡은 직무를 입체적으로 바라봄으로써 일의 본질과 특성을 다시 돌아보고, 더 의미 있는 가치 생산을 위해 재해석하라는 메시지였다. 회사의 구성원 각자가 주어진 일을 맹목적으로 하기보다 자신이 맡은 업무의 본질이 무엇인지를 생각해보고 이에 맞게 일하라는 것이다. 결국 맡은 업무를 스스로 변화시켜 더욱 의미 있게 만들어보자는 잡 크래프팅과 일맥상통하는 내용이라고 볼 수 있지 않을까?

Chapter 2

당신의 일은
당신의 생각보다
가치 있다

일의 프레임이 바뀌는 순간

누구나 세상을 바라보는 자신만의 창이 있다. 사건을 보는 관점을 어디에 두느냐에 따라 같은 사물과 사건도 완전히 달라 보인다. 직업을 바라보는 관점도 마찬가지다. 직업을 바라보는 중심 프레임이 개인의 삶을 더욱 풍요롭고 행복하게 만들어준다.

우주 개발에 박차를 가하던 린든 존슨 대통령이 미국항공우주국NASA을 방문했을 때의 일이다. 휴스턴 남쪽에 위치한 NASA는 그날도 여느 때처럼 남부 특유의 열기로 후끈 달아올랐다. 대통령은 NASA의 구석구석을 돌아보며 만나는 사람마다 격려를 아끼지 않았다. 그가 본관 빌딩을 나와 옆 부속 건물로 이동하던 참이었다. 마침 옆 건물의 정문을 지키고 있던 경비원 앞을 지나가게 되었다. 대통령은 가던 길을 멈추고 경비원에게 무슨 일을 하느냐고 물었다. 그의 물음에 경비원은 흘러내리는 땀을 훔치며 이렇게 대답했다.

"저는 달나라로 가는 꿈을 실현하는 사람들의 안전을 책임지고 있습니다."

이 일화는 자신의 일을 사랑하고 자랑스럽게 여기는 사람이 일에 대해 어떤 프레임을 가지고 있는지 보여주는 대표적 사례로 꼽힌다. NASA의 경비원은 자신의 일을 단순한 경비가 아닌 달나라에

가는 인류의 꿈을 실현하는 데 일조하는 것이라고 생각했다.

≫ 세상은 프레임으로 해석된다

'틀' 또는 '창'으로 해석되는 프레임은 세상을 바라보는 관점을 말한다. 어떤 프레임으로 접근하느냐에 따라 우리는 동일한 사실을 다르게 해석한다. 심리학자들은 이러한 프레임을 우리가 세계를 어떻게 해석하는가에 영향을 미치는 '결정의 틀'이라고 말한다.

예를 들어, 미디어가 동일한 사건에 대해 다양한 해석을 내놓을 때 우리는 프레임이 다르다고 말한다. 이는 그들이 원하는 세상이 어떤 모습인가에 따라, 자신들에게 이익이 되는지 아닌지에 따라 현상을 다르게 보기 때문이다.

'프레임'은 그간 학계에서 쓰던 용어였으나, 미국 언어학자 조지 레이코프의 저서 《코끼리는 생각하지 마》가 세간의 주목을 받으면서 널리 알려졌다. 우리나라에서는 서울대학교 심리학과 최인철 교수의 책에 언급되면서 친숙한 용어가 되었다. 레이코프는 "어떤 사람에게 '코끼리를 생각하지 마'라고 하면 그 사람은 코끼리를 떠올릴 것이다"라고 말하며, "프레임이란 우리가 세상을 바라보는 방식을 형성하는 정신적 구조물로 우리가 추구하는 목적, 우리가 짜는 계획, 우리가 행동하는 방식, 우리 행동의 좋고 나쁜 결과를 결정한다"라고 주장했다.

자신만의 프레임을 찾자

프레임 효과를 우리가 하는 일에 적용해보자.

NASA 경비원의 일은 주요 인원과 시설물을 지키고 보호하는 것이었다. 그런데 그는 울타리 너머 그 이상의 것을 바라보았다. 자신의 일을 어떻게 수행할 것인가만 생각하는 것을 넘어 자신의 일이 가진 궁극적인 목적을 생각한 것이다. 그에게 일은 단순한 정문 경비 업무가 아닌 '인류의 꿈'을 보호하는 성스러운 사명이었다.

자신의 직업을 바라볼 때 어떤 프레임으로 바라보느냐는 매우 중요하다. 같은 그림도 화려한 금테 액자 속에 있을 때와 소박한 나무 액자 속에 있을 때 그 가치가 다르게 보이는 것처럼 직업도 마찬가지다. 직업을 선택할 때 작용하는 '결정의 틀'로는 어떤 것이 있을까? 흔히 이야기하는 것은 '돈'이다. 연봉 수준과 보수의 많고 적음이 직업 선택의 기준이 된다. 돈을 최고의 가치로 생각한다면 최소한의 노력과 시간을 들이면서 동시에 가장 많은 보수를 받는 일이 최고의 직업이 된다. 이때 일의 목적은 고려 대상이 아니다.

다른 기준으로 출세와 성공이 있다. 돈은 어떻게 보면 성공의 징표일 뿐이다. 이 기준에서 볼 때 직업의 가장 중요한 가치는 '다른 사람이 나를 존경하고 우러러보느냐, 그렇지 않느냐'다. 이 경우에도 자신의 일이 궁극적으로 갖는 의미는 크게 고려하지 않는다. 오로지 신경 써야 하는 것은 다른 사람의 시선이다.

이런 프레임이라면 자기 일의 의미는 중요하지 않다. 앞서 경비원의 입장에서 생각해보자. 돈이 우선이었다면 NASA가 아니라 나이트클럽의 정문을 지키는 것이 더 나은 선택일 수 있다. 출세와 성공이 우선이었다면 아예 처음부터 경비원이라는 직업은 생각하지도 않았을 것이다.

그렇다면 일의 의미는 어떠한 경우에 중요할까? 소명으로서의 직업의식은 내가 맡은 이 일이 우리 사회에 꼭 필요한 일이라는 인식에서 출발한다. 그 안에는 사회적인 기여와 영향력이 포함되어 있다. 나와 가족의 이익만이 아니라 사회 공동의 이익을 위해 내가 어떠한 기여와 영향력을 미치고 있는지를 인식할 때 직업의식이 생긴다. 이때 직업 선택의 기준은 이 일이 우리 지역사회에, 우리나라에, 나아가서 인류 전체에 조금이라도 도움이 되는가다.

'어떻게'가 아닌 '왜'를 물어라

이와 같은 프레임을 갖기는 물론 쉽지 않다. 보잘것없어 보이는 내 일에서 무슨 사회적인 대의를 찾을 수 있겠냐며 반문할 수 있다. 그러나 세상의 모든 일과 직업은 사회적인 의미와 영향력이 있다. 로빈슨 크루소처럼 무인도 외딴섬에서 혼자 살지 않는 한, 작은 텃밭에서 채소를 키우는 일조차 다른 누군가의 밥상에 오를 먹거리를 제공하는 사회적인 행동이다. 따라서 내 일을 바라볼 때 어떤 프레임, 즉 어떤 '결정의 틀'을 가지고 바라봐야 할지는 분명하다. 그건 바로 '왜'를 묻는 'Why 프레임'이다.

금전적 보상을 기준으로 직업을 보면 내가 맡은 일을 어떻게 해야 하는지, 즉 '어떻게How'에 관심을 갖게 된다. 어떻게 하면 일을 효율적으로, 최소한의 시간으로 해결할 수 있을까가 관심인 것이다. 그러다 보니 일이 쉬운지 어려운지, 시간은 얼마나 걸리는지가 가장 궁금하다. 일반 직장에서 사원이나 대리 직급의 직장인들이 하는 고민 또한 이와 비슷할 것이다.

하지만 Why 프레임으로 일을 보면 달라진다. 이 일이 회사와 고객, 더 나아가 우리 사회에 주는 의미를 생각하게 된다. '나는 왜 이 일을 하는가? 이 일을 통해 나는 세상에 무슨 기여를 하는가?'와 같은 궁극적인 목적과 영향력에 관심을 갖게 된다.

여기서 우리는 잡 크래프팅의 한 가지 방법을 찾을 수 있다. 앞서 잡 크래프팅을 하려면 여러 가지 경계를 넘어서야 한다고 했다. 그중 가장 먼저 할 일이 '인지적 경계'를 변화시키는 것이다. 왜 이 일을 하는가를 묻는 Why 프레임은 인지적 경계를 바꿀 수 있는 중요한 수단이다. 끊임없이 되물으며 일의 목적이나 성격을 재구성함으로써 일에 대한 자기인식을 긍정적으로 전환할 수 있다.

긍정적 믿음으로 내 일을 바라보라

하지만 이렇게 질문할 수도 있다. 맡은 일이 바뀌지 않은 다음에야 그게 가능할까? 일의 속성이나 성격은 그대로인데 어떻게 갑자기 다른 의미를 부여할 수 있는 걸까?

그런데 우리는 같은 일이라도 프레임을 통해 다르게 해석될 수 있다는 점을 앞에서 살펴보았다. 이것이 가능한 것은 우리 안에 긍정성이라는 답이 있기 때문이다. 긍정심리학의 대가 마틴 셀리그만은 어떤 사건Accident과 결과Consequence는 바로 연결되는 것이 아니며, 그 사이에는 반드시 개인의 믿음Belief이라는 연결고리가 있고 이 믿음에 따라 결과가 달라진다고 보았다. 이른바 'ABC모델'이라는 것인데, 이 믿음이 바로 프레임이다. 개인이 가진 믿음, 즉 프레임에 따라 똑같은 일이 천한 일이 되기도 하고, 성스러운 일이 되기도 한다. 긍정적 믿음은 똑같은 일도 의미 있는 일로 만든다.

다행인 것은 우리 모두가 긍정성을 기본 성향으로 지니고 있다는 점이다. 세계적인 행복 권위자 에드 디너 교수에 따르면 전 세계 사람들은 대부분 자기가 행복하다고 느끼며 삶을 긍정적으로 바라본다고 한다.[14] 우리는 긍정의 프레임으로 바라보도록 진화한 것이다.

직장 생활이나 사회 생활처럼 다른 사람과 어울려 지내야 하는 조건에서 긍정적인 사람은 대인관계에 유리하다. 부정적인 사람을 더 좋아하는 사람은 없다. 긍정적인 사람이 조성한 긍정적인 사회관계가 사람을 행복하게 만들고, 그렇게 행복해진 사람이 다시 긍정적인 사회관계를 만드는 긍정의 선순환이 형성되는 것이다. 이런 긍정성은 직장과 같은 조직에서 큰 장점으로 작용한다.

하지만 긍정적 믿음에서 더 나아가 Why 프레임으로 자기 일의 의미를 반복해서 재확인하는 과정은 결코 쉽지 않다. 우리는 늘 다른 사람의 영향을 받는다. 따라서 우리 사회의 보통 직장인들이 갖는 How 프레임에서 자신만 완전히 자유롭기는 힘들다. 하지만 흔들리지 말고 자신의 프레임은 스스로 설정할 수 있어야 한다. 세상의 잣대가 아니라 내가 만든 프레임이 기준이 되어야 한다. 남이 준 프레임으로는 그들이 원하는 세상을 바라볼 뿐이다. 우리는 금색으로 빛나는 다른 사람의 지붕보다 그 위에 끝없이 펼쳐진 넓은 하늘을 바라봐야 한다.

모든 일은 그 자체로 소중하다

직장인이 하는 일은 대부분 그리 대단하지 않아 보인다. 하지만 당신이 하는 일은 결코 하찮지 않다. 당신이 일해서 만든 최종 제품과 서비스의 의미와 목적을 더 크고, 더 깊고, 더 넓게 다시 정의해보라.

병동 5층 청소를 담당하는 루크는 막 501호의 병실을 청소하고 나왔다. 그런데 복도에서 마주친 501호 환자의 아버지가 다짜고짜 루크에게 왜 병실 청소를 안 했느냐며 고함을 질러 댔다. 평소 담배를 자주 피우러 나가는 환자의 아버지는 자신이 자리를 비운 사이에 루크가 청소를 했다는 사실을 알지 못했던 것이다. 그러나 루크는 한마디 변명도 없이 "죄송합니다"라는 말과 함께 다시 501호 병실로 돌아갔다. 그리고 환자의 아버지가 보는 앞에서 다시 한번 환자의 침대 주변을 정리하고 병실 바닥을 닦았다. 이를 지켜본 사람이 나중에 루크에게 그렇게 행동한 이유를 물었다.

"그분의 절망스럽고 불안한 심정을 이해했어요. 아들이 병원에 온 지 6개월이나 되었지만 병세가 나아지지 않았거든요. 그래서 환자의 아버지에게 어떤 식으로든 불쾌감을 주기 싫었습니다. 다시 청소하면서 화가 나지 않았냐고요? 조금도 그런 마음이 들지 않았습니다. 다만 환자의 아버지 마음이 조금이나 마 편해지기를 바랐어요."

이 사례는 잡 크래프팅의 개념을 처음 설명한 브제스니브스키와
그의 연구진이 진행한 인터뷰를 재구성한 것이다.[15] 루크는 이미
병실을 한 차례 치웠음에도 환자 아버지가 몰아세울 때 아무 변명
없이 병실을 한 번 더 청소했다. 왜 그랬을까? 이 행동은 그의 직
무기술서에 나와 있는 내용이었을까?

≫ 내가 맡은 일의 의미를 찾는 법

연구진은 루크의 직무기술서를 확인해보았다.

> 카펫과 덮개 세탁기 가동하기
> 바닥 때 벗기기와 왁스 칠하기
> 화장실 비품 채우기
> 환자의 침대 주변 청소하기
> 다 쓴 백열전구 교체하기

나열된 직무는 많았지만 어디에도 '환자 보호자의 기분을 고려
해 상황에 맞게 대응하기'와 같은 내용은 없었다. 실제로 그런 내
용이 직무기술서에 있을 리 만무하다. 루크가 이와 같이 행동할 수
있었던 이유는 그가 다른 청소부들과 일의 목표를 다르게 세웠기

때문이다. 그가 가진 직무 목표는 직무기술서에 나와 있는 내용과 달리 '환자와 그 가족을 편안하게 해주는 것'이었다. 루크는 자신의 일을 두고 왜 이 일을 하는지를 묻는 'Why 프레임'을 갖고 있었던 것이다.

앞에서 필자는 일의 '왜'를 묻는 Why 프레임과 '어떻게'를 묻는 How 프레임을 설명했다. Why 프레임은 왜 이 일이 필요한지 그 이유와 의미, 목표를 묻고 비전과 이상을 세우도록 돕는다. 그러나 How 프레임을 가지고 있으면 그 일을 하기가 쉬운지 어려운지, 시간은 얼마나 걸리는지 등 구체적인 절차부터 묻는다. How 프레임에 매몰되다 보면 그 일의 본래 목적과 의미를 잊기 쉽다.

일의 명확한 목적 이해하기

자신의 일에 긍정적 의미를 부여하려면 먼저 일의 목적을 명확히 이해해야 한다. 일의 목적을 제대로 아는 것부터가 시작이다. 조직이 커질수록 실제 개인이 맡는 업무는 세분된다. 그러다 보니 말단 직원들의 경우, 자신이 하는 일이 얼마나 중요한지 알기 어렵다.

한 금융회사에 다니는 여직원이 있었다. 그 여직원이 아침 일찍 출근해 가장 먼저 하는 일은 간밤에 발표된 외국 금융지표들을 컴퓨터 단말기에 입력하는 작업이었다. 많은 증권사나 기관투자가에게 해당 정보가 전송되고, 그 정보가 투자 결정에 중요한 참고지표가 되었기 때문에 회사 입장에서는 그 작업이 매우 중요했다. 그러나 여직원에게는 몹시 따분하고 지루한 일이었다. 자꾸 오타가 나고 실수가 반복되었다. 이 사실을 알게 된 팀장은 여직원에게 왜이 숫자들이 중요한지, 이 정보가 회사에 어떤 의미가 있는지 자세히 설명해주었다. 그 뒤로 여직원의 입력 실수는 눈에 띄게 줄어들었다. 자기가 하는 일이 어떤 의미가 있는지 명확히 아는 것이 얼마나 중요한지 알려주는 사례다.[16]

자신이 몸담은 회사가 하는 일의 본질과 회사의 궁극적 목표를 명확히 인지해야 자기 일에 더욱 의미를 부여할 수 있다. 이때 직원들이 회사의 목적에 대해 갖는 믿음이 중요한 역할을 한다. 예를 들어, 삼성생명은 2030 비전 선포식에서 '보험을 넘어, 고객의 미래를 지키는 인생 금융 파트너'라고 비전을 발표하며 업의 개념을 다시 명확히 밝혔다. 회사는 이런 형태로 일의 Why 프레임을 직원들에게 꾸준히 알려준다. 자신이 단순히 보험 상품을 판매하는 것이 아니라 고객의 미래를 지키는 든든한 버팀목이 되어주는 것이라는 사실을 보험 설계사들이 알게 되면 일의 목표를 다시 떠올리고 일의 의미를 되새길 수 있다. 비슷한 예로 더현대(현대백화점)는 상품이 아닌 '라이프스타일'을, 아모레퍼시픽은 화장품이 아닌 '아름다움'을, 한샘은 가구가 아니라 '공간'을 파는 회사로 자사의 업을 정의하고 있다.

디즈니랜드의 청소부

트위터를 보다 우연히 아래 내용의 트윗을 발견했다. 트윗에 첨부된 사진을 보는 순간 필자의 가슴에 감동이 일었다.

비가 갠 뒤 디즈니랜드에서 청소하는 분께 "그 빗자루는 청소하는 데 말고도 쓰시나요?"라고 물었더니, "마법의 빗자루인걸요. 보세요"라며 이런 걸 보여주어, 깜짝![17]

디즈니랜드 직원들의 고객 서비스 우수 사례는 널리 알려져 있다. 필자도 올랜도의 디즈니월드를 방문했을 때 비슷한 감동을 받았다. 디즈니랜드에서는 모든 직원을 캐스트라고 부른다. 그들은 미키마우스 인형을 뒤집어쓰고 뒤뚱거리며 고객에게 웃음을 주고 때로는 무대에서 멋진 쇼도 선보인다. 사진 속 청소부도 예외는 아니다. 그들은 놀이기구를 타려고 길게 줄을 서 있는 고객을 위해 빗자루와 물로 바닥에 그림을 그린다. 그림은 곧 말라버리겠지만 솜씨가 예사롭지 않다. 어떤 이는 쓰레기통을 두드리며 연주를 한다. 난타가 따로 없다. 실제 디즈니랜드의 청소 직원들은 자기 역할을 '퍼레이드나 어트랙션을 연출하기 위한 무대 만들기'라고 정의한다. 그렇기에 단순히 환경미화만 하는 것이 아니라 고객을 위한 깜짝 이벤트도 보여줄 수 있다.

도쿄디즈니랜드에 청소부로 입사해 15년간 일한 가마타 히로시가 쓴《내가 하는 일 가슴 설레는 일》에는 이런 대목이 나온다.

어느 날 척 씨가 우리에게 질문을 던졌다.

"게스트가 바닥에 쓰레기를 버리지 않게 하려면 어떻게 해야 할까요?"

이때 한 직원이 이렇게 물었다.

"게스트가 쓰레기를 버리지 않으면 우리가 할 일이 없어지는 것 아닙니까?"

그러자 척 씨는 우리의 상상을 초월하는 답을 했다.

"게스트가 바닥에 쓰레기를 버리지 않도록 하기 위해서는 청소를 하면 됩니다."

"버리지 않도록 하기 위해 청소를 한다는 게 도무지 무슨 뜻인지 모르겠어요."

"게스트가 쓰레기를 바닥에 버리는 건 '버려도 되는 환경'을 캐스트인 우리가 만들었기 때문이니까요."

순간 모두 멍한 표정을 지었다.

"청소는 더러워졌기 때문에 하는 게 아니라 더러워지지 않게 하려고 하는 겁니다. 더럽힐 수 없을 정도로 깨끗이 하면 버리는 걸 주저하게 되는 법입니다. 그렇게 되면 쓰레기를 버리는 사람이 사라지지요. 극장 무대에 쓰레기를 버리는 관객은 없지 않습니까? 그와 마찬가지로 여기도 무대입니다. 우리는 무대를 만들기 위한 엔터테이너인 것입니다.”

우리가 지금까지 갖고 있던 청소의 개념이 완전히 바뀌는 순간이었다.

여기 등장하는 척 씨는 실제 인물 '척 보야잔'이다. 월트 디즈니가 직접 그를 영입했을 정도로 디즈니랜드에서 청소의 대가로 불린 인물이다. 디즈니랜드의 청소철학은 그만큼 오래되었고 전통이 깊다.

최근 우리나라에서도 비슷한 사례로 유명해진 사람이 있다. 바로 에버랜드의 캐스트로 일했던 '소울리스좌'다. 그녀의 역할은 원래 에버랜드의 물놀이 시설인 아마존 익스프레스 탑승장에서 고객의 안전한 승하차를 돕는 일이었는데, 지루한 탑승 대기 시간을 달래주고자 선보였던 현란한 랩 영상이 온라인에 공개되자 엄청난 반응을 불러일으켰다. 심드렁한 표정과 영혼 없는 눈빛에 대비되는 그녀의 완벽한 실력! 리듬감, 박자, 딕션까지 완벽하게 속사포 랩을 내뱉는 그녀의 모습이 많은 직장인의 공감을 산 것이다. 어떻게 보면 그저 여느 캐스트와 다름없이 평범하게 일하는 모습을 담은 영상일 뿐인데, 그녀의 영상은 업로드 2개월 만에 2천만 뷰를 달성했고, 단숨에 스타가 된 그녀에게는 수많은 후속 인터뷰와 광고가 쏟아졌다.

그녀는 BBC코리아와 진행한 인터뷰에서 말했다. "저뿐만 아니라 다른 일을 하시는 분들도 아마 영혼이 없기 전까지 되게 큰 노력이 있었을 것 같아서, 영혼이 없다는 게 최선을 다하지 않는다는 뜻은 아닌 것 같아요. 최적의 효율을 찾아서 일을 한다는 뜻이라고 생각합니다." 실제 그녀는 처음 아마존 익스프레스에 배치되었을 때, 안내 멘트 랩이 너무 어렵고 빨라서 퇴근 이후까지 집에서 이전 캐스트 선배들의 영상을 돌려보며 연습을 거듭했다고 한다. 소울리스좌의 영혼 없는 겉모습 뒤에는 사실 에버랜드를 찾아준 고객에게 즐거움을 선사하기 위한 엄청난 열정과 치열한 노력이 숨어 있었던 것이다.

스스로 일의 목적 재정의하기

우리가 하는 일은 우리가 생각하는 것처럼 그리 단순하거나 사소하지 않다. 자신이 하는 일의 목적을 더 크고, 더 깊고, 더 넓게 재정의해보라. 자신에게 주어진 요구 수준을 넘어 그 이상의 의미를 찾아보라. 그게 어떤 일이라도 당신이 의미를 부여할 새로운 목적을 발견할 수 있을 것이다.

의미 있고 세상에 필요한 일을 한다는 생각을 하면 행복해지는 것은 우리 자신이다. 우리가 잡 크래프팅에서 기대하는 것은 조직의 성과보다 개인의 행복이다. 어쩌면 업무의 성과가 향상된다는 것은 일에 대한 인식을 전환해 직원 개개인의 행복과 직무 동기가 높아져 생긴 자연스러운 결과물일 수 있다.

워런 버핏은 "이 세상에 성공적인 직업과 그렇지 않은 직업은 없다. 단지 성공적인 직업인과 그렇지 못한 직업인이 있을 뿐이다"라고 말했다. 세상에 필요하지 않은 일은 없다. 모든 일은 그 자체로 소중하다. 문제는 그 일을 받아들이는 우리 자신에게 있다.

사람들이 꺼리는 일에서
가치를 찾는 방법

모든 일은 그 자체로 소중하다지만, 현실에는 엄연히 사람들이 꺼리는 직업이 있다. 이런 일에 종사한다면 어떻게 자기 일에 대한 인식을 긍정적으로 바꿀 수 있을까? 일의 의미를 거창하게 부여할 필요는 없다. 일이 주는 작지만 긍정적인 가치를 높이고, 일의 부정적 측면보다 일에서 얻을 수 있는 사회적·개인적 효능에 집중해보자.

홍보대행사 AE(책임자)인 미경 씨는 "어떻게 지금의 일을 하게 되었어요?"라는 고객의 질문을 받을 때면 자연스레 입가에 미소가 번진다. 공부를 곧잘 했던 미경 씨는 부모의 기대대로 좋은 학교에 입학했다. 무난한 대학 생활을 했고 그의 목표대로 광고회사에 들어가기 위해 열심히 취업 준비를 했다. 그런데 이상하게 지원하는 회사마다 낙방이었다. 졸업 이후 한동안 일자리를 구하지 못한 그는 지방에 계신 부모님께 더 이상 손을 벌릴 면목이 없었다.

"무슨 일이라도 해야 했어요. 그때 한 전단지가 눈에 들어왔죠. 마트 판매 도우미 아르바이트였어요. 나이도 적지 않고 무언가를 팔아본 경험도 없었지만, 해보기로 마음먹었죠. 그런데 정작 일을 시작하고 나서는 아는 사람을 만날까 봐 목소리는 작아지고 몸은 움츠러드는 거예요."

그러나 얼마 지나지 않아 미경 씨는 스스로 변하기 시작했다. "저는 이렇게 생각하기로 했어요. '나는 여기 단지 물건을 판매하기 위해 있는 게 아니다. 나는 나의 가능성을 시험하러 온 것이다. 많이 팔린다는 건 내가 그만큼 고객에게 어필했다는 증거다' 그렇게 생각하니까 자신감이 생겼고 고객도 몰려들었어요. 신이 났죠."

도우미 일을 통해 미경 씨는 자신이 하고자 하는 일의 속성을 이해할 수 있었다. 각각 다른 제품으로 고객을 대할 때마다 흥분되고 설레는 자신을 발견했다. 그리고 이러한 경험이 후에 미경 씨가 홍보대행사를 선택하고 이후 실력을 인정받는 AE가 되는 결정적인 계기가 되었다.

≫ 부끄러운 일에 대한 인식 전환

우리는 고난과 역경, 좌절의 시간을 거치며 성공한 수많은 이들의 스토리를 알고 있다. 그런데 미경 씨의 이야기는 이러한 성공 스토리와 다른 점이 있다. 바로 고난과 역경의 시간을 고통스럽게 견디지 않고, 오히려 그 순간을 즐기려고 노력했다는 점이다. 한 예로, 우리는 낮에는 공부하고 밤에는 대리운전을 하면서도 짬을 내어 공부해서 고시에 붙었다는 식의 성공 스토리에 익숙하다. 하지만 그렇게 해서 판검사가 된 이들이 대리운전을 할 때, 혹은 공사판에서 막노동을 할 때 그 일 자체를 즐겼다는 이야기를 들은 적이 없다. 오히려 그들에게는 잊고 싶은 과거의 기억이지 않을까?

직업적 이데올로기 바꾸기

지금 하는 일을 미래의 꿈을 위해 거치는 과정이라고 생각하거나, 사회적으로는 부끄럽다고 느끼는 경우조차 그 일에 대한 인식을 바꿀 수 있다.

세상에 사람들이 꺼리는 직업은 분명히 존재한다. 애리조나주립대학교 경영대학교 블레이크 애쉬포스 교수에 따르면 기피 직업은 아래와 같이 몇 가지 형태로 분류할 수 있다.[18]

> 1 | 광부나 도축업자처럼 육체적으로 지저분하거나 해로운 환경에 있는 직업
> 2 | 교도소의 교도관처럼 사회적으로 낙인이 찍힌 사람들과 빈번하게 접촉하는 직업
> 3 | 구두닦이처럼 상대방에게 굽실거려야 하는 직업
> 4 | 스트립 걸이나 사채업자처럼 윤리적으로 부도덕하거나 사람들을 협박하고 강제해야 하는 직업

직업의 정체성은 타인의 시선에 의해 크게 좌우된다. '나는 이 직업을 부끄럽게 생각하지 않는다'고 하더라도 기피 직업에 종사하는 사람들은 동료나 고객과 지속적으로 교류하면서 다른 사람

이 자신이 하는 일을 어떻게 생각하는지 계속 확인받는다. 그리고 같은 병원에 소속되었는데 영안실 직원을 피하는 동료들이나 대리기사를 아랫사람 다루듯 하는 손님들의 예처럼, 자신을 함부로 대하는 다른 사람을 통해 자신의 직업적 정체성을 조금씩 훼손당한다.

애쉬포스 교수는 자신의 논문에서 사회적으로 불결하게 생각하는 일을 하는 사람들이 어떻게 자신의 일에 대해 긍정적인 의미를 갖게 되는지 소개했다. 그는 먼저 기피 직업에 종사하는 사람들이 의외로 자기존중감과 자존심이 높다는 점에 주목했다. 그리고 기피 직업에 종사하는 사람들이 '자신이 무슨 일을 하고 이것이 왜 중요한지' 이해하고 해석하는 신념체계, 즉 직업적 이데올로기를 바꿈으로써 자기 직업을 다르게 인식한다는 사실을 발견했다.

리프레임

자기 직업을 불결하게 생각하지 않으려고 가장 많이 사용하는 방법이 '리프레임Reframing'이다. 그들은 자기 직업에 긍정적인 가치를 주입하고 부정적인 인식은 중화한다. 예를 들어 장의사가 자신의 일의 목적을 설명할 때 "나는 슬픔에 빠진 고인의 친지와 친구들을 돕는 거야"라고 긍정적인 가치를 주입하는 경우다.

타키타 요지로 감독의 일본 영화 〈굿바이〉를 보면 이와 같은 사례가 나온다. 일본에는 납관도우미라는 직업이 있다. 납관도우미는 죽은 이의 몸을 깨끗이 하고, 살아 있는 사람처럼 화장을 해주고, 옷을 입히는 일을 한다. 이 영화는 첼리스트에서 우연히 납관도우미가 된 남자의 이야기를 통해 인생의 행복과 직업의 의미를 재조명했다. 처음에는 납관도우미라는 직업을 가족에게조차 알리지 못하던 주인공은 어느덧 이를 숭고한 일로 인식하게 된다.

인상적인 장면이 있다. 주인공과 그의 스승은 납관하기 위해 죽은 한 여인의 집에 찾아가는데, 약속 시각보다 늦게 도착한다. 죽은 여인의 남편은 늦게 왔다며 그들에게 인상을 찌푸린다. 아내의 납관을 무뚝뚝하게 지켜보던 남편은 그들이 하는 일을 지켜보다 심경의 변화를 일으킨다. 남편은 납관을 끝내고 돌아가는 주인공을 따라 나와 눈물을 글썽이며 말한다. "내 평생 가장 아름다운 아내 모습을 보여주어 고맙습니다." 이를 통해 주인공은 자신의 일을 '고인의 마지막 순간을 가장 아름답게 배웅하는 직업'으로 인식하게 된다.

영화 밖 현실에서도 이와 비슷한 긍정 리프레임의 사례를 찾아볼 수 있다. 시대와 환경의 변화로 수십 년간 운영되어온 사업이 축소되면서 자신이 몸담았던 생산 공장을 정리하고 철거하는 일을 맡았던 한 직원의 일화가 떠오른다. 어떻게 보면 사업이 쇠락하는 최악의 시점에 인력 구조조정이나 자산매각 등 모두가 두려워하고 꺼리는 업무를 맡게 된 것인데, 해당 직원은 놀랍게도 자신의 일을 '한 시대를 아름답게 마무리하는 일'이라고 설명했다. 상황이 어떻든, 남들의 시선이 어떻든, 내 업무에 긍정적인 의미와 가치를 부여하기로 선택한 것이다.

판단 기준의 조정과 관심 돌리기

직업적 불결함을 인식하지 않기 위한 두 번째 방법은 사람들은 그다지 중요하게 생각하지 않는 자신의 일을 아주 중요한 일이라고 믿는 '판단 기준의 조정Recalibrating'이다. 병원 청소부가 '만약 내가 환자 주변을 청결하게 하지 않는다면 병원의 중요한 의학적 절차가 수행될 수 없다'고 믿는 것이 이에 해당한다. 내가 나의 일을 중요하다고 생각하는데 누가 아니라고 하겠는가? 실제로 병원이 청결하지 않다면, 제대로 된 치료와 회복이 불가능하다.

마지막 방법은 불결한 측면에서 그렇지 않은 측면으로 일에 대한 '관심을 돌려버리는 것Refocusing'이다. 예를 들어 국선변호인의 경우, 자신이 변호를 맡은 사람이 사실은 유죄라고 생각하면서도 직분에 충실하기 위해 그렇지 않다고 변호해야 한다. 그럴 때 국선변호인은 자신이 변호하는 사람의 유·무죄 여부에 중요성을 두기보다 재판에 이기느냐 지느냐에 더 큰 관심을 둠으로써 감정적 갈등을 조절하기도 한다.

≫ 작은 의미를 찾는 것으로 시작하라

자신의 일이 다른 사람에게는 기피 직업으로 분류된다고 할지라도 긍정적인 의미를 부여할 방법은 많다. 위에 나온 예에서 사람들은 그리 존경받지 못하는 자기 일에 대해서도 긍정적인 프레임을 형성했다. 일반적인 직업이라면 긍정적인 프레임을 적용할 여지가 더 많다.

물론 일의 속성 자체에 대해 긍정적으로 인식하는 것이 일반 직장인에게는 쉽지 않을 수도 있다. 특별한 것 없이 반복되는 일상에 다른 사람이 하는 일과도 큰 차이점이 없다면 말이다. 그러나 일에 대한 프레임 전환이 대단히 거창할 필요는 없다. 하루하루 하는 일에서 작은 의미를 얻더라도 상관없다. 아래 스티브 잡스가 직원들의 일에 부여한 의미를 되새기며 자기 업무의 작은 부분부터 찾아보자.

이 컴퓨터를 과연 얼마나 많은 사람이 사용하게 될까요? 아마 100만 명은 되겠죠? 우리가 부팅 시간을 5초 앞당기면 하루에 백만 번 5초를 절약하는 셈입니다. 이는 50명의 인생과 맞먹는 기나긴 시간입니다. 부팅 시간을 5초만 당겨보세요. 이것은 50명의 생명을 살리는 것과 마찬가지입니다.

욕망과 비교의 쳇바퀴를 끊어내라

모든 사람이 100미터 달리기에 참여한다면 자신이 어느 위치에 있는지 금방 비교할 수 있다. 하지만 각자 다른 종목에 참여한다면 어떨까? 소모적인 욕망과 비교의 쳇바퀴에서 탈출하려면 삶의 다양한 성공 방식을 받아들여야 한다.

'오늘도 야근이다.'

재무팀 한 과장은 9시가 넘어가는 저녁 시간에도 여전히 사무실에 앉아 있다. 보고서에 반영할 사업부들의 재무제표가 아직 넘어오지 않았기 때문이다. 그게 넘어오면 취합해서 오늘 중에 본사로 보내야 한다. 분위기를 보니 12시 전에 집에 가기는 어려울 듯싶다.

'하루 이틀도 아니고, 월화수목금금금 같은 이 생활에서 언제 벗어날 수 있을까?'

한 과장은 인스타그램 앱을 켠다.

'자료 오기 전까지 잠깐 볼까?'

인스타그램에는 친구들이 올려놓은 각종 사진이 가득하다.

'이 친구는 초여름에 아이들과 제주도 여행을 간 것 같더니, 어느새 또 푸켓에 가 있는 거야?'

'얘는 새로 문을 열었다는 레스토랑에 갔구나. 분위기 괜찮은데? 꽤 비쌀 텐데……'

친구들의 소식을 접하고 나니 왠지 자신이 초라해지는 것 같았다. 가족과 저런 레스토랑에 가본 지가 언젠지 기억이 가물가물하다. 다른 사람들은 저렇게 인생을 여유 있게 즐기며 사는데 나만 이렇게 사는 게 아닌가 싶어 갑자기 우울해진다.

한 과장처럼 사람들은 대부분 남과 자신을 비교할 때 불행하다고 느낀다. 근사한 휴가, 멋지고 화려한 결혼식, 해외 출장 또는 여행지에서 찍은 사진들, 성공한 사업 프레젠테이션 장면 등 자신과 별로 다르지 않을 거라고 여겼던 사람들의 화려한 일상에 그만 주눅이 든다.

≫ SNS를 하는 사람은 왜 더 불행할까

'카페인 증후군'이라는 말이 있다. 카페인이 많이 함유된 커피 따위의 음료를 마셔서 생기는 두근거림이나 지나친 각성을 지칭하는 말이 아니라 '카카오스토리, 페이스북, 인스타그램'의 앞글자를 따서 만든 '카·페·인'으로 인한 문제를 뜻한다. 즉 카페인 증후군은 SNS에 올라오는 다른 사람들의 게시물을 확인하면서 더 행복하지 못한 자신에게 느끼는 상대적 박탈감을 말한다.

〈조선비즈〉의 '페이스북 친구, 354명 넘으면 행복감 떨어져'라는 기사에 실린 심리학 연구 결과에 따르면, 페이스북 뉴스피드에 올라오는 친구들의 소식을 읽는 사람들은 뉴스피드를 읽지 않는 사람보다 더 많이 불행하다고 느끼는 것으로 드러났다. 연구진이 18~65세를 대상으로 실험한 결과, 이들은 뉴스피드를 읽은 직후 행복도가 떨어졌다고 한다. 연구팀을 이끈 IE 비즈니스 스쿨의 딜니 곤칼베스 교수는 "행복은 상대적이기 때문에 나와 또래 그룹을 비교해 척도가 정해지곤 한다. 사람들이 페이스북에는 자신의 가장 잘난 모습만 보여주는 경향이 있기에 이를 읽은 사람들은 오히려 자신이 불행하다고 생각한다"라고 분석했다.

사람들은 대개 SNS에 남들에게 보여주고 싶은 모습을 골라서 올린다. 이는 자신의 실제 모습보다 이상적인 모습을 내보이고 싶은 사람의 자연스러운 반응이다. 최근 정보화 기술의 발달로 과거의 강한 연결이 아닌 약한 연결이 증가하면서 피상적으로만 아는 사람들이 늘다 보니 이런 경향이 더 심해졌다.

그러나 주변에서 자주 만나는 친구들은 당신과 크게 다르지 않은 삶을 살고 있다. 직장에서 치이고, 집에서는 가족 구성원 역할을 온전히 하지 못한다고 핀잔을 듣기 일쑤인 불완전한 인간이다. 인스타그램에서 만나는 이상적인 사람들의 삶은 어디까지나 잘 포장되었을 뿐이다. 현실에서 그 사람들을 만나보면 각종 업무 스트레스, 상사의 압박, 과도한 지출에 따른 경제적 부담 때문에 당신과 같은 고민을 안고 있다는 사실을 알게 된다.

절대 그들을 부러워할 필요가 없으며, 상대적 박탈감을 느낄 일도 아니다. 당신이 그들의 삶을 부러워하는 것과 마찬가지로 그들은 당신의 삶, 아니면 또 다른 누군가의 삶을 부러워하면서 산다.

쾌락의 쳇바퀴 바로 보기

자동차를 매우 좋아하는 한 남자가 있었다. 그는 벼르고 별러서 인생의 꿈인 포르쉐를 구입했다. 어찌나 기쁜지 잠을 못 이룰 지경이었다. 그는 '포르쉐 동호회'에 가입하고 열심히 활동하기 시작했다.

그런데 한참이 지난 어느 날, 남자를 만난 친구들은 깜짝 놀랐다. 남자의 애마였던 포르쉐는 보이지 않고, 가족형 미니밴을 타고 나타났기 때문이다. 그사이 남자에게 무슨 일이 일어난 것일까?

예전에 남자가 샀던 차는 포르쉐의 엔트리급 모델인 포르쉐 박스터였다. 남자는 그 차를 끌고 자랑스럽게 포르쉐 동호회 정모에 참석했다.

그런데 그날 남자는 모임에서 포르쉐 박스터의 상위 모델인 포르쉐911 카레라와 GT2 같은 차를 실컷 보았고, 만족스러웠던 자신의 차가 초라해 보이기 시작했다. 더 충격적이었던 사실은 카레라와 GT2를 모는 회원이 별로 행복해하지 않았다는 것이다. 오히려 그들은 얼마 전에 이 동호회를 떠나 람보르기니 동호회로 옮긴 몇몇 회원을 부러워했다.

남자는 큰 충격을 받고 '쾌락의 쳇바퀴'*를 끊기로 결심했다. 어차피 카레라를 사려고 몇 년 고생해봐야, 그다음에는 다른 사람과 마찬가지로 람보르기니를 꿈꾸지 않겠는가? 그래서 남자는 차를 팔고 가족과 함께 더 실용적

★ 쾌락의 쳇바퀴: 소유물이 많아질수록 기대치도 높아지기에 과거와 같은 행복을 누리려면 더 많이 소유해야 하는 현상을 일컫는 심리학 용어. 쾌락 적응이라고도 한다.

으로 사용할 수 있는 밴을 샀다.

욕심은 끝이 없다. 더 나아 보이는 삶과의 비교 역시 끝이 없다. 특히 물질적 욕망을 충족해서 얻는 쾌락은 시간이 흐르면서 사라진다. 욕망이 충족된 상태에 적응하는 순간 쾌락은 줄어들고, 우리는 좀 더 강한 쾌락을 계속 추구하게 된다. 영원히 충족되지 않는 갈증이 반복되는 것이다. 그 안에 만족이 끼어들 틈은 없다.

지위와 직책의 쳇바퀴 끊어내기

이는 물질적 소유에만 해당하는 이야기가 아니다. 사회적 지위와 출세에 대한 욕망도 마찬가지다. 우리는 늘 높은 지위를 꿈꾼다. 높은 지위가 현재의 고단함에서 벗어날 수 있게 해줄 거라고 쉽게 믿는다.

대기업 임원은 누구나 꿈꾸는 자리다. 개인 승용차와 비서에, 전망 좋은 창가 자리에 목 받침이 있는 회전의자까지. 직원들에게는 디테일까지 완벽한 이상적인 자리다. 더구나 그 정도 연봉을 받는다면 경제적 자유도 이룰 수 있을 것이다.

그래서 임원을 달았다고 치자. 임원은 계약직이다. 성과가 나지 않으면 1년 만에 회사를 나가야 할 수도 있다. 당연히 실적 압박에 시달린다. 그뿐 아니라 만나는 사람, 자주 가는 장소가 부장 시절과는 달라진다. 새롭게 만나는 그룹 안에서 자신은 한참 부족한 존재다. 비교의 대상이 달라진 것이다. 이제 그가 꿈꾸는 자리는 단순히 임원이 아니라 경영진으로 불릴 수 있는 전무급 이상이다.

열심히 해서 전무가 되었다고 가정해보자. 그럼 이제 만족하는가? 아니다. 전무가 되면 사장단이 되고 싶다. 어떻게 여기까지 왔는데 그만둔단 말인가? 부사장 이상이 되어야만 사장단 모임에 참석할 수 있다. 전무로 퇴임하는 경우와 부사장으로 퇴임하는 경우, 사회적 체면이 달라진다.

그런 그가 살아남아 부사장이 된다면? 부사장이 되면 그의 목표는 당연히 CEO가 된다. 월급쟁이 최고의 꿈인 CEO가 되는 것이다. 올라가면 올라갈수록 더 높은 지위는 있게 마련이다.

≫ 다양한 종목에 참여하라

적당한 수준이란 우리 사회에서 용납되지 않는다. 우리나라 사람들이 생각하는 성공은 매우 정형화되어 있다. 학창 시절에는 좋은 학교에 입학하면 자랑거리가 되고, 젊은 시절에는 고시라도 붙어야 성공으로 여긴다. 좁은 땅덩어리에서 정형화된 한 가지 길만 바라보며 모두 그 길을 좇아가다 보니 상대적으로 실패자가 많이 나올 수밖에 없다. 한국인의 자살률이 다른 나라 국민보다 유독 높은 이유도 여기에 있다. 한국인의 자살 원인을 보면 특히 젊은 층의 경우 경제적 이유보다 정신적인 이유가 크다. 타인의 잣대에 미치지 못한 본인을 실패자로 규정한 탓이다.

운동 경기에 비유하면 우리는 5천만 국민이 모두 육상 트랙 경기에만 참여하는 셈이다. 구기 종목도 있고, 같은 육상이라도 필드 종목이 있지만, 사회는 대부분의 사람을 한 종목의 트랙 경기에 밀어 넣는다. 출발 소리에 맞춰 똑같이 달리기 시작해 한 사람의 승자만 가린다. 현실적으로 우리는 남들과 다름을 인정하는 데 익숙하지 않다. 나이가 차면 당연히 결혼해야 하고, 아이를 낳아야 한다. 첫째를 낳으면 당연히 둘째를 낳아야 한다. 이런 트랙에서 벗어난 사람은 패배자로 간주하고 사람들은 그를 이상한 시선으로 바라본다.

그러나 임종 직전에 내가 어디까지 왔는지가 최종 행복을 결정짓지 않는다. 우리 삶은 죽는 날을 결승점으로 가장 멀리, 가장 높이 올라야 하는 경기가 아니다. 우리는 좀 더 다양한 종목에 참여할 필요가 있다.

네트 없이는 테니스를 칠 수 없는 한국인

우리나라와 같이 '체면 문화' 속에 있는 사람들은 다른 사람이 자신을 어떻게 생각하는지가 자기 가치를 결정하는 데 큰 영향을 미친다. 이는 비교문화심리학자들이 밝힌 여러 연구에서 확인된 사실이다.

연세대학교 김영훈 교수는 연구[19]를 통해 아시아계 미국인과 유럽계 미국인이 자기 삶이 성공적인지 아닌지를 판단하는 과정에서 서로 다른 모습을 보인다는 사실을 발견했다. 아시아계 미국인은 자기 삶이 성공적인지 평가할 때 제3자가 자기를 어떻게 생각하는지가 많은 영향을 미친 반면, 유럽계 미국인에게는 제3자의 영향이 거의 나타나지 않았다.

더욱 놀라운 사실은 아시아계 미국인의 경우, 다른 사람이 자신을 어떻게 생각하는지 알 수 없으면 <u>스스로 자기 삶이 성공적인지</u> 아닌지 아예 판단하지 못했다는 것이다. 자신의 도덕성을 판단할 때도 자기 내면에 절대적 기준이 있는 것이 아니라 다른 사람이 내가 도덕적이라고 생각하느냐가 중요한 판단 기준이 된다.

이러한 동아시아 사람들의 특성을 가리켜 '네트 없이는 테니스를 칠 수 없다'라고 표현한다. 이러한 특성은 우리나라 사람들도 예외가 아니다. 물론 그 네트는 다른 사람의 인식이다.

타인의 시선에 신경 쓰지 않는 방법

남과 비교하는 삶은 결코 행복할 수 없다. 하지만 말이 쉽지 어떻게 남과 비교하지 않으며 살 수 있을까? 더구나 체면 사회인 우리나라에서는 다른 사람의 인식 없이는 삶의 기준조차 잡기 어려워질 수 있다. 하지만 방법이 없는 것은 아니다.

첫째, 한 가지 트랙에 집착하지 마라. 길은 하나만 있는 것이 아니다. 다양한 경로와 가능성을 인정하자. 모두가 똑같은 트랙에서 달릴 필요는 없다. 앞서 포르쉐를 팔고 미니밴을 구입한 남자의 사례처럼 쾌락의 쳇바퀴가 작동할 것 같다면 과감히 다른 트랙으로 옮겨 타는 방법이 있다.

직장 생활에 빗대면 인생에서 오직 임원이나 CEO가 되는 것만 꿈은 아니다. 그렇게 되면 좋겠지만 모든 사람이 그 꿈을 이룰 수는 없다. 다양한 경력 옵션을 고민해보아야 한다(MZ세대들이 원하는 성장이 임원이나 CEO가 아닌 이유이기도 하다).

둘째, '3개월 법칙'을 기억하라. 이는 승진하거나 새로운 보직을 맡았을 때, 3개월 이내에 그동안 해왔던 불합리한 관행이나 절차 등을 손봐야 한다는 의미다. 3개월이 지나면 자신도 기존 관행에 동화될 수 있기 때문이다. 이는 쾌락 적응에도 적용된다.

《꾸뻬 씨의 행복 여행》을 쓴 프랑수아 를로르는 한 인터뷰에서 자신은 해외여행을 할 때 줄곧 이코노미석을 이용한다고 말했다. 그는 마일리지로 업그레이드할 수 있을 때만 비즈니스석을 이용한다고 했는데 그 이유는 비즈니스석을 계속 이용하면 비즈니스석이 주는 행복을 느끼지 못하기 때문이라고 밝혔다.

이처럼 지위가 주는 권리와 행복을 누리되 너무 쉽게 적응해버리지는 말자. 본래 간절한 것은 손에 넣지 않는 법이다.

취미가 일이 될 수 있을까?

취미나 관심사를 직업으로 승화한다면 극도의 성취감을 맛볼 수도 있지만 반대로 원래 가지고 있는 열정과 즐거움을 잃어버릴 수도 있다. 지금까지 그 일을 '취미'의 프레임으로 봐왔다면 이제 '직업'의 프레임으로 바꿔야 한다.

2009년에 전 세계적으로 화제가 된 구인 프로젝트가 있다. 환상의 5성급 산호초 리조트에서 고급 스파를 즐기고, 스노클링을 하며 섬 주변의 동물들에게 먹이를 주고, 미녀들이 가득한 수영장을 관리하고, 비행기를 타고 우편배달을 하는 섬지기를 뽑는 프로젝트였다. 이런 생활을 6개월만 하면 우리 돈으로 1억 4천만 원가량의 급여를 받을 수 있는 '꿈의 직업'이었다. 이는 오스트레일리아 퀸즐랜드주 관광청이 실시한 글로벌 프로젝트였는데 섬지기가 되려고 전 세계에서 응모한 사람만 3만 명이 넘었다. 그중 최종 후보 50명에 한국인 남녀 한 명씩이 포함되어 눈길을 끌기도 했다.

이 행운의 섬지기에 최종 합격한 사람은 영국인 지원자 벤 서덜이었다. 영국 햄프셔 출신인 서덜은 금발 머리에 몸이 탄탄한 만능 스포츠맨이었다. 그는 3만 5천여 명의 경쟁자를 물리치고 행운을 거머쥐었다. 세상 최고 행운아가 된 것이다.

그런데 이해할 수 없는 일이 벌어졌다. 한참 뒤 영국 신문은 그가 행복해하지 않는다고 전했다.[20] 도대체 그에게 무슨 일이 생긴 것일까?

≫ 취미의 프레임에서 직업의 프레임으로

처음 섬에 왔을 때 그는 광고대로 5성급 리조트에 머물면서 주변 동물들에게 먹이를 주고, 제트스키를 타고 다이빙을 하는 생활을 예상했다. 하지만 막상 일을 시작한 뒤로는 수없이 많은 기자회견과 다양한 텔레비전 프로그램에 참여해야 했다. 수많은 미팅과 섬 블로그 관리 같은 잡일로 눈코 뜰 새 없이 바쁘게 시간을 보냈다. 직접 배를 탄 시간도 많지 않았으며 한가롭게 일광욕을 즐길 시간도 없었다. 1주일 내내 일해야 했고 심지어 하루 18~19시간 일할 때도 있었다. 게다가 그 지역은 생명을 위협하는 야생동물의 천국이었다. 독성 해파리에 찔려 생사의 고비를 넘는 아찔한 순간도 겪었다. 그 일을 시작하면서 여자친구와도 이별했다.

여기까지만 보면 지상에서 가장 행복한 사람이 아니라 가장 바쁘고 불행한 사람 같다. 그러나 모든 경험에는 양면성이 있는 법이다. 서덜은 이 일을 계기로 자신의 직업을 단순한 섬지기가 아닌 관광 홍보대사로 새롭게 규정했다.

그는 인터뷰에서 "이 일은 계속 내게 도전적으로 모험하게 했습니다. 내 경험을 글로 옮기는 일을 하는 것은 물론이고 영상을 찍어 편집하고 대중 앞에서 발표하며, 텔레비전과 관련된 새로운 기술을 다양하게 익히게 되었습니다"라고 밝혔다. 실제 그는 해밀턴섬이 있는 그레이트 배리어 리프 지역뿐 아니라 오스트레일리아 퀸즐랜드주 관광 홍보대사로 일하기 시작했으며, 거주지를 아예 오스트레일리아로 옮겼다. 6개월 동안 그가 경험한 것을 보면 당초 기대했던 '섬지기'는 아니었지만, 분명 그에게 주어진 새로운 임무 역시 도전적이면서 흥미로웠던 것만은 틀림없다.

그리고 여자친구와 헤어진 것도 그에게 나쁜 일만은 아니었던 것 같다. 그는 섬지기 생활을 하다가 관광 이벤트에서 만난 소피 맥피라는 아름다운 여인과 얼마 지나지 않아 결혼하게 되었다.

≫ 일에는 노력과 도전이 필요하다

멋있고 낭만적으로 보이는 직업도 속내를 살펴보면 겉으로 보이는 게 전부가 아님을 알 수 있다. 더구나 자기 취미를 직업과 결합한다는 것은 쉬운 일이 아니다. 취미나 관심사를 직업으로 승화하면 극도의 성취감을 맛볼 수 있다고 말하는 이도 있지만, 반대로 취미는 취미로만 머물러야 한다고 말하는 이도 있다. 취미로 시작했지만 본업으로 전환해 크게 성공을 거두는 사람만큼 취미가 본업이 되어 원래 가지고 있는 열정과 즐거움 자체를 잃어버린 사람도 많다.《논어》옹야편을 보면 공자의 이런 말이 나온다.

아는 사람은 좋아하는 사람만 못하고, 좋아하는 사람은 즐기는 사람만 못하다.

자신이 좋아하는 일, 즐길 수 있는 일을 직업으로 삼아야 하는 것은 당연하다. 앞서 만능 스포츠맨이었던 서덜은 자신이 좋아하고 즐기는 해양스포츠 활동으로 가득한 섬지기 생활을 기대했다. 그러나 그것은 취미로만 가능할 뿐 일이 되는 순간 더는 가능하지 않은 환상이 되었다.

남의 돈을 받으면서 자신이 원하는 것만 할 수는 없다. 취미일 때는 어느 정도 '관심'과 '흥미'로도 동기를 유지할 수 있지만, 일의 경계를 넘어가는 순간 '노력'과 '도전'도 필요하다. 그것 없이는 한 바퀴만으로 굴러가는 자전거 꼴이 되어 중심을 잃고 넘어질 수밖에 없다. 서덜이 '섬지기' 역할에 대한 관심과 흥미에서 그쳤다면 '관광홍보대사'로서 해야 할 일에 대한 노력과 도전은 하지 않았을 것이다. 하지만 그는 산호초 바닷속을 헤매는 일뿐 아니라 텔레비전 출연, 홍보 같은 일 또한 '새로운 도전과 탐험'으로 프레임했다.

일반적으로 취미 생활이 직업으로 바뀌면 즐거움 자체가 반감되는 일이 허다하다. 좋아하는 음악이 생겼는데 자주 듣고 싶은 욕심에 휴대전화 기상 알람으로 설정해본 적이 있는가? 이제 그 음악은 세상에서 가장 끔찍한 음악이 된다. 자신이 즐길 수 있다고 해서 무턱대고 덤벼서는 곤란하다. 직업으로서 일을 즐기려면 단순히 취미 생활을 넘어서는 '일로서의 치열함'이 더 필요하다.

당신이 더 이상 유일한 고객이 아니다

취미가 직업이 되려면 안정적인 수입이 필요하며, 그를 위해서는 원가 개념과 함께 '고객'의 요구도 알아야 한다.

취미가 생업 수단으로 전환되면 그 전과 크게 달라지는 것은 바로 '고객'이다. 앞서 강조한 바와 같이 '일'이란 해야 하는 과업 그 자체로만 구성되지 않는다. '일'은 과업과 함께 일을 수행하면서 만나는 고객이나 동료들과의 관계 형성을 포함한다.

예를 들어 가죽 공예가 취미인 사람이 있다. 취미로 가죽 가방을 만들 때는 고객이 '자기 자신'이다. 만든 가방에 대해 자신만 만족하면 그만이다. 다른 누가 비판할 일도 없고 굳이 그 비평에 귀를 기울일 필요도 없다. 비싼 가죽 재료를 쓰든, 몇 날 며칠 밤을 새웠든 그건 자기 마음이다. 공들여 만든 가방이 혹여 맘에 들지 않는다면 그냥 버리거나 다른 누군가에게 주면 그만이다.

그러나 가죽 가방을 만드는 일을 직업으로 삼는다면 이야기가 달라진다. 고객은 이제 더 이상 '자신'이 아니다. 가방의 미적 기준은 돈을 주고 가방을 사는 고객에게 맞춰야 한다. 때로는 자신의 기준을 포기할 수도 있어야 한다. 그리고 원가 개념도 갖추어야 한다. 마진을 생각하면 취미로 할 때처럼 비싼 가죽만 사용할 수 없다. 또 가방 하나 만들자고 몇 날 며칠을 보낼 수도 없다.

'취미'가 '직업'이 되려면 이처럼 넘어야 할 산이 많다. 지금까지 그 일을 취미의 프레임으로 봐왔다면 직업의 프레임으로 전환해야 한다. 또한 '관심과 흥미'를 넘어선 '도전과 치열함'이 필요하며,

안정적인 수입을 위해서는 원가 개념과 함께 고객의 기준에 자신의 기준을 맞출 줄도 알아야 한다.

학습목표가 있는 사람이 위기에 강하다

우리는 목표를 달성해야만 일을 제대로 했다고 느낀다. 하지만 열심히 한다고 해서 모두 성공하는 것은 아니며 실패했다고 해서 모든 노력이 수포로 돌아가는 것도 아니다. 우리가 일을 즐길 수 있는 것은 목표에 도달해서가 아니라 그 과정을 통해 성장하기 때문이다.

마지막 결과 발표를 기다리는 홍 차장의 표정에는 긴장한 빛이 역력했다. 이번 프로젝트 수주를 준비하며 보낸 수많은 날을 떠올렸다. 그에게 이번 건은 자신 있는 과제였다. 지난번 최종 프레젠테이션에서 좋은 평가를 받았다는 이야기도 전해 들었다. 그는 과연 기대하는 결과를 움켜쥘 수 있을까?

그러나 막상 뚜껑을 열었을 때 결과는 예상을 빗나갔다. 아쉽게도 이번 프로젝트는 경쟁사에 돌아갔다. 홍 차장은 같이 고생한 팀원들 생각에 미안함을 금치 못했다. 때로는 다그치며, 때로는 다독이며 지난 시간이 벌써 2개월이다. 결과를 제대로 받아내지 못했으니, 그간의 노력은 물거품이 되어버린 셈이다. 그러나 팀원인 이 대리의 표정이 생각보다 밝다. 이 대리는 홍 차장의 처진 어깨가 못내 안쓰럽다.

"차장님, 비록 우리가 프로젝트를 따내지는 못했지만, 2개월 동안 배운 지식과 경험은 언젠가 분명히 빛을 볼 날이 있을 겁니다."

옆에서 박 대리도 거들었다.

"맞아요, 차장님. 프로젝트 대신 저는 이번에 이 회사에서 가장 소중한 동료들을 얻었어요."

≫ 위기와 실패는 어떻게 받아들여야 하는가

위 사례와 같은 수주업은 업무의 특성상 변수가 많다. '진인사대천명'이라는 말이 달리 나오는 것이 아니다. 최선을 다했다면 그 뜻을 하늘에 맡기고 기다릴 일이다.

그렇게 하면 결과를 받아들이는 자세도 바뀔 수 있다. 앞서 홍 차장은 수주하지 못했다는 사실을 두고 목표 달성에 실패했다고 생각했다. 물론 당초 원했던 목표를 얻어내는 데는 실패했지만, 팀원들의 생각은 좀 달랐다. 이 대리와 박 대리는 2개월간의 프로젝트 준비 경험이 결코 헛되지 않았다고 생각했다. 비록 프로젝트를 수주하지 못한 것이 연말 고과에는 좋지 않은 영향을 주겠지만, 분명 이 프로젝트를 준비하면서 많은 것을 얻었다고 여겼다. 그들에게 이번 프로젝트는 실패했지만 동시에 실패하지 않은 과제였다.

실패를 받아들이는 관점

회사 생활을 하다 보면 늘 좋은 일만 있는 것은 아니다. CEO의 말 한마디에 엄청난 수고와 노력을 쏟아부은 일이 하루아침에 없던 일이 되기도 한다. 아무리 정성을 들인 프로젝트라도 별 영양가 없이 쓸데없는 일을 했다고 경영진이 판단할 수도 있다. 쏟아부은 비용과 시간이 결과를 그대로 보장해주지는 않는다.

열심히 노력했지만 결과가 좋지 않을 때는 담담히 받아들일 줄도 알아야 한다. 이는 직장인뿐만 아니라 창업을 준비하는 사람들도 귀담아들어야 할 이야기다. 탐스슈즈 창업자인 블레이크 마이코스키는 창업을 준비할 때 이런 말을 했다.

"뭐, 실패하더라도 3개월 동안 많은 경험을 한 데다 친구들에게 크리스마스 선물로 줄 신발은 남았잖아?"

우리는 직장 생활을 하면서 많은 목표를 설정한다. 그 목표는 위에서 주어질 수도 있고, 나 자신이 만들 수도 있다. 중요한 것은 그것이 어떤 목표든 받아들이고 수행하는 사람이 목표의 성격을 바꿀 수 있다는 것이다.

삼성의 모 대표이사는 임직원들에게 쓴 칼럼에서 이렇게 말했다. "일을 잘하는 방법은 일 자체에 집중하는 것이다. 그리고 누구를 위해서가 아니라 자신을 위해서, 자신의 가치를 높이기 위해서 일을 하는 것이다. 다른 부서에서 떠넘기는 일을 꾸역꾸역이라도 하는 것과 떠넘기는 일을 받지 않고 인터넷 기사나 보는 것, 과연 어떤 것이 내 가치를 올리는 것인지 생각해보라." 주변 상황에 휘둘리지 말고, 일을 통해 오롯이 내 가치를 올리고 성장하는 데 집중하라는 것이다.

수행목표와 학습목표

우리가 보통 세우는 목표는 '수행목표'와 '학습목표' 등 2가지가 있다. 비슷한 것 같지만 개념이 다르다. 이 개념은 스탠퍼드대학교의 심리학 교수인 캐롤 드웩의 성취동기 모델에서 유래한다.

수행목표는 자신의 유능함을 남들에게 증명하고자 하는 목표이며, 학습목표는 새로운 기술을 배우고 변하는 상황에 적응하면서 자신의 유능함을 발달시키려는 목표다. 쉽게 말하면, 프랑스어 시험에서 100점을 받겠다는 목표는 수행목표이며, 프랑스어를 잘하겠다는 목표는 학습목표다. 홍 차장의 사례에서 수주 성공이 수행목표라면 프로젝트 준비를 철저히 하면서 이를 통해 역량을 향상하겠다는 것은 학습목표가 된다.

이러한 목표 설정에 관한 관점의 차이는 일에 임하는 태도에 큰 영향을 끼친다. 만약 수행목표를 강하게 가지고 있다면 '성과를 얼마나 인정받느냐'가 중요하므로 타인에게 좋은 평가를 받는 것을 중요하게 생각한다. 반면 학습목표를 가진 개인은 변화되는 상황이나 위기를 새로운 기술을 학습할 좋은 기회로 여긴다. 따라서 학습목표에 초점을 두면 노력을 통해 성과는 향상될 수 있다고 믿음으로써 자신의 능력 향상과 기술, 전략의 습득에 초점을 두게 된다.

그러다 보니 관점의 차이에 따라 실패를 받아들이는 태도에도 차이가 생긴다. 수행목표를 가진 사람들은 실패를 그냥 실패로 인정하지만, 학습목표를 가진 사람들은 실패를 배우고 성장하는 과정으로 인식한다. 같은 실패를 바라보더라도 서로 간 인식의 차이가 이처럼 큰 셈이다.

이런 목표에 대한 관점의 차이는 개인이 어떤 '암묵이론'을 가졌는가에 따라서도 달라진다. 개인의 지능과 능력이 고정되어 있다고 보는 사람들(고정이론자)은 노력한다고 지능과 능력이 더 나아지리라고 생각하지 않는다. 반면 개인의 지능이나 능력이 유동적으로 변한다고 보는 사람들(증진이론자)은 개인이 노력하면 실제 지능과 능력도 향상된다고 믿는다.

≫ 목표 달성 이전의 과정을 즐겨라

당신은 어느 편에 속하는가? 사회 생활을 하는 직장인들은 지능이나 능력은 향상될 수 있다고 보는 증진이론에 더 많은 동의를 보낼 것이다. 그렇지 않다면 자기계발과 교육에 대한 투자는 무슨 소용이 있겠는가. 또한 직장 생활을 하면서 늘 성공만 할 수는 없다. 실패하더라도 이를 통해 많은 것을 배웠다고 생각하면 더 행복해지지 않을까?

절망감을 높이는 목적에 대한 집착

학습목표나 증진이론을 따르는 사람들은 비록 목표에 도달할 수 없더라도 최선을 다함으로써 한 발짝 더 다가가려고 노력한다. 그러나 수행목표나 고정이론을 따르는 사람들은 목표에 도달할 수 없을 것 같으면 지레 포기하는 경우가 많다. 또한 원하는 목표를 이루지 못했을 때의 절망감이 생각보다 크다.

앞의 예에서 홍 차장이 고정이론자였다면 이루지 못한 목표에 대한 미련과 자괴감 때문에 몹시 괴로워했을 것이다. 작은 목표를 이루는 데 실패했을 때조차 그럴진대 조직이나 사람의 존망이 걸렸다면 그 절망감은 어떨까? 목표에 강하게 집착할수록 그것을 달성하지 못했을 때 심리적 타격을 더욱 크게 받는다.

빅터 프랭클의《죽음의 수용소에서》에 다음과 같은 사례가 나온다. 제2차 세계대전 당시 악명 높은 독일의 아우슈비츠 포로수용소에서 1944년 크리스마스 시기와 1945년 정월 사이에 유대인 사망자가 대량 발생했다. 그 원인은 열악한 수용소 환경이나 길고 험한 노동 때문이 아니었다. 그렇다면 왜 이런 일이 일어났을까? 프랭클은 이에 대해 '크리스마스가 오면 신이 이 지옥과 같은 수용소에서 자신들을 구해줄 것'이라는 희망이 사라져 그로 인한 정신적 쇼크가 사망 원인으로 작용했을 것이라는 결론을 내렸다. 수감자 대부분이 성탄절에는 집에 갈 수 있을 거라는 막연한 희망을 품고 있었기 때문이다. 사람은 희망이든 목표든 집착이 너무 강하면 그것이 달성되지 못했을 때 심리적 충격을 크게 받는다. 그게 수용소 같은 환경에서는 죽음을 가져올 만큼 치명적일 수도 있다.

일은 원하는 대로만 되지 않는 법이다. 비록 목표 달성에 실패했더라도 너무 좌절하지 말자. 분명히 그 과정에서 무언가를 배웠을 것이다. 그 과정에서 정말 배운 것이 아무것도 없다고 한다면 그것이야말로 진짜 좌절할 일이다.

몰입을 높이는 학습목표

미하이 칙센트미하이는 "달성하려는 목표가 명확하고 자신이 잘하고 있는지 제대로 피드백을 받을 때 몰입이 찾아온다"라고 말했다. 칙센트미하이가 말하는 목표는 자기 능력을 높이고 활용할 기회가 있다는 점에서 학습목표다. 학습하기 위해서라도 피드백은 즉각 하는 편이 좋다. 목표가 멀리 있고 이루는 데 시간이 걸릴 때는 중간중간 피드백을 함으로써 목표의 의미를 계속해서 명확하게 할 수 있다. 그는 《몰입의 재발견》에서 등반을 예로 들어 목표의 의미를 설명했다.

> 등반의 신비는 등반이다. 산꼭대기에 올라가면 등반이 끝났다고 좋아하지만 사실은 영원히 계속되었으면 싶다. 등반하는 이유는 등반이다. 시 쓰는 이유가 글쓰기이듯, 이때 우리가 정복하는 것은 자기 내면에 있는 것이다. 시를 쓰는 목적은 글쓰기라는 행위 자체다. 등반도 똑같다. 등반은 자신이 하나의 흐름이라는 것을 인식하는 일이다. 흐르는 것의 목적은 흐르는 그 자체다. 정상이나 유토피아를 추구하는 것이 아니라 그저 계속 흐르는 것이다. 위로 올라가는 것이 아니라 지속적으로 흐르는 것이다. 오르는 이유는 계속 흐르기 위해서다. 오르는 그 자체가 아니면 등반할 이유가 없다. 그것은 자신과의 소통이다.

칙센트미하이는 등반을 예로 들었지만, 이는 일이든 공부든 우리 삶의 다른 부분에도 똑같이 적용된다. 우리가 일을 즐길 수 있는 것은 정해진 목표에 도달했기 때문이 아니라 일을 통해 한계를 배우고 경계를 넓히며 학습하고 성장하기 때문이다.

'힐링'은 왜 도움이 되지 않을까?

과중한 업무나 인간관계에서 비롯된 직장에서의 스트레스나 갈등을 겪은 적이 있는가? 영감이나 동기부여가 이런 문제를 저절로 해결해주지는 않는다. 꿈만 꿀 것이 아니라 꿈을 적극적으로 실천해야 한다.

대기업 웹디자이너인 은희 씨는 어느 종교단체에서 주관한 '힐링 강연'에 참석했다. 강연자는 베스트셀러 저자이면서 동시에 힐링 강연으로 주목받고 있는 유명한 종교 지도자였다. 강연장의 객석은 통로 계단까지 꽉 차 있었다. 20대 대학생부터 은희 씨와 비슷한 30대의 직장인, 40~50대의 주부와 회사원 등 각양각색의 사람들로 강연장은 만석이었다. 그들은 진로·결혼·이직·가족 등에서 생긴 고민을 강연자에게 질문했고, 절실하게 자신의 고민에 대한 답을 얻기를 바랐다.

은희 씨도 용기를 내어 강연자에게 요즘 겪고 있는 고민을 털어놓았다. 자기 의견을 사사건건 묵살하고, 별문제 없는 일에 꼬투리 잡기 바쁘며, 심지어 다른 동료들 앞에서 인격적으로 모욕을 주는 상사에 대한 고민이었다. 강연자는 은희 씨에게 모든 문제는 마음먹기에 달렸다고 조언해주었다. 은희 씨가 변하면 얼마든지 주변 상황이나 사람들도 더 호의적으로 변할 수 있다고 했다. 은희 씨는 고개를 끄덕였다.

그러나 다음 날 아침, 조언은 그다지 효과가 없었던 모양이다. 강연자의 이야기를 들을 때는 위로받고, 자신의 고민이 별것 아니라는 생각이 들었지만 어느새 그 말들이 진부해졌다. 오늘 당장 상사의 얼굴을 마주하며 일해야 하는 자신에게는 아무짝에도 쓸모없었다.

오직 일을 그만두고 싶은 마음뿐이었다.

≫ 땅에서 넘어진 자, 그 땅을 딛고 일어서라

힐링과 자기 계발을 주제로 한 강연을 들을 때는 열광하며 감동과 위로를 받지만, 하루만 지나도 별로 달라진 것이 없다는 허탈감에 빠져들기 쉽다. 왜 그럴까?

사실 그 이유는 간단하다. 소위 힐링 캠프에서 전하는 메시지는 '실제 자기 변화와 혁신 방법'과는 거리가 멀기 때문이다. 단지 자기 변화와 혁신을 할 수 있을 것 같은 기분을 느끼게 하는 방법일 뿐이다.[21]

어떤 행동을 하고 싶게 만드는 것과 실제로 그 행동을 하는 것은 별개다. 그들이 전하는 메시지는 우리 개개인이 처한 상황에 대한 본질적인 문제 해결책이 아니기 때문이다.

힐링 열풍의 문제점

세상이 빨리 변화하고 복잡해지면서 사람들의 불안감은 커지고 스트레스는 더 늘고 있다. 이에 사람들은 위안받을 곳, 힐링할 곳을 찾아 나선다. 그런데 여기서 우리는 중요한 무엇을 빠뜨렸다. 힐링의 사전적 의미는 치유다. 치유는 치료를 통해 몸과 마음의 병을 낫게 하는 행위다. 상처를 아물게 하는 것이다. 그런데 그 상처는 왜 생겼을까? 상처가 생긴 근본 원인을 없애지 않고 상처가 생길 때마다 소독약을 바르고 밴드를 붙여 낫기를 바라는 것이 과연 올바른 처방일까? 누군가에게 맞아서 얼굴에 멍이 들었다면 때린 이를 찾아가서 문제를 해결해야지 달걀을 찾아 눈 주위를 문지르기만 할 것이 아니다.

힐링 열풍의 문제점은 문제 해결 방법을 우리 삶에서 찾기보다는 일상 바깥에서 심리적 위로와 위안을 찾게 만든다는 점에 있다. 어느덧 문제의 원인은 잊히고, 마음먹기에 따라 다 해결할 수 있다는 긍정적 착각만 남는다. 물론 심리적 위안도 중요하다. 하지만 그 후에는 문제를 일으킨 구조적 원인과 해결책을 찾아야 한다. 그렇지 않으면 자기 삶과 현실에서 괴리될 수밖에 없다.

땅에서 넘어진 자는 그 땅을 딛고 일어나야 한다
人因地而倒者因地而起.

고려의 승려 보조국사 지눌은 이와 같이 말하며 문제는 다른 곳에서가 아니라 자신이 선 그 자리에서 해결해야 한다고 강조했다. 어떤 갈등이 있다면 현장에서 해결해야지 다른 곳으로 시선을 돌리거나 단순히 덮어두는 데 그친다면 갈등의 골은 더 깊어지고 결국 곪아 터져버릴 수 있다.

원인이 있는 곳에 해결책이 있다

오늘날 직장에서 받는 스트레스와 갈등은 대부분 과중한 업무나 인간관계에서 비롯된다. 앞서 상사와의 갈등으로 힘들어하는 은희 씨의 예를 보자. 은희 씨는 자기 의견을 사사건건 묵살하는 상사에게 불만이 많다. 새로운 과제를 제안하면 상사는 이런저런 문제점을 찾아 지적하기에 바쁘다. 은희 씨는 답답한 심정을 풀려고 힐링 강연회에 참여하기도 하고, 자신의 커뮤니케이션에 문제가 있는지 책을 찾아 읽기도 한다.

그러나 정작 문제는 은희 씨 자신에게 있는 것도 아니고 상사에게 있는 것도 아닌 경우가 많다. 문제는 상호작용에 있을 수 있다. 만약 상사가 완벽주의자에 돌다리도 두드려보는 꼼꼼한 성격이라면 그와 반대인 은희 씨가 불안해 보일 수 있다. 그런 문제라면 서로 솔직히 대화해서 갈등 원인을 현장에서 찾아야 한다. 물 맑고 경치 좋은 산장에서의 명상이나 유명한 멘토의 자기 관리법에서 찾을 수 있는 것이 아니다.

원인 제공과 문제 해결이 분리되어서는 안 된다. 원인은 이곳에 있는데 다른 곳에서 해결책을 찾으려고 해서는 안 된다. 직장에서 받은 스트레스를 가정에서 해소하거나 상사에게서 받은 스트레스를 후배에게 해소하지 말아야 한다. 일에서 받는 중압감을 취미 활동으로 덜어내는 것도 마찬가지다. 일시적인 만족감은 얻을지언정 근본적인 해결책은 될 수 없다.

압력밥솥이 있다. 뜨겁게 달궈져 수증기가 안에 가득 차 폭발 직전까지 간다. 그 시점에 수증기 배출 레버를 당겨 김을 빼내고서는 문제가 해결되었다고 만족해서는 안 된다. 근본적인 문제를 해결하려면 불을 꺼야 한다. 사람도 마찬가지다.

≫ 실행을 돕는 지렛대를 찾아라

아무리 좋은 영감에 기발한 아이디어가 떠올랐어도 실행하지 않는다면 어떠한 창조적인 결과물도 세상에 나올 수 없다. 단순히 성공할 수 있을 것 같은 분위기와 마음가짐을 조장하는 것이 아니라 어떤 마음 상태에서든 확실하게 행동하는 데 초점을 맞춰야 한다.

그러나 실행은 말처럼 쉽지 않다. 관성에서 벗어나야겠다는 생각이 들고 변화가 필요하다고 느낄 때조차 실행하기는 어렵다. 그럴 때는 실행을 가능케 하는 '지렛대'를 찾아라. 자기 의지만으로는 실행이 쉽지 않음을 인정하고 의지를 지켜나갈 여러 장치를 마련하는 것이다. 자신만의 지렛대를 찾아 지켜가는 것이 중요하다.

창의적 생산성이 중요한 작가와 예술가들조차 일할 때 '영감'이나 '동기부여'보다는 실행 측면을 강조한다. "글은 머리에서 나오는 게 아니라 엉덩이에서 나온다"라는 표현은 이를 잘 보여준다. 존 그리샴과 같은 유명한 저자도 일과에서 정해진 작업시간과 작업량에 집착했다고 한다. "글이 안 써질 때 가장 좋은 방법은 써질 때까지 책상에 앉아 있는 것"이고 "글쓰기를 잘하려면 많이 쓰면 된다"라는 작가들의 말은 결국 직접 해보는 것이 가장 중요하다는 점을 강조한 것이 아닐까.

소설가 이외수 씨는 원고를 써야 할 때는 집에 철창을 설치하고 그 안에 들어가 아내에게 밖에서 문을 잠그도록 했다고 한다. 간절히 원하면 이루어진다는 말이 있다. 물론 맞는 말이다. 그러나 부분적으로만 맞는 말이다. 간절히 원하기만 해서는 아무것도 이루어지지 않는다. 그에 맞는 적절한 실천이 따라야만 꿈을 이룰 수 있다. 좋은 말은 듣기 좋다. 그러나 자극적인 감동은 그 강도에 비해 오래가지 않는다.

다른 사람의 책이나 강연에서 큰 영감이나 동기부여를 기대하기보다는 자기 주변에서 작은 것부터 지키고 변화시킬 것을 찾아라. 그리고 지금 바로 실행하라. 이것이 이루고자 하는 것에 한 발 더 다가가는 방법이다.

관계의 확장으로 새로운 교육 프로그램을 만들다

김용진 (삼성인력개발원)

영업 담당으로 해외 주재원 생활을 하던 때, 선배가 제가 인사팀으로 복귀하게 될 것 같다는 말씀을 하셨습니다. 그 순간 '그동안 내가 영업을 잘하지 못했나'라는 반성과 함께 '그래도 동료들보다 비교적 일찍 주재원으로 나왔고 열심히 했는데'라는 아쉬움이 교차했죠. 그렇게 10년 넘게 쌓아온 해외 영업 경력을 내려놓으며 인사팀의 일원이 되었습니다. 그 뒤로 약 6년이 지나고 다시 새로운 기회가 찾아왔습니다.

"용진 프로, 그룹 연수원에서 근무해보는 것은 어때?"

"연수원이요?"

"응. 비록 본사에서 조금 떨어져 있지만, 각 사에서 선발된 우수한 사람들이 모인 곳이기도 하고 다양한 교육생을 만나는 좋은 기회가 될 거야."

어느새 늘어난 나이와 연차로 인해 솔직히 고민이 많았지만 결국 시작된 연수원에서의 근무.

"코로나19 팬데믹이 심각해서 당분간 집합 교육은 어려울 것 같은데…… 온라인 교육에 사람들이 몰입할 수 있을까?"

"아무도 없는 공간에서 화면만 보고 진행해야 하는 강사님들도 걱정이에요."

마침 유례없는 팬데믹으로 인해 합숙 교육 위주로 진행되던 연수원 과정에도 새로운 변화가 필요한 시점이었습니다. 그래서 저는 새로운 제안을 하나 내놓았습니다.

"이번 기회에 해외에 계신 석학들을 온라인으로 모셔보는 것은 어떨까요?"

"해외 석학을?"

"네, 전에는 그분들을 모시려면 한국 방문 일정을 잡는 것부터 여러모로 부담이 컸지만, 오히려 지금은 가능할 것 같습니다."

그렇게 '글로벌 석학 특강'이라는 이름으로 시작된 강의 프로그램은 집합 교육이 진행 중인 현재도 계속되고 있습니다. 국내외 베스트셀러 작가를 주축으로 강사진 풀도 넓혀가고 있습니다.

해외 주재원으로 일할 때 거래선을 트며 서로의 필요를 연결했던 경험이 연수원에서 가치를 더할 수 있는 바탕이 되었다고 생각합니다. 처음에는 새로 맡은 업무가 낯설었지만, 새로운 자리에서 관계를 넓혀가다 보니 제 일의 범위를 '제품을 판매하는 것'에서 '새로운 지식을 찾아 전하는 것'으로 더 넓힐 수 있었습니다.

Chapter 3

일에
지배될 것인가,
일을
지배할 것인가?

처음의 작은 차이가 큰 차이를 만든다

일에 대한 인식을 긍정적으로 전환하는 것만으로는 당면한 문제와 갈등이 사라지지 않는다. 인식 전환과 함께 실제 자신의 일을 변화시켜야 한다. 그렇지만 한낱 사원, 대리가 어떻게 자기 일을 통제할 수 있을까? 방법은 있다. 먼저 치고 나가는 것이다.

"이래서는 안 되겠다, 나부터 생각을 바꾸자고 마음을 먹었습니다."

2020년 어느 날, 한 사업장에서 주요 생산설비가 멈추는 사고가 발생했다. 임시 조치를 하기는 했으나, 과거 7년간 8건의 동종 사고가 발생했음에도 원인 규명과 재발 방지를 위한 후속 조치가 되지 않는 상황이었다. 회사는 이를 근본적으로 해결하기 위한 TF Task Force 팀을 구성했고, 명연 씨는 TF팀의 간사 및 기술지원 역할을 담당하게 되었다.

하지만 팀이 꾸려졌음에도 일은 잘 진척되지 않았다. 명연 씨를 비롯한 팀원들은 사고의 직접적인 관계자가 아니었기에 사고의 원인을 밝힐 의지가 부족했고, 그저 누군가가 소통의 총대를 메면 본인 영역에서 도움만 주겠다는 의식이 팽배했다.

서로 눈치를 보는 사이에 명연 씨는 자신이 적극적으로 나서기로 마음먹었다. 그리고 밤새 고민한 재현성 테스트 방법과 역할 의견을 다음 날 TF팀원들에게 공유했다. 명연 씨의 이런 모습에 처음엔 다들 어색해했지만, 조금씩 귀를 열고 하나둘씩 의견을 내놓기 시작했다.

자신감을 얻은 명연 씨는 실험실에서 팀원들을 리드하고, 보고서도 주도적으로 작성 및 분배했다. 그러고는 끈질긴 시도 끝에 결국 재현성 테스트에 성공해 문제를 해결할 수 있었다.

명연 씨를 포함한 TF팀원들의 경험은 프로젝트가 생겼을 때 종종 볼 수 있는 광경이다. 부서도, 직급도 서로 다른 사람들이 모여 미션을 받게 되면, 저마다 전체의 미션보다는 본인 업무 영역에 선을 긋고 이를 통합하고 연계하는 회색 영역에 대한 책임은 회피하거나 방관한다.

사실, 본인이 맡은 전문 영역에서 최선을 다한다는 측면에서는 이런 생각이 당연할 수 있고 결과에 상관없이 사실 그렇게 일해도 크게 문제가 되진 않는다. 그러나 명연 씨와 다른 팀원들 간에 업무를 대하는 인식에는 분명한 차이가 있었으며 이 작은 차이가 큰 차이를 만들었다.

≫ 일의 주도권을 잡아라

처음에는 명연 씨도 여타 TF팀원들과 똑같이 제 할 일에만 집중하려는 자세를 취했지만, 생각을 바꾸고 밤새 진행할 프로젝트의 결과와 방법을 그려본 뒤 일의 범위를 고민했다. 또한 경영진에게 어떤 결과물을 보여주어야 할지 먼저 생각하며 보고서를 주도적으로 작성하고 분배했다. 리더 역할을 자처하는 명연 씨의 태도에 잠시간 분위기가 서먹했을지도 모르지만, 다른 팀원들은 자연스럽게 명연 씨의 의견에 관심을 갖고 귀를 기울이게 되었다. 그리고 그날부터 서로의 영역에 대해서 조금씩 의견을 담고 살을 붙여가기 시작했다. 다른 팀원들이 모두 별생각 없이 첫날을 보내는 사이, 명연 씨의 제안은 그들 사이에 강력한 기준, 즉 앵커링*으로 작용하게 되었다. 대개 이런 상황에서는 프로젝트 리더조차도 명연 씨가 제안한 초기 프레임에 갇힐 개연성이 크다.

★ 앵커링anchoring·닻 내리기: 처음 언급된 조건에 얽매여 크게 벗어나지 못하는 것, 즉 처음 습득한 정보에 몰입해 새로운 정보를 수용하지 않거나 부분적으로만 수정하는 행동 특성을 말한다.

처음의 작은 차이가 결국 큰 차이를 만든다. 프로젝트는 자연스럽게 명연 씨가 원하는 방향으로 흘러갔다. 물론 모든 프로젝트가 이런 방식으로 흘러가지는 않는다. 답이나 방향을 명확하게 제시할 수 있는 경우에는 한 방향으로 쉽게 해결이 이루어져 마무리되는 경우도 많다. 그러나 많은 프로젝트에서는 상호 협업을 통해 풀리지 않는 답을 찾아간다. 특히 최근 복잡한 경영환경에서는 특정 과제에 대한 기획성 프로젝트가 늘어나고 있다. 경영진도 답이나 방향을 쉽게 제시하지 못하는 창의적인 과제에서는 일의 넓이와 깊이에 대한 구성원 간의 공감과 합의가 매우 중요하게 작용한다.

'내 일'을 할수록 삶의 질이 높아진다

앞선 사례는 일에 지배될 사람과 일을 지배하는 사람의 작은 차이를 보여준다. 흔히 '주인의식'을 가진 사람과 그렇지 않은 사람의 차이라고 생각할 수도 있지만, 성격이 조금 다르다. 진정한 주인의식은 말 그대로 자연스러운 내면의 발로여야 하기 때문이다. 사실 모든 직원이 주인의식을 갖기는 쉽지 않다.

앵커링은 초기에 조그만 수고와 노력으로 이후 일의 주도권을 확보함으로써 궁극적으로 직장에서 삶의 질을 높이는 행동이다. 명연 씨가 경험했던 프로젝트에서 어떤 일이 벌어졌는지 살펴보자. 해야 할 일의 범위와 수준을 자기 역량에 맞게 조정한 명연 씨는 큰 부담 없이 자기 일정을 고려하면서 전체 일정을 조율했을 것이다. 어쩌면 갑작스러운 야근도 피했을 수 있다. 프로젝트의 리더는 아니지만, 리더에게 영향력을 행사해 자기 일정에 맞추어 업무를 조정할 수 있기 때문이다.

반면 그 외 TF팀원들은 리더가 자신에게 할당한 일은 성실히 받아들였겠지만, 그 일이 때로는 감당하기 버겁고, 때로는 따분했을 것이다. 스스로 일의 진행 과정을 통제하기가 어려웠기 때문이리라. 무엇보다 주어진 일만 처리하다 보니 '내 일'이라는 애착이 그리 크지 않았을지 모른다.

프로젝트를 진행하면서 명연 씨와 다른 팀원 중 누가 더 행복했을까? 직장 생활에서는 이런 시간이 모여 1년이 되고 10년이 된다.

≫≫ 자신의 업무를 스스로 통제하라

앞에서 잡 크래프팅의 두 번째 방법은 업무의 물리적 경계를 변화시키는 것이라고 이야기했다. 쉽게 표현하면 업무량이나 영역, 난이도를 내가 원하는 만큼 조정하는 것이다. 말이 쉽지 일개 직장인이 자기가 원하는 대로 업무를 조정하는 것이 가능하냐고 반문할 수도 있다. 그래서 더더욱 직장에서 앵커링이 필요하다.

자율성에 따른 일의 만족도

경제학자 에른스트 슈마허는 저서 《굿 워크》에서 이렇게 말했다.

> 나는 바보나 로봇, 통근자로 살고 싶지 않다.
> 나는 누군가의 일부분으로 살고 싶지 않다.
> 나는 내 일을 하고 싶다.

자신이 자기 일을 지배한다는 것은 매우 중요하다. 산업심리학자들은 오래전부터 일의 만족도가 '자율성의 범위', 즉 노동자가 매일 자유로이 결정할 수 있는 권한과 직접적인 연관이 있음을 발견했다. 여러 학자의 조사 결과에 따르면, 사람들은 자신이 원하는 대로 되지 않는 것이 많을 때 힘들어했고, 업무수행 능력이 떨어졌다. 멀리 볼 것도 없이 당장 우리 자신만 보더라도 의지와 상관없이 상사 지시대로 따라야 하면 분노와 무력감이 들지 않던가.

우리가 우리 일을 지배하지 못하고 하루하루 집과 직장을 왔다

갔다 하는 통근자에 머무른다면 우리는 극단적으로 바보나 로봇과 다를 바가 없다. 단순히 누군가가 시키는 일만 한다면, 그것은 누군가의 일부분으로 사는 것이지 나 자신으로 사는 것이 아니다. 나는 내 일을 해야 한다.

어디서나 첫인상이 중요하다

앞선 사례로 다시 돌아가면, 명연 씨는 가장 먼저 실험방법과 보고서 산출물 등 최종 성과물의 이미지를 제시했다. 아마도 그 이미지는 프로젝트 시작 단계에서부터 다른 사람들에게 자연스럽게 각인되었을 것이다. 그렇게 되면 실제 프로젝트 결과도 거기서 크게 벗어나지 않았을 확률이 크다. 실제로 그 과정에서 명연 씨가 경험한 업무의 통제감은 일에 대한 만족감으로 이어졌다고 한다.

아울러 명연 씨는 앵커링 효과와 함께 좋은 첫인상을 구성원에게 심어줄 수 있었다. 일반적으로는 먼저 제시된 정보가 나중에 들어온 정보보다 전반적인 인상에 강력한 영향을 미친다. 이를 심리학에서는 '초두효과'라고 한다. 그래서 어디서건 첫인상이 중요하다고 하는 것이다. 명연 씨는 첫날부터 방향 설정 능력과 책임감 있는 모습으로 구성원 사이에 자리 잡았다.

상사가 일을 지시하면서 "이렇게 저렇게 하라"라고 할 때나 주인 없는 업무가 있을 때 묵묵히 듣고 앉아 있기보다 먼저 치고 나가보자. "그것보다는 이렇게 저렇게 하는 게 낫겠다"는 이야기를 던져보라. 받아들여지지 않는다고 해서 손해 볼 일은 없다. 어차피 일의 속성은 달라질 게 없으니까 말이다. 하지만 받아들여진다면 문제는 달라진다. 이 일은 단지 내게 주어진 일이 아닌 나 스스로 통제하며 만들어갈 수 있는 '내 일'이 된다.

스펙을 넘어서는 강점의 힘

스펙이 좋다고 모든 일을 잘하지는 않는다. 기업은 일반적으로 외향적인 사람을 선호하지만 내향적인 사람이 강점을 보이는 일도 많다. 자신이 어떤 성격과 강점을 가지고 있는지 파악하라. 약점을 보완하려고 노력하기보다는 강점을 강화하라. 당신이 크게 쓰일 기회는 반드시 오게 되어 있다.

승격자 발표가 있었던 3월 어느 날, 알고 지내던 최외향 대리가 찾아왔다.

"선배님, 요즘 의욕이 많이 떨어집니다. 사실 동기인 박내성 대리가 이번에 과장이 되었어요. 신입 때 박 대리는 스펙도 부족하고 조용하기만 해서 존재감도 없었거든요. 반대로 저는 스펙이 괜찮고 잘 나서는 성격이어서 관심을 많이 받았는데……."

'이 친구는 아직도 스펙 운운하네…….'

나는 반문했다.

"박 대리가 부서에서 어떻게 두각을 나타냈는지 좀 더 말해줄 수 있을까?"

"기획 실무를 하게 된 때부터 같네요. 사업 현황 대부분을 숙지하고 윗분들과 대화하면서 기획 문서에 잘 녹이더라고요. 그후로는 박 대리가 대부분의 기획 업무에 들어가고, 반대로 저는 점차 배제되었던 것 같아요."

최외향 대리에게는 분명하게 이야기해줄 필요가 있어 보였다.

"누구나 강점이 있어. 박 대리는 내성적이지만 꼼꼼하지. 기획 업무에 적합해 보여. 반면 최 대리의 입사 전 스펙은 강점이지만, 회사에서 제대로 활용되지 않는다면 더는 의미가 없어. 최 대리의 강점은 뭐지? 지금까지 본인의 강점을 얼마나 활용하고 발전시켰는지 먼저 살펴보면 어떨까?"

7년 전 같은 시기에 입사한 최외향 대리와 박내성 대리. 최외향 대리는 누가 봐도 엘리트였다. 명문대 출신에 어렸을 때 해외 주재원이던 아버지를 따라 해외에 산 경험이 있어 영어도 꽤 잘했다. 외향적이고 적극적인 성격으로 면접 때 아주 좋은 점수를 받았다. 반면에 박내성 대리는 지방 공대를 나왔고, 토익은 900점을 넘겼지만 외국인 앞에 서면 입을 떼지 못했다. 다소 내성적인 성격 때문에 면접위원들은 박 대리의 합격 결정을 마지막까지 주저했다.

　입사 초기에는 최외향 대리가 모든 면에서 박내성 대리보다 나아 보였다. 그렇다면 당연히 이후 실제 업무에서도 최 대리가 박 대리보다 뛰어난 능력을 발휘해야 하는 것이 아닐까? 그럴 수도 있지만 그렇지 않을 수도 있다.

≫ 완벽한 스펙과 정해진 역량은 없다

최외향 대리는 많은 업무 영역에서 박내성 대리보다 나은 모습을 보여주었을 가능성이 크다. 일반적으로 조직은 외향적인 성격을 선호한다. 혼자서 일하는 전문직이나 예술가가 아닌 다양한 사람과 협업해야 하는 일반 직장의 특성상 외향적인 성격의 사람이 더 넓은 네트워크를 형성하고 잘 적응한다. 게다가 최 대리는 유창한 영어 실력을 뽐낼 기회가 있을 때마다 상사에게 좋은 인상을 주었을 것이다. 유복한 가정환경에서 나오는 여유와 너그러움은 주위 사람들을 편하게 만들어주었을 것이다. 이런 모든 점을 고려할 때 최외향 대리가 업무평가를 더 잘 받았을 확률이 높다.

그러나 실제 회사에서의 일은 예상대로 흘러가지 않는다.

타인과 차별되는 특성 찾기

겉으로 보이는 최 대리와 박 대리 두 사람의 스펙 차이는 사실 입사 이후에는 별 의미가 없다. 물론 채용 시점에는 큰 영향을 미칠 수 있지만 입사 이후에도 스펙이 좋은 사람이 일을 잘한다는 이야기는 들어본 적이 없다. 스펙은 어디까지나 일을 해보기 전에 일을 잘할 수 있을지 수행 가능성을 판단하는 기준이었을 뿐이다. 막상 일을 시작한 다음에는 스펙에 가려 있던 개개인의 강점과 약점이 적나라하게 드러난다. 회사에는 다양한 유형의 인재가 필요하다. 모든 일을 완벽하게 할 수 있는 스펙과 정해진 역량이란 없다.

자신에게 맞는 일의 종류와 수준을 찾으려면 기본적으로 내가 어떤 사람인지 이해한 뒤 그에 맞는 일을 골라야 한다. 개개인의 차별적인 특성이 역량을 마음껏 발휘할 수 있는 특정 상황을 만났을 때 성과가 극대화되기 때문이다. 쉽게 말하면 자신이 잘 뛸 수 있는 경기장을 먼저 선택하는 일이 중요하다.

여기서 나에게 맞는 일은 직업 선택과 같은 범주를 뜻하는 것이 아니라 직장에서 일상적으로 일어나는 종류의 일을 말한다. 예를 들어 혼자 일하는 것을 좋아하는지 다른 사람과 함께 일하는 것을 좋아하는지, 누군가의 앞에 서는 걸 좋아하는지 누군가의 뒤에서 도움을 주는 일을 더 좋아하는지, 숫자를 다루는 데 소질이 있는지 창의적인 아이디어를 내는 일을 더 잘하는지 등과 같은 일상적인 회사 업무들 중 어떤 일과 역할에 더 소질을 보이는지 아는 것이 중요하다.

어떤 사람에게는 쉬운 일이 또 다른 사람에게는 정말 피하고 싶은 일이 될 수 있다. 특히 성격이 외향적인 사람이나 내향적인 사람이냐에 따라 조직에서 소질을 보이는 일의 종류가 다르다.

≫ 진정한 약점은 없다

앞서 기업 조직은 외향적인 사람을 선호한다고 했다. 이는 우리나라의 채용 시스템만 봐도 알 수 있다. 모든 기업에서 실시하는 면접 전형을 보면 절대적으로 외향적인 사람을 골라내는 방식이다. 내향적인 사람은 결코 면접장에서 좋은 인상을 주기 어렵다.

그래서 면접 준비는 사실 '외향적인 척하기' 연습이라고 할 수 있다. 연습이 과도해지면 연극 한 편을 준비하는 수준이 된다. 목소리, 몸동작을 배우처럼 꾸미는 법을 터득해서 면접관에게 호감을 주어야 한다고 생각한다. 어떤 이야기든 자신 있게 말할 정도가 되어야 제대로 준비했다고 믿는다.

취업을 준비하는 사람이 이렇게 거짓으로 자신을 꾸미는 것조차 자연스러워진다면 회사는 제대로 된 사람을 고르기가 더욱 어려워진다. 영국 버진그룹 회장 리처드 브랜슨은 직원을 채용할 때 인간성을 중시하는 것으로 유명한데, 늘 채용 인터뷰를 조심해야 한다고 강조한다. 인터뷰의 속성상 외향적인 사람에게 점수를 더 높이 주는 경향이 있기 때문이다.

이런 문제가 있는데도 기업 조직에서 외향적인 사람을 선호하는 이유는 무엇일까? 그것은 외향적인 사람이 실제 기업 성과에 더 도움이 된다고 믿기 때문이다. 과연 그럴까?

내향적인 사람은 위기 대응에 강하다

박내성 대리의 사례를 더 깊이 생각해보자. 박 대리는 전형적으로 내향적인 사람이지만, 민감한 시장 변화를 읽어내는 능력이 탁월하다. 심리학자 제럴드 매슈스는 내향적인 사람은 외향적인 사람보다 좀 더 주의 깊게 생각한다는 사실을 밝힌 바 있다.

외향적인 사람은 문제를 해결할 때 빠르고 간편한 접근법을 택하여 정확성과 속도를 맞바꾸며, 문제가 너무 어렵거나 뜻대로 안 되겠다 싶으면 아예 포기해버린다. 반면 내향적인 사람은 행동하기 전에 생각하고, 정보를 철저히 소화하고, 임무를 좀 더 오래 물고 늘어지며, 쉽게 포기하지 않고, 좀 더 정확하게 수행한다. 내향적인 사람과 외향적인 사람은 주의를 기울이는 방식도 서로 다르다. 외향적인 사람은 '지금 상태'를 보는 반면 내향적인 사람은 '만약 … 한다면'이라고 묻는다.[22]

변화를 읽어내는 능력과 위기 대응력에는 내향적인 사람이 더 유리할 수밖에 없다. 내향적인 사람들은 외향적인 사람들에 비해 더 깊이 고민하고, 정보를 철저히 파악한다. 당연히 외향적 성격과 내향적 성격 간에는 잘할 수 있는 일에 차이가 발생한다. 비단 성격뿐만 아니라 자신의 소질과 기호 등을 잘 파악한다면 내게 주어지는 일들 중 어떤 일을 더 재미있게 할 수 있고, 어떤 일을 가급적 피해야 할지 스스로 판단할 수 있다.

MBTI보다는 '강점진단'을

자신이 남들보다 잘할 수 있는 재능을 찾아야 한다. 상대적으로 조직에서 흔하지 않은 재능이면 더 좋다. 조직에서 원하는 사람은 누구나 잘하는 일을 똑같이 잘하는 사람이 아니라, 다른 사람으로 대체할 수 없는 역량을 지닌 사람이다. 그런 의미에서 자기 약점을 보완해서 평균적인 직장인이 되려고 하기보다는 강점을 더 강화해

한 분야에서 자기 나름대로 차별성을 보이는 것이 좋은 전략이다.

내 강점은 어디서 찾을 수 있을까? 최근 MBTI 성격검사가 유행하고 있다. 실제 MBTI 유형과 회사 업무 능력과 상관이 있을까? 외향적인 'E' 성향이 내향적인 'I' 성향보다 업무 제휴에 더 능숙할까? 계획적인 'J' 성향이 유연한 'P' 성향보다 항상 마감을 더 잘지킬까? 절대 그렇지 않다. 실제로 이를 채용 및 인력 운영에 참고하는 기업은 극히 드물다.[23] 예를 들어 MBTI는 응답자가 외향성향인지 내향 성향인지만 구분하는데, 사람의 성향을 측정하려면 그 강도가 얼마나 강한지 알아야 한다. 양 극단의 성향 중 하나를 선택하는 테스트로는 정확히 알 수 없다. 이 성격검사가 유행하는 이유는 쉽고 빠르게 사람을 구분하려는 우리의 '인지적 구두쇠' 성향 탓이다. 조직행동론의 대가인 애덤 그랜트 와튼스쿨 교수도 "MBTI는 아무런 의미도 없다"라고 혹평하기도 했다.

MBTI 대신 갤럽의 강점진단을 참고할 만하다. MBTI는 단지 16개 유형으로 사람을 분류하지만, 강점진단에서는 총 34개 테마 중 상위 5개 테마가 같을 가능성이 3만분의 1에 불과하다. 개인별 특성을 비교적 정확히 식별하고 과학적 신뢰도와 타당도가 높다.*

그동안 우리는 약점을 보완하며 살아왔다. 국·영·수 중에서 수학을 못하면 수학학원에 등록하고 어학 능력 중 상대적으로 약한 회화 능력을 높이기 위해 원어민 회화 수업을 들었다.

* 《위대한 나의 발견 강점 혁명》 《강점으로 이끌어라》 등의 책을 구매하면 클리프턴 강점 진단 코드를 받을 수 있다. 갤럽 스토어(store.gallup.com)에서 코드를 바로 구매할 수도 있다.

그러나 강점혁명 예찬론자들의 주장에 따르면 약점을 보완하려고 하는 이런 노력은 별 의미가 없다. 그들은 약점을 보완하기 위해 들이는 시간과 노력으로 재능을 더 키워나간다면 이것이 자신만의 강점이 될 수 있고, 차별화 포인트가 된다고 주장한다.

이와 비슷한 주장으로 하버드대학교 하워드 가드너 교수는 다중지능이론을 제시한다. 인간은 한 가지 지능만 갖고 있는 것이 아니라 여러 종류의 지능을 갖고 있다는 이론이다. 가드너 교수는 인간의 지능을 음악지능, 신체운동지능, 논리수학지능, 언어지능, 공간지능, 대인관계지능, 자기이해지능, 자연친화지능 등 총 8개로 구분하고 그중에서 "누구나 강점이 하나씩은 있다"라고 역설한다. 떨어지는 지능을 보완하고자 노력하는 것은 시간 낭비다. 아무리 노력해봤자 결국 남들 수준 정도밖에 안 된다. 자신이 잘하는 분야에 집중해서 격차를 벌리는 것이 유리하다.

내 역량을 아는 것이 잡 크래프팅의 시작

아무리 살펴봐도 다른 사람보다 잘하는 게 없을 때는 어떻게 해야할까? 그렇다면 자신이 '상대적으로' 잘하는 것을 찾아야 한다. 강점이라고 해서 대한민국이나 회사에서 최고일 필요는 없다. 남보다 수준이 높아야 하는 것도 아니다. 자신이 갖고 있는 역량 중에서 비교적 나은 것이면 된다.

아주 능력 있는 직원이 있다고 하자. 그가 모든 업무에서 다른 사람보다 효율적으로 일한다고 하더라도 모든 일을 혼자서 다 하는 것은 비효율적이다. 그보다는 높은 부가가치를 창출하는 일에 시간을 더 쓰는 것이 그에게는 더 효율적이다. 그리고 그 사람이 하지 않는 일을 내가 잘하는 것이 나의 상대적 강점이 된다.

이는 데이비드 리카도의 비교우위론을 국가 단위가 아닌 직장인 개개인에게 적용한 경우라고 보면 된다. 잘 알려진 바와 같이 비교우위론은 "각 나라는 상대적으로 더 유리한 산업에 집중하고, 다른 국가와 무역하는 것이 양국 모두에게 유리하다"라는 이론이다. 여기서 주목할 부분은 '유리한 산업'이 무엇이냐는 것이다. 유리한 산업은 꼭 다른 나라보다 생산의 기회비용이 절대적으로 낮아야 하는 것이 아니다. A국이 자동차와 휴대전화 생산 모두 B국보다 유리하더라도 A국은 둘 중 더 유리한 자동차 생산에 집중하고, B국이 생산한 휴대전화를 수입하는 것이 낫다. A국이 어떤 면으로나 우위라도 A국은 '더 잘하는 걸 특화'하고 B국은 '덜 못하는 걸 특화'해서 무역하는 게 이익이라는 설명이다.

이는 회사 생활에도 적용할 수 있다. 다른 사람에 비해 '숫자를 만지는 것'도, '프레젠테이션을 준비하는 것'도 더 잘하지는 못할지라도 상대적으로 잘하는 '숫자를 만지는 일'에 집중하는 것이 조직에 도움이 된다. 사람은 누구나 둘 다 잘하는 A 아니면 둘 다 못하는 B일 수 있다. 물론 내가 A가 되면 좋겠지만, B라고 해도 강화할 수 있는 상대적 재능은 있다. "누구나 잘하는 것이 한 가지는 있다"라는 옛 어른들의 말은 이런 측면에서 전적으로 맞다.

자신이 어떤 상대적 강점이 있고 무슨 일에 소질을 보였는지, 감당할 만한 역량 수준이 어느 정도인지 점검해보자. 그것을 알아야 자신과 궁합이 맞는 일을 찾을 수 있다. 내가 나를 모르는데 어떻게 내가 즐기며 할 수 있는 일을 찾아낼 수 있단 말인가? 자신의 역량이 어느 정도인지 제대로 아는 것이 잡 크래프팅의 시작이라는 점을 명심하자.

달인과 장인, 누가 더 행복할까?

달인은 한 가지를 잘하지만 장인은 전체 과정을 꿰뚫고 있다. 일의 본질을 제대로 이해하려면 경계를 넘어서는 종합적인 안목이 필요하다. 어느 한 분야에 충분히 숙련되었다면 영역을 더 확대해 전 인간적인 노동을 향유하라. 그러면 좀 더 인간적이고 궁극적인 일의 행복을 맛볼 것이다.

정 과장은 파워포인트를 다루는 데 능숙하다. 대학 시절 공모전을 준비하면서 남들보다 파워포인트를 잘 만든다는 평을 들었다. 사원 때부터 '파워포인트 정'이라는 소문이 돌았는데, 선배들이나 옆 부서 사람들조차 잘 모르는 기능을 종종 그에게 물어보곤 했다. 그럴 때마다 정 과장은 자신이 이 회사에 기여한다는 느낌 때문에 어깨가 으쓱했다.

그런데 요즘 정 과장의 표정이 영 밝지 않다. 문제는 바로 그 파워포인트 때문이다. 파워포인트를 잘 만들다 보니, 부서에서 만들어야 하는 자료는 대부분 정 과장에게 넘어온다. 사원, 대리 때는 별생각 없이 자신에게 주어진 일을 열심히 한다는 생각으로 했지만, 요즈음은 사정이 다르다. 공식적인 전사 경영전략회의 자료에서부터 때로는 팀장의 교육과제까지 넘어온다. 사적인 부탁이라고 하더라도 거절하기는 어렵다.

정 과장의 고민에 기름을 부어버린 사건이 있었다. 사장의 지시로 중요한 프로젝트가 하달되었다. 프로젝트의 결과가 좋다면 능력을 인정받을 좋은 기회가 될 것이라고 생각해 정 과장은 내심 프로젝트 멤버로 참여하기를 기대했다. 그런데 팀장의 방에서 우연찮게 들려온 한마디에 큰 충격을 받았다.

"정 과장을 보내자고? 안 돼. 그 친구는 기획력이 없어. 누가 그려주면 PPT나 예쁘게 만들 줄 알지. 그리고 이번에는 PPT로 보여줄 과제가 아니야."

앞에서 필자는 자신과 궁합이 맞는 일을 찾아 다른 사람과 구분되는 차별화 포인트를 가지라고 했다. 자기만의 강점을 갖는 것은 중요하다. 문제는 한 분야에만 너무 오래 머물러서는 안 된다는 것이다. 무엇이든 전문화가 지나치면 도리어 성장의 발목을 붙잡아서 자신의 한계를 확장하기 힘들어질 수도 있다. 과유불급이라고 했던가? 정도를 지나치면 미치지 못한 것보다 나빠지는 경우가 생긴다. 한계의 알을 깨고 나와야 한다!

≫ 생활의 달인은 행복할까?

자기 계발서와 경영 서적은 대부분 한 우물을 파야 성공할 수 있다고 말한다. 그러나 전문직이나 연구직이 아니고서야 일반 회사에 다니는 많은 직장인이 딱히 한 분야의 전문가라고 할 수 있을까?

우리는 이른바 직무 전문가라는 사람들이 자기 자신을 소개하는 멘트에 익숙하다.

"16년 동안 홍보 업무를 수행하면서 얻은 경험과 지식을 바탕으로……."

그러나 착각해서는 안 된다. 16년 동안이 아니라 정확히 말하면 1년 동안의 경험을 16차례 반복한 사람도 많다. 근무 기간은 길지 몰라도 해마다 비슷한 유형의 일을 반복할 뿐 실속은 떨어지는 직장인이 많다.

인사 업무의 예를 들어보자. 같은 인사 업무라고 해도 인사기획, 인력운영, 제도운영, 채용, 교육, 총무 등 그 안에 다양한 직무 분야가 있다. 궁극적으로 이 모든 직무를 직간접적으로 경험했을 때 인사전문가라고 할 수 있다. 그러나 대기업으로 갈수록 이런 다양한 직무를 경험할 여지는 줄어든다. 오히려 중소기업의 인사담당자가 경험의 폭이 넓다. 대기업 출신이라고 해서 해당 직무를 종합적으로 이해하고 있을 가능성은 더 낮다는 말이다.

다양한 직무 경험이 필요하다

물론 조직 생활을 하면서 한 가지 특정 기능에 전문성을 가지면 유리하다. 기업에서는 적당한 능력 몇 가지를 가지고 있는 사람보다는 특출한 능력 하나를 가지고 있는 사람을 선호한다. 기업은 철저하게 분업화되어 있는 조직이 아니던가.

이런 이유로 직장에서 직무순환을 하기가 쉽지 않다. 회사에는 대부분 직무순환 프로그램이 있지만, 제대로 활용하는 곳은 많지 않은 듯하다. 부서장 입장에서도 숙련되어 쓸 만한 직원이 다른 부서로 가면 다른 직원을 다시 처음부터 가르쳐야 하기 때문에 피곤해진다. 그래서 부서장은 부하 직원들의 직무순환을 기피하게 된다.

하지만 회사의 생각은 다르다. 회사 전체로 보면 현재의 효율성도 중요하지만 직원 개개인이 다양한 업무 분야를 경험해 성장과 경력개발을 돕는 것도 중요하다. 그렇게 해야 회사가 중장기적으로 성장할 수 있기 때문이다.

CEO와 인사 부서로서도 미래의 경영자 후보군을 미리미리 키워야 한다. 탁월한 경영자 한 사람이 나오기 위해서는 한 분야를 깊이 파기보다 생산부터 연구개발, 제조, 판매까지 이르는 다양한 비즈니스 기능을 이해해야 한다. 그래서 다양한 직무 경험이 필요하다.

달인에서 장인으로 일의 영역 확대하기

부서장과 회사의 입장이 아닌 직원 개인의 입장으로 시각을 돌려보자. 직장에서 한 가지 일만 열심히 잘하는 것이 행복할까? 아니면 다양한 업무를 경험하는 것이 행복할까?

〈생활의 달인〉이라는 텔레비전 프로그램이 있다. 이 프로그램에는 오랜 세월 한 가지 일에 종사하면서 해당 분야에서 발군의 실력을 보이는 이 시대의 진정한 달인이 등장한다. 구두닦이의 달인, 타이어 굴리기의 달인, 신문 배달의 달인 등 매주 전국 각지에 숨어 있는 달인들이 출연해 귀신같은 솜씨를 뽐낸다. 많은 사람이 이 프로그램을 보면서 그 솜씨에 감탄함과 동시에, 비록 존경받는 직업은 아닐지라도 자신이 일하는 분야에서 최선을 다하는 달인들의 모습에 감동받는다. 필자도 그 프로그램을 보며 직업에 귀천이 없다는 말을 새삼 깨닫는다. 그런데 언제부턴가 프로그램에 나오는 달인들이 화면에 보이는 것처럼 행복하지 않을지도 모른다는 생각이 들었다. 전체 공정 중 한 단계에서는 최고 전문가지만 그 단계가 때로는 너무 세분되다 보니 일을 전체적으로 바라보기가 어렵기 때문이다.

작업동기이론에 따르면, 작업자의 동기를 높이려면 일의 전체를 경험하고 볼 수 있게 해주어야 한다. 그런데 자신의 일이 전체 공정에서 극히 일부분이 되고 일의 결과를 알 수 없다면 직무에서 느끼는 만족감은 떨어질 수밖에 없다. 더구나 한 가지 공정을 오래 할수록 매너리즘에 빠질 확률이 높아진다.

교육과정 중에 만났던 재욱 씨는 입사 후 4년 동안 한 부서에서 일했다. 일은 재미있고 즐거웠다. 다만 수년째 같은 일을 하다 보니 점차 본인과 맞지 않은 업무라는 생각이 들었고 평소 관심이 있었던 다른 일을 해보고 싶다는 열망을 품게 되었다.

결국 그는 사내 잡포스팅 프로그램을 통해 관심 분야와 더 밀접한 다른 부서로 이동했다. 처음 1년 정도는 낮에는 업무를 파악하고 밤에는 관련 내용을 공부하면서 보냈다. 모르는 게 많고 바쁘기도 해서 조금 후회도 했지만, 원하던 업무였기에 그 어느 때보다 열심히 노력했다. 4년이 지난 요즈음 그는 이렇게 근황을 전했다.

"지금은 새로운 업무가 정말 재밌게 느껴지고, 이전 부서의 경험과 새로운 지식이 더해져 시너지 효과를 내며 사고의 폭도 넓어지고 유연해진 것 같습니다."

위 이야기를 들려준 재욱 씨는 한 가지 경험과 기술, 부서에 머물지 않고 자신의 업무를 확장했고 이는 이전의 경험과 시너지 효과를 만들어냈다.

이른바 '장인'이라고 불리는 사람들은 어떤 물건이든 첫 공정에서 마지막 공정까지 남이 따라올 수 없는 기술을 수십 년 동안 연마한 사람이다. 장인은 옷에서 가방, 시계까지 공정 전체를 대부분 책임진다. 바느질만 잘하는 장인은 세상에 있을 수 없다. 그렇다면 그는 바느질의 달인일 뿐이다.

우리 사회는 달인에게 장인으로 변신할 기회와 환경을 제공해야 한다. 어떤 분야에서 충분히 숙련되었다면 이제는 일의 영역을 확대해 전 인간적인 노동을 하게 해야 한다. 그것이 그들에게 더 인간적일 뿐 아니라 일의 궁극적인 행복을 맛보게 해줄 수 있다.

≫ 경계를 넘어서는 종합적 안목을 키워라

이런 이유로 최근 많은 기업이 직원 개개인의 직무 범위를 넓혀주고 계획과 통제 기능 일부를 위임하면서 자율성을 강화하고 있다.

예를 들어 연구개발 부문에서는 과제 기획과 일정 수립 단계에서부터 개발 담당자의 참여를 유도한다. 왜 이 과제를 하게 되었는지 전체적인 그림을 함께 보라는 의도도. 특히 제조와 서비스 부문에서 이러한 종합적 안목은 개인이 분담하는 직무 범위를 넓혀 단순 작업의 권태로움을 떨쳐버리는 동시에 흥미를 불러일으킨다.

한 사람이 꼭 하나의 직업만을 가져야 한다는 법은 없다. 셰익스피어는 배우와 희곡작가라는 직업을 모두 선택했다. 레오나르도 다빈치는 오늘날의 기준으로 볼 때 직업이 몇 가지인지 정확히 알 수 없을 만큼 다양한 일을 했다. 공산주의 창시자이자 경제학자였던 마르크스는 완벽한 공산주의 사회에서는 누구나 한 가지 일만 할 필요가 없다고 생각했다. 공산주의 사회에서는 사회가 전반적으로 생산을 조절하기 때문에 한 개인이 아침에는 어부나 사냥꾼이 되었다가 오후에는 양을 키우고, 저녁식사 후에는 비평가로서 글을 쓰는 삶을 살 수 있을 것이라고 믿었다. 물론 그 꿈은 실현되지 않았지만 그는 한 개인이 다양한 일을 할 수 있는 세상이 가장 바람직한 이상향이라고 느꼈다.

물론 전 인간적인 삶을 살기 위해 위와 같이 많은 직업에 종사할 필요는 없다. 다만 내가 가진 직업 안에서 하나의 기능에 오래 머물지 말고 다양한 기능을 수행해보는 것이 중요하다. 한 직종에 오래 종사하더라도 그 안에서 다양한 직무를 경험하다 보면 전체적·종합적 관점에서 일을 바라볼 수 있고, 그때야 비로소 일의 의미가 극대화될 수 있기 때문이다.

실천적 지혜가 필요하다

오늘날의 일에는 규칙과 매뉴얼만으로 해결할 수 없는 회색 영역이 너무 많다. 결국 이 회색 영역의 문제를 해결하려면 우리는 실천적 지혜, 한마디로 '상황판단력'을 발휘해야 한다. 이는 평소 사물과 사건을 관심 있게 바라보고 분석하는 생각의 힘에서 나온다.

병건 씨는 회사에서 시설 유지 및 보수를 담당하고 있다. 그런데 어느 날 임직원 화장실에 온수를 공급하는 저장 탱크가 노후화되어 건물 곳곳에 누수가 발생했다. 1.5톤이 넘는 대형 저장 탱크를 교체하려면 대형 중장비와 화기가 동원되어야 했는데, 현장이 매우 협소해 위험요인이 많은 상황이었다. 공사 진행 전 위험요인을 파악하는 회의가 진행되었으나, 회의 때마다 새로운 요인이 추가되면서 공사는 시작조차 할 수 없었다. 반복되는 회의에 모두가 지쳐 냉랭한 분위기였을 때 갑자기 누군가의 혼잣말이 모두의 귀에 들어왔다.

"탱크가 꼭 있어야 하나?"

탱크는 수십 년 동안 있었기에 당연히 교체를 염두에 두고 해결 방안을 찾고 있었는데, 사실 탱크가 없어도 이론적으로는 온수 공급이 가능했다.

그 순간부터 병건 씨와 유관 부서 담당자들은 온수를 탱크에

저장한 후 공급하는 대신 직접 공급하는 것으로 방향을 완전히 바꾸어 회의를 진행했다. 그리고 단순히 배관의 방향만 바꿔주면 된다는 결론에 도달했다.

결과적으로 탱크 교체 비용 절감, 위험요인 제거, 공사 기간 5배 단축이라는 3마리의 토끼를 잡을 수 있었으며, 그 공로를 인정받아 사내에서 상까지 받았다.

위 저장 탱크 시설 보수 사례에서 만약 기존 방식을 고수해 탱크를 교체했다면 어떤 상황이 벌어졌을까? 아마도 위험요인을 다 제거할 수 없기에 부담을 감수하며 어렵게 일을 진행해야 했을 것이다. 나아가서 잠재된 리스크가 더 큰 피해를 불러왔을지도 모른다.

현상과 현황에만 쉽게 집착하는 경향이 있는 우리에게 필요한 것은 무엇일까? 바로 '실천적 지혜'다.

≫ 경험을 통해 암묵지를 가져라

고대 철학자 아리스토텔레스는 어느 날 레스보스섬의 석공이 자를 가지고 작업하는 모습을 주목했다. 표준적인 직선 자는 석판에 둥근 기둥을 조각하거나 기둥 둘레를 재야 하는 석공에게 쓸모가 없었다. 이에 석공은 납으로 자를 만들어 구부려서 사용했다. 이것이 줄자의 시초다. 자기 상황에 맞게 자를 구부리는 모습을 보고 아리스토텔레스는 실천적 지혜의 영감을 얻었다.

상황을 판단하는 힘, 실천적 지혜

그 옛날의 일도 이러했는데 지금은 오죽할까? 기준과 원칙, 매뉴얼만으로는 복잡다단한 우리 시대의 일들을 수행해나가기에 역부족이다. 오늘날의 일에는 규칙과 매뉴얼만으로 해결할 수 없는 회색 영역이 너무 많다. 규칙을 아무리 세세하게 만들었어도 모든 상황에 적용할 만큼 미묘하고 섬세한 차이를 구분할 수 없다. 결국 회색 영역의 문제를 해결하려면 실천적 지혜를 가져야 한다.

실천적 지혜는 기준과 원칙, 지식과 정보를 많이 아는 것만으로는 부족하다. 서로 갈등하는 상황에서 선택과 조정, 판단의 기술이 필요하다. 앞선 사례에서 소개한 시설 보수담당자인 병건 씨가 만약 상황을 고려하지 않고 과거 기준과 원칙에만 따랐다면 값비싼 저장 탱크를 무리하게 설치하면서 자칫 위험한 상황이 발생했을지도 모른다.

실천적 지혜가 표현 때문에 다소 어려운 개념처럼 느껴지지만, 쉬운 표현으로 바꿔보면 이는 '상황판단력'과 같은 말이다. 변하지 않는 원칙에 집착하지 말고 그때그때 상황과 맥락에 따라 유연하게 대응하는 융통성인 셈이다.

경험에서 나오는 지혜가 기업의 성공을 기른다

실천적 지혜는 매뉴얼화하기가 어렵다. 오랜 경험과 순간의 판단력에서 나오는 '암묵지' 같은 것이기 때문에 문서로 작성해 후배에게 전할 수 없다.

지식에는 암묵지와 형식지가 있다. 암묵지는 '학습과 체험을 통해 개인에게 습득되어 있지만 겉으로 드러나지 않는 상태의 지식'을 말한다. 암묵지는 대개 시행착오 같은 경험을 거쳐 체득한다. 형식지는 '문서나 매뉴얼처럼 외부로 표출되어 여러 사람이 공유할 수 있는 지식'을 말한다. 매뉴얼이나 작업지시서와 같이 어떤 형태로든 형상화된 지식은 형식지라고 할 수 있다.

암묵지는 기업의 지식자산에서 매우 중요하다. 남들과 쉽게 공유할 수 없다 보니 암묵지를 가진 중·고령의 고참 직원이 구조조정 등으로 빠져나갈 경우, 기업은 소중한 지식자산을 잃는 상황과 마주하게 된다. 따라서 기업은 어떻게 하면 개인의 암묵지를 형식지로 전환해 다른 사람과 공유하고 전수까지 하게 할지 항상 고민한다.

채용에서도 중요한 암묵지

기업은 채용 과정에서도 개인이 암묵지를 얼마나 가졌는지 측정하려고 한다. 회사 생활에서 일어나는 복잡한 상황을 제시하고 나서 이를 어떻게 해석하고 풀어가는지 보고 지원자가 회사에 맞는 사람인지 아닌지 평가한다. 흔히 입사할 때 보는 직무적성검사에 이런 종류의 질문이 있다.[24]

당신은 얼마 전에 중요한 부서의 책임자로 승진했습니다. 전임자는 덜 중요한 부서로 옮겨 갔습니다. 당신은 해당 부서의 실적이

미미해서 그런 인사조치가 내려졌다고 생각합니다. 특별한 문제는 없었지만 해당 부서의 실적은 그저 그런 편이었습니다. 이제 당신은 해당 부서를 새롭게 이끌어야 합니다. 회사에서는 빠른 성과를 기대하고 있습니다. 다음은 당신이 새로 맡은 위치에서 성공하는 데 필요한 전략입니다. 가장 중요한 전략을 고르세요.

① 언제나 믿을 만한 최하급 구성원에게 일을 맡긴다.
② 상사에게 자주 진척 보고서를 올린다.
③ 무능력자를 해고한다는 내용을 포함해 대대적인 조직개편 계획을 발표한다.
④ 직무보다 사람에게 더 집중한다.
⑤ 구성원들에게 일에 대한 책임감을 심어준다.

이는 심리학자 리처드 와그너가 개발한 암묵적 지식을 측정하는 문제 중 하나다. 이 중에 무엇이 정답일까?

그의 연구에 따르면 성과가 뛰어난 관리자는 ②번과 ⑤번을 선택했고, 부진한 관리자는 ③번을 선택했다고 한다. 얼마나 많은 분이 정답을 맞혔는지 모르겠지만 특정 기업에서 요구하는 암묵지를 갖는 일은 그리 쉽지 않다.

우리나라에서 암묵지가 가장 활성화되어 있는 곳은 기업보다는 군대다. 물론 군대에도 육군 규정이나 병영 생활 지도지침서, 각종 작업 및 정비 매뉴얼 등 형식지가 셀 수 없이 많지만, 막상 군 생활에서 성공을 좌우하는 것은 고참들의 생활 노하우, 즉 암묵지다. 그런 암묵지는 쉽게 전수할 수 있는 것이 아니어서, 속된 표현으로 깨져가면서, 때로는 맞아가면서 자연스럽게 몸에 배게 된다. 물론 습득하는 정도는 사람에 따라 달라서 평균 수준을 따라가지 못한다면 그 사람은 내무반에서 '고문관' 취급을 당하게 된다.

군대와 같은 수준은 아니지만 기업에도 암묵지가 지식의 상당 부분을 차지한다. 꼭 책상머리에 앉아서 하는 일이 아니더라도 상사에게 보고할 타이밍을 잡는 것부터 상사의 취향에 맞는 회식 장소를 찾는 일까지 부서에서 암묵적으로 통용되는 기준과 원칙이 있게 마련이다. 이런 것을 재빨리 간파하는 재주도 '실천적 지혜'라고 할 수 있다.

≫ 주도적이고 자율적으로 일하는 사람이 행복하다

세계적인 호텔 체인인 리츠칼튼은 직원들에게 재량권을 많이 주는 곳으로 유명하다. 호텔 측은 '직원들은 고객의 짐을 들어야 한다'거나 '고객을 안내할 때는 직접 모시고 가야 한다'는 식의 엄격한 고객 서비스 조항을 없앴다. 그 대신 '고객의 소망까지 알아차려 즉각 응대한다'와 같이 직원들이 자발적으로 해석할 수 있는 방식으로 조항 내용을 바꿨다. 각기 다른 고객의 요구에 따라 직원들이 스스로 판단하고 임기응변을 발휘할 수 있는 길을 열어준 것이다. 물론 그 과정에서 직원들의 만족감도 함께 커졌다.

실천적 지혜를 가지려면 무엇보다 개인의 노력이 중요하지만 회사의 도움도 많이 필요하다. 기준과 원칙, 매뉴얼에 얽매여 있는 일은 개인에게 재량권이 없다. 반대로 기준과 원칙, 매뉴얼만 가지고 할 수 없는 일은 개인의 재량권이 일의 성과를 크게 좌우한다.

재량권을 발휘하라

변호사나 의사, 컨설턴트 같은 전문직이나 기업의 고위경영자들이 하는 일은 대부분 일반적 매뉴얼을 적용하기 어렵다. 일의 성격이 매우 복잡하기 때문이다. 늘 새로운 사건과 이슈에 대해 끊임없이 해석하고 복잡한 결정을 내려야 한다. 하지만 그들은 단순직보다 일에서 더 큰 보람을 찾고 행복을 더 많이 느낀다. 자기가 하는 일에서 재량권을 행사할 기회가 더 많기 때문이다.

사람들이 자신의 일을 소명으로 삼고 일에서 만족을 느낄 때 재량권은 중요한 역할을 한다. 재량권을 발휘할수록, 즉 실천적 지혜를 발휘할 기회가 많아질수록 더 행복해진다. 재량권을 발휘할 때 단지 의무감에서 일하는 것이 아니라 내가 주도적으로 그리고 자율적으로 일한다는 만족감을 느낄 수 있기 때문이다.

그래서 앞서 언급한 전문직과 같이 실천적 지혜를 크게 요구하는 일일수록 더 매력적이고 의미가 있다고 느끼게 된다. 더구나 그와 같이 실천적 지혜가 필요한 일은 다른 사람들과의 상호작용이 빈번한 편인데, 이로써 좋은 사회관계를 형성하는 행위는 개인으로 하여금 더 큰 행복을 느끼게 한다.

통찰력을 키워라

개인은 어떻게 실천적 지혜를 가질 수 있을까? '지혜'라는 속성이 의미하듯이 실천적 지혜는 하루아침에 얻을 수 있는 지식과는 다르다. 실천적 지혜를 갖기 위해서는 임기응변, 공감, 경청 그리고 언제 뒷전에 머물고 언제 나서야 할지, 언제 농담하고 언제 위로해야 할지 파악하는 통찰력이 필요하다.

이런 적절한 대인관계 기술과 타이밍을 제대로 간파하는 통찰력을 얻는다면 일을 수행해나가는 과정에서 발생하는 각종 문제에 현명하게 대처할 수 있다.

통찰력은 평소 사물과 사건을 관심 있게 바라보고 분석하는 생각의 힘에서 나온다. 평소 개인의 꾸준한 관찰력이 필요한 일이다. 하지만 자신의 일 영역 안에서만 관심을 갖는다면 나무만 보고 숲은 보지 못하는 시각의 협소함에 매몰되기 쉽다. 사물을 바라보는 통찰력을 키우려면 한 발 멀리 떨어져 바라볼 필요가 있다.

페인트칠에서 배우는 작은 승리 전략

일은 자신의 실력을 고려해 살짝 버겁지만 해낼 만한 수준이 가장 적당하다. 그러나 자신에게 주어지는 일의 수준을 조정하기 어렵다면, 나의 일을 잘게 쪼개 작은 문제부터 해결해보자. 또 일의 효과를 자주 확인할수록 일에 대한 몰입도가 높아진다.

보라 씨는 현장에서 6년간 엔지니어로 일하다 관리 기획으로 직군을 변경했다. 그런데 새로운 업무에 한창 적응해가던 중 갑작스럽게 부서원 한 명이 원래 부서로 복귀하게 되어 부득이 보라 씨가 업무 공백을 메꾸어야 하는 상황이 생겼다.

해당 업무는 시스템 개발 과제로 개발 역량이 필요했다. 인프라 공정 기술 경험만 있었던 보라 씨는 혼자서 업무를 해야 한다는 사실을 쉽게 납득할 수 없었고, 다른 적임자를 찾는 것이 해당 과제의 성공을 위한 최선이라고 생각했다. 하지만 다른 부서원들 역시 시스템 업무 경험이 전무해 해당 업무를 피하는 상황이었다.

더는 이 운명을 피할 수만은 없다는 사실을 직감한 순간, 한 생각이 보라 씨의 머리를 스쳤다.

'어디에나 처음은 있기 마련인데, 그 처음을 허용하는 데 스스로 한계를 둔 것이 아닐까?'

그렇게 보라 씨는 시스템 개발이라는 당차면서도 무모한 도전을 시작했다. 가장 먼저 인맥을 통해 시스템 직군의 사람들을 수소문했고, 그들을 멘토로 삼아 시스템 공부를 시작했다. 훌륭한 동료들은 업무 외 시간을 기꺼이 내주었고, 보라 씨는 자신이 할 수 있는 작은 것부터 차근히 시작했다.

그렇게 1년의 기획, 1년의 개발 과정을 통해 보라 씨는 사내 협력사 환경안전 포털 시스템을 오픈했다. 그리고 지금은 모든 협력사 임직원들이 사외에서 접속해 사용할 수 있는 서비스를 제공하고 있다.

위 사례에서 보라 씨가 새로운 부서에서 본인에게 익숙했던 경험만을 가지고 업무를 수행했다면 그리 어렵지 않게 부서 생활을 해나갔을 것이다. 다음 페이지에 제시된 도표의 항목처럼 '느긋함'을 느꼈을지도 모른다. 그러나 개발 역량이 없는 상황에서 시스템을 개발해야 하는 어려움에 봉착한 보라 씨는 엄청난 스트레스를 받고 '불안'을 겪었다. 하지만 결국 생각을 돌이켜 문제를 마주하면서 '각성'과 '몰입'에 이어 '자신감'까지 끌어올려 만족감을 얻었다. 일을 어떻게 마주할 것인지 생각해볼 수 있는 좋은 사례다.

≫ 살짝 버겁게 일하라

몰입의 대가라고 불리는 칙센트미하이는 과제와 실력의 함수관계에 따른 경험의 특성을 도표로 설명했다. 그는 이 도표를 통해 최적의 경험, 즉 몰입은 자기 실력과 과제의 수준이 높으면서 조화를 이룰 때 나타난다고 주장했다.

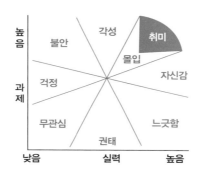

과제와 실력의 함수관계

최적의 경험, 몰입

주어지는 과제의 수준과 직원의 실력 정도는 직원들의 심리에 지대한 영향을 미친다. 자신감에서 권태, 무관심, 불안까지 다양한 심리적 반응을 불러온다. 이 중 심리적으로 가장 안정적이며 행복을 느끼게 하는 반응이 바로 '몰입'이다.

최적의 경험인 몰입은 2가지 변수가 모두 높을 때 나타난다. 몰입이란 '삶이 고조되는 순간에 행동이 자연스럽게 이루어지는 느낌'을 표현하는 말로 물아일체, 무아지경, 황홀경 등의 상태와 비슷하다고 할 수 있다. 칙센트미하이는 '명확한 목표'가 있고 '효과를 곧바로 확인'할 수 있으며, '자신의 능력에 적당한 과제를 수행'

할 때 발생하는 몰입을 통해 삶의 질을 높일 수 있다고 주장했다.

힘겨운 과제가 수준 높은 실력과 결합하면 일상생활에서는 맛보기 어려운 심도 있는 참여와 몰입이 이루어진다. 등반가라면 산에 오르기 위해 젖 먹던 힘까지 짜내야 할 때, 성악가라면 높고 낮은 성부를 자유자재로 넘나들어야 하는 까다로운 노래를 불러야 할 때, 뜨개질하는 사람이라면 편물의 무늬가 이제까지 시도했던 그 어떤 무늬보다 복잡할 때, 외과 의사라면 순발력 있게 대응해야 하는 수술이나 새로운 기법을 도입한 수술을 할 때 바로 그런 경험을 한다. 보통 사람은 하루가 불안과 권태로 가득하지만 몰입 경험은 이 단조로운 일상에서 벗어나는 강렬한 삶을 선사한다.[25]

바로 확인하는 일의 효과

일의 난이도를 자신의 역량에 맞추어 약간 버겁게 유지할 수 있다면 우리는 직장에서 행복을 맛볼 수 있다. 그런데 어느 수준이 내 역량에 비추어 약간 버거운 수준일까? 달성 가능하며 도전할 만한 수준이란 어느 정도를 말할까?

심리학자 리처드 해크먼은 "동기를 극대화할 수 있는 적절한 장소는 성공 가능성이 50 대 50인 지점에 있다"라고 말했다. 건강한 목표는 "한 손에는 희망과 기대를, 다른 한 손에는 실현 가능성을 올려놓고 균형을 맞출 수 있는 수준"이라는 것이다.

그러나 일반적으로 직장에서 주어지는 과제는 앞선 보라 씨의 사례처럼 자신의 마음대로 고르거나 바꿀 수 있는 것이 아닌 경우가 많다. 따라서 달성 가능하면서 도전할 만한 수준이 어느 정도인지에 너무 집착할 필요는 없다. 오히려 칙센트미하이가 몰입의 조건 중 두 번째로 말한 '효과를 곧바로 확인'함으로써 몰입에 빠져드는 전략이 유용할 수 있다.

직장에서 몰입을 경험할 수 있는 가장 좋은 방법은 일의 효과를 바로 확인하는 것이다. 어렸을 때 읽은 마크 트웨인의 소설《톰 소여의 모험》을 떠올려보자.

톰은 휴일을 맞이했으나 친구와 싸운 벌로 이모에게서 판자 담장에 페인트칠을 하라는 벌을 받는다. 일이 하기 싫은 톰은 꾀를 부린다. 지나가는 아이가 "뭐 하는 거야?"라고 묻자 "이건 아무 때나 할 수 있는 놀이가 아니야. 너도 한 번 시켜줄까?"라고 대답한다. 결국 이 말에 아이들은 톰에게 선물까지 쥐여주며 기쁘게 대신 페인트칠을 한다.

왜 아이들이 톰에게 선물을 주면서까지 페인트칠을 했을까? 톰의 지혜, 리더십, 창조적 발상이 아이들로 하여금 일을 놀이처럼 여기게 만들었을 수 있고, 또 아이들이 톰의 감언이설에 넘어간 결과일 뿐이라고 생각할 수도 있다.

판단은 각자의 몫이지만 필자가 생각하는 이유는 단순하다. 페인트칠이 실제로 재미있기 때문이다. 여러 가지 육체적 노동 중 가장 빨리 효과를 확인할 수 있는 일이 '페인트칠'이라고 한다. 페인트칠은 붓질 한 번마다 그 효과가 바로 나타난다. 한쪽 팔이 좌우로 한 번씩 왔다 갔다 할 때마다 일의 결과물이 눈앞에 드러난다. 그래서 페인트칠은 재미있다.

≫ 작은 승리 전략을 구사하라

일도 페인트칠처럼 동작 한 번에 결과물 하나를 만들 수 있을까? 그런 일은 거의 없을 테지만, 그 대신 과제 단위를 쪼개고 쪼개서 조금씩 달성하고 단계를 넘어가는 재미를 느껴보는 것은 어떨까? 복잡하고 어려운 과제처럼 보이는 일도 한 단계씩 밟다 보면 목표가 보이는 법이다.

역산 스케줄링 전략

미시간대학교의 칼 와익 교수는 '작은 승리 전략'을 제안하면서 "산을 오르는 게 겁날 때 이를 극복하는 가장 좋은 방법은 작은 언덕부터 넘는 것이다"라고 강조한 바 있다.

　어떤 문제를 거대하고 불가능한 과제로 인식할수록 무력감과 불안감이 가중된다. 하지만 이를 잘게 쪼개 작은 문제부터 해결하면 상당한 성취감을 느낄 수 있다. 이를 통해 본래 불가능해 보였던 과제도 해결할 수 있다는 자신감을 얻는다. 자고로 "천 리 길도 한 걸음부터"라고 하지 않았는가?

　경영 컨설턴트는 이를 '역산 스케줄링'이라고도 한다. 최종 목표 달성 시간, 즉 미래를 기준점으로 역산해서 지금 당장 해야 할 일을 선택하는 업무 방식을 뜻한다. 역산 스케줄링에서는 달성하고 싶은 목표와 데드라인을 먼저 명확하게 정의한 후, 목표 달성 과정의 징검다리 목표와 데드라인을 정한다. 그리고 그 목표와 관련된 첫 번째 일을 선택해 곧바로 실천한다.

한 단계씩 느끼는 작은 성취감

앞의 사례에서 본인 경험과 상관없이 시스템 개발 업무를 맡게 되며 큰 불안을 느낀 보라 씨는 본인의 업무에 역산 스케줄링 전략을 아주 잘 활용했다고 볼 수 있다. 먼저 미래를 기준으로 현재 본인에게 필요한 멘토들을 모으고 본인의 부족한 역량을 공부하면서 기획 단계에서부터 차근차근 쉬운 일을 해나가기 시작했으며, 정해진 프로젝트의 일정에 따라 순차적으로 난관들을 극복해나갔다.

필자라면 어떻게 했을까? 만약 필자가 보라 씨와 비슷한 상황에 처했다면 가장 먼저 현재 상황을 분석하는 일을 했을 것이다. '시스템은 어떻게 설계되며 실제 업무 현장에서 어떻게 사용되는지' 그 일을 잘 알고 현재 수행하고 있는 직원들을 인터뷰하는 것이 첫 번째 단계가 될 듯하다. 다른 고민은 일단 접어두자. 이번 주까지 인터뷰를 마친다는 계획 아래 질문을 정리하는 일로 프로젝트를 바로 시작하는 것이다.

속담에 "천 리 길도 한 걸음부터"라고 했고, 마빈 게이와 태미 테럴의 히트곡처럼 우리에게 '못 오를 산은 없다Ain't No Mountain High Enough.'

똑똑하게 일할 수 있는 환경을 갖추어라

무언가 매일 바쁘게 일하는 것 같은데, 막상 돌아보면 별로 한 일이 없는 경우가 종종 있다. 그런 일은 대부분 3P, 즉 의전, 관행, 보고서와 관련이 있다. 그러나 시대가 바뀌었다. 기업들이 3P 문화를 점차 멀리하고 있다. 이제는 똑똑하게 일하는 습관을 들이자.

신입 시절 격무에 시달리던 정훈 씨. 자연스럽게 야근이 늘었지만 일을 줄일 수는 없었다. 정훈 씨는 이 상황을 끝내기 위해 동료들에게 자신의 일을 나누어주며 1~2시간만 내달라고 요청했다. 당시 롤모델로 삼았던 선배에게도 도움을 청했다.

그런데 선배는 하루 8시간만 업무에 집중하고 그 외에는 미련 없이 손을 놓아야 내일을 준비할 수 있다며 거절 의사를 밝혔다. 사실 선배는 업무 효율이 좋아 시간이 남아 보이기도 했기에 정훈 씨는 도움을 주지 않는 선배를 원망했다.

그렇게 1년이 지났다. 야근은 그다지 줄지 않았으며, 정훈 씨는 여전히 밑 빠진 독에 물 붓기처럼 제자리걸음을 하고 있었다. 그런데 선배는 추가적인 각종 개선 활동으로 수많은 상을 받는 것이 아닌가? 분명히 같은 일을 하고 있는데 정훈 씨가 얻은 것은 소진과 무기력, 그리고 동료들의 반감뿐이었고, 선배는 충분히 업무를 하면서도 그 이상의 일들도 챙기며 성취감을 얻고 있었다.

정훈 씨는 선배에게 조언을 구했다.

"일을 많이 한다고 잘하는 게 아니야. 얼마나 효율적으로 하는지가 중요해. 효율적으로 일하면 시간이 남고, 그 시간에 내일을 위한 준비와 학습을 하면서 역량이 발전하고, 이게 다시 효율적으로 일하는 토대가 되지. 결국 고난도 업무도 할 수 있게되어서 업무 성과가 자연스럽게 따라왔던 것 같아."

정훈 씨는 선배의 말대로 일하는 방식을 바꿨다. 관행에 따라습관적으로 해오던 불필요한 업무에서는 힘을 빼고, 하루의 목표치를 정해놓고 거기에 집중했다. 그리고 남은 시간에는내일을 위해서 짬짬이 고민하고 학습했다. 꾸준히 노력한 덕분에 야근도 줄고 더 많은 개선 과제의 결과물로 대표이사 모범상까지 받게 되었다.

과거엔 업무를 효율적으로 잘하는 것보다 '농업적 근면성'을 통해엉덩이가 무겁게 일하는 것을 미덕으로 여겼던 시절이 있었다. 새벽같이 출근해서 밤늦게까지 힘들게 일하면서 정작 결과물은 없지만 '누구누구는 참 엉덩이가 무거워서 좋다'라는 말 한마디로 인정받았다고 느꼈던 시대. 이런 시대는 이젠 어디에서도 찾아보기쉽지 않다. 비효율적인 업무 방식은 위 사례의 정훈 씨처럼 절망만안겨준다.

≫ 차별화된 핵심경쟁력

치열한 경쟁환경에서 기업이 살아남으려면 다른 경쟁기업보다 나은 경쟁우위 요소가 있어야 한다. 즉 차별화된 핵심경쟁력이 있어야 한다. 지금까지 우리나라 기업의 핵심경쟁력은 무엇이었을까? 창의성과 아이디어? 탁월한 경영 전략? 세계인을 깜짝 놀라게 하는 마케팅? 세계 최고의 기술력? 여러 의견이 있을 수 있지만, 한국 기업을 세계 최고로 이끈 원동력은 다름 아닌 '스피드와 효율'이었다.

그럼 이 스피드와 효율은 어디서 나왔을까? 무엇보다도 근로자의 희생과 헌신이 바탕이 되었다고 생각한다. 한국 기업을 '빠른 추격자'라고 할 수 있는 것은 목표가 외국 선진기업의 제품이든, CEO가 제시한 재무적 지표든, 따라잡아야 할 대상이 정해지면 전세계 어느 나라보다도 빠르게 따라잡았기 때문이다. 스피드를 위해서 때로는 가정을 희생하고, 야근과 주말 출근도 당연하게 받아들였다.

하지만 이제는 경쟁 상황이 변했다. 더는 몸으로 때우기가 어렵다. 지식과 서비스, 콘텐츠, 소프트 기술과 디자인 능력이 경쟁력의 주요 원천으로 인식되기 시작한 지 오래되었고 우리나라는 이제 이 부문에서도 국제적으로 인정받고 있다.

2022년 9월에 있었던 제74회 에미상 시상식에서 〈오징어 게임〉이 비영어 드라마 최초로 4관왕에 올랐다. 앞서 2020년에 봉준호 감독의 〈기생충〉이 비영어 작품 최초로 작품상을 포함해 아카데미 4관왕에 올랐으며, 이어 2021년에는 배우 윤여정이 미국 영화 〈미나리〉로 한국 배우로는 최초로 아카데미 연기상을 받았다. 음악에서는 BTS와 블랙핑크가 세계적인 인기를 얻고 있는 가운데 한국 가수들의 해외 진출도 활발해지고 있다. 컴퓨터 게임 〈배틀그라운드〉 〈라그나로크〉 〈크로스파이어〉 등이 해외에서 꾸준히 인기를 얻는 등 'K-컬처'에 세계가 열광하고 있다. 이 모든 것이 세계적 인기를 얻게 된 것은 빠르게 따라잡아서가 아니라 뛰어난 기획력과 창의성을 앞세워 꾸준히 세계 시장을 공략한 덕분이다.

'워크 하드'에서 '워크 스마트'로

기획력, 창의성 등의 소프트 경쟁력의 중요성에 동의하지 않는 사람은 없다. 따라서 일하는 방법, 시간, 공간 등을 혁신해 시간 중심의 생산성 관리 개념을 결과 중심으로 전환해야 한다. 과거에는 '내가 시간이나 노력을 얼마나 투입했는가' 하는 인풋에 집중했다면, 이제는 '내가 성과를 얼마나 창출해 기여했느냐'는 아웃풋에 관심을 갖자는 것이다. 즉 매일 일찍 출근해서 늦게까지 야근하는 사람이 일을 잘하는 사람이 아니라, 짧은 시간 일하더라도 결과적으로 영업 실적을 많이 내는 사람이 일을 잘하는 사람이다.

그러다 보니 일하는 시간, 장소, 방법은 중요하지 않다. 성과를 가장 극대화할 수 있는 시간, 공간, 방법을 찾아서 하면 된다. 그래서 많은 기업에서 '워크 스마트' 캠페인을 벌였다. 자신이 원하는 시간에 출퇴근하는 유연근무제나 잔업 최소화, 필요하다면 집이나 집에서 가까운 곳에서 일하는 원격근무 지원, 보고서와 회의와 같은 불필요한 업무 제거, 재충전을 위한 휴가 활성화 등을 시행했다. 그런데 당초 이런 취지로 시작된 활동이 경영진의 눈에는 '똑똑하게 일하기'가 아니라 '쉬엄쉬엄 일하기'로 비춰지기도 했다.

불신을 가져온 데는 직원들의 책임도 적지 않다. 똑똑하게 일하는 방식을 통해 성과를 높인다는 본래 취지를 잊은 채 단지 일찍 퇴근하고, 쾌적한 근무환경에서 근무하는 것을 워크 스마트로 오해하는 직원도 있다. 워크 스마트는 일을 적당히 하자는 의미가 아니다. 이른바 꿈의 직장이라는 구글의 환상적인 근무환경이나 넷플릭스의 규칙 없는 자율성 부여는 철저한 업무 성과 창출과 책임 부여라는 동전의 양면을 갖고 있다. 겉으로는 자유롭고 여유로워 보이지만, 그 이면에는 가혹한 평가 시스템이 있다. 체계적·주기적인 상사와 동료의 평가를 통해 의미 있는 성과를 내지 못한다고 판단된 직원은 자연스럽게 그곳을 떠날 수밖에 없다.

취지를 잘 살린 워크 스마트가 우리나라 직장에서 자리 잡아야 한다. 경영자와 직원들은 워크 스마트에 대한 잘못된 인식을 바로잡고 서로 신뢰하면서 더 나은 업무 방식을 강구해야 한다.

≫ 일의 몰입을 방해하는 3P

워크 스마트를 말하기 전에 여전히 기업에 만연한 불필요한 일과 본연의 업무에 방해되는 관행을 최소화하면 더 가치 있는 일에 몰입할 수 있다. 기업 현장에서는 이미 이런 형태의 조직 문화 개선 활동을 많이 한다. 그중 대표적인 것이 3P를 몰아내는 활동이다. 3P라고 하면 직무 몰입을 방해하는 대표적인 3가지 요소를 말하는데, 의전Protocol, 관행Procedure, 보고서Paperwork가 이에 속한다.

의전

우리 사회는 서구 사회보다 상사 의전 문화가 매우 중요시된다. 서구 사회도 의전이 중요시된다고 주장하는 이들이 있는데, 그건 그럴 만한 상황과 장소에서 상대방에게 반드시 지켜야 할 에티켓을 강조하는 경우다. 우리나라처럼 연장자나 상사에 대한 규범적 성격의 예의와는 다르다. 그러다 보니 업무수행 과정에서 이에 신경 쓰다 정작 해야 할 일을 그르치는 경우가 허다하다.

예를 들어, 직급이 높은 상사와 함께 해외 출장을 가게 된 부하 직원이 실무와 관련된 준비보다 부수적인 준비에 더 신경 쓰는 모습을 흔히 볼 수 있다. 실제로 한 직원은 현지 미팅 대상자의 직책을 상사와 동급으로 부탁하고, 대상자들의 프로필을 정리하며 선물을 준비하고, 심지어 현지 문화 조사에 상사의 입맛에 맞춘 한식당과 잠자리까지 챙기며 시간을 보내다 정작 중요한 인터뷰 질문지 작성에는 집중하지 못한 경우도 있었다. 회사에서는 큰 비용을 들여서 출장을 나가는데, 이처럼 불필요한 격식과 과도한 의전 때문에 정작 집중하지 못한 일의 기회비용이 얼마나 큰지 신중히 따져봐야 한다.

관행

3P의 두 번째는 일하는 절차나 관행이다. 습관적으로 정해지고 불필요하게 늘어지는 긴 회의, 할 일이 없는데 상사 눈치를 보느라 늦어지는 퇴근, 야근을 당연시하는 상사들의 고정관념 따위로 고통스러웠던 경험은 직장인이라면 누구나 한 번쯤 있을 것이다. 그런데 어느덧 직급이 올라가면서 자신부터도 타성에 젖어 불필요한 관행에 무감각해지는 것은 아닌지 되돌아볼 필요가 있다.

특히 회의하느라 일할 시간이 없다고 토로하는 직장인이 많다. 기업 내 여느 부서의 하루를 유심히 살펴보면 왜 그런지 이유를 알 수 있다. 한 부서를 책임지는 부서장의 위치에 오르면 회의 자체가 일이다. 회의에서 보고를 받고, 정보를 수집하고, 의견을 듣고, 지시하고, 결정을 내린다. 회의 구성원은 단둘이 될 수도 있고, 부서원 전체가 될 수도 있다. 하지만 부서장들을 위해서 일하는 직원들의 처지는 다르다. 구성원에 상관없이 기본적으로 회의 자체가 아니라 회의를 준비하는 일이 직원들 몫이다.

부서의 하루 일과는 임원이나 부서장을 중심으로 흘러간다. 그들은 업무시간에 자기 일을 하느라 사람들을 불러 모으고 회의를 열어 주재한다. 일과 중 회의가 끝나면, 직원들은 다음 날 있을 회의를 위해 또 야근을 한다. 야근의 주범이 회의일 때가 많다.

보고서 작성

3P의 마지막은 문서 업무다. 대다수 직장에서 보고 문화를 개선해

보려고 애쓰지만 여전히 상사에게 올릴 보고서를 만드느라 시간을 많이 보낸다. 구두나 간단한 메모로 충분히 대체할 수 있는 보고인데도 형식과 틀을 맞추느라 고생하는 일이 비일비재하다. 그 시간에 더 나은 대안과 아이디어를 고민하는 게 훨씬 생산적인 것은 두말할 것도 없다.

≫ 똑똑하게 일하기 위한 4가지 팁

이러한 3P, 즉 과도한 의전과 관행, 불필요한 보고 문화가 해소되지 않으면 직무 몰입은 요원할 뿐이다. 그렇다면 3P와 같은 불필요한 관행은 어떻게 없앨 수 있을까? 많은 기업에서 해결책을 고민하지만 각각의 문제점에 대한 임시적·대증적 캠페인과 같은 요법에는 한계가 있다. 타성은 무서운 것이어서 어느새 관행으로 돌아가는 일이 부지기수다.

이 때문에 근본적으로 일하는 방식을 바꿔야 한다. 한두 가지 제도를 개선하는 것만으로는 일하는 방식을 바꾸기 어렵다. 우리 사회 전반에서 경쟁력의 변화가 필요하다는 공감대가 형성되어야 한다.

똑똑하게 일한다는 것이 대단히 어려운 일은 아니다. 업무환경과 회사의 적극적 지원이 있다면 금상첨화겠지만, 그렇지 않더라도 직원 개개인이 시도할 방법이 있다. 이런 차원에서 실질적으로 도움이 되는 '진정 똑똑하게 일하기' 팁을 몇 가지 제시하면 다음과 같다.

한 가지 일에 집중하라

1800년대 영국의 사회운동가 새뮤얼 스마일스가 쓴 자기 계발서의 원조 《자조론》에 보면 이런 대목이 나온다. "많은 일을 하는 최고의 지름길은 한 번에 한 가지 일만 하는 것이다." 이는 시대가 변해도 여전히 유효하다.

그러나 직장에서 한 가지 일만 주어지는 경우는 거의 없기 때문에 멀티 태스킹이 필요할 수밖에 없다. 그렇더라도 가급적 일을 동시에 벌이지 말고 한 가지 일을 마무리하고 나서 다른 일을 시작하는 것이 좋다. 끝내지 못한 일이 있으면 심리적으로 계속 신경이 쓰이게 마련이므로 주의를 분산하지 않도록 해야 한다.

퇴근 시간이 내 업무 마감 시간이라고 압박하라

'업무량 보존의 법칙'이라는 말이 있다. '야근한 다음 날은 업무 효율이 떨어져 결국 업무량의 총합은 비슷해지더라' '어차피 야근할 텐데 낮에 쉬엄쉬엄하자'라는 생각이 일하는 시간을 고무줄처럼 늘린다. 업무는 주어진 시간대로 늘어나는 법이다.

처음 사례로 돌아가, 정훈 씨가 선배에게서 충고를 받고 실행한 첫 번째 행동은 '하루의 목표치를 정하고 집중하기'였다. 무슨 일이 있더라도 업무 종료 시각 안에 끝낸다는 생각으로 일을 진행했기 때문에 내일을 준비할 여유가 생겼다. 실제로 이처럼 행동할 때

'마감효과'라는 것이 있어서 집중력도 높아진다.

한 가지 예로 세계경영연구원 김용성 교수는 독특한 방법으로 자신에게 시간 압박을 가한다. 그는 종종 노트북의 전원을 뽑고 노트북 배터리 전력으로 작업한다. 노트북의 배터리가 다 닳기 전에 일을 마무리하겠다는 의지의 표현이다. 이 방법 덕분에 매번 긴장감이 넘치고 효율이 극대화되는 것을 느낀다고 한다.

일에 방해되는 요인을 없애라

몰입하기 위해서는 방해받지 않아야 한다. 의도적으로 주변에 방해되는 요인을 없애보자. 메신저를 로그아웃 상태로 바꾼다거나 책이나 화분을 이용해 책상 주변에 칸막이 효과를 주는 것도 좋다. 필자는 가끔 실제로는 아무것도 듣지 않으면서 이어폰을 꽂고 있다. 누군가 말을 걸면, 짐짓 못 들은 체한다.

중요한 일에 매달려라

사람들이 바쁘게 일하는 데는 이유가 있다. 바쁘게 움직이며 일하는 척하는 사람이 회사와 상사에게 인정받을 확률이 높기 때문이다. 그렇다고 해도 마냥 바쁘기만 해서는 안 된다. 긴급한 일과 중요한 일 중 무엇을 먼저 할 것인가? 당연히 중요한 일이다. 긴급하다고 하는 일의 상당수는 잘 따져보면 그렇지 않은 경우가 많다. 긴급해 보여야 하는 일이 부지기수다. 하지만 중요한 일을 처리하지 않고 미루면 조만간 그 일은 더 중요하면서도 긴급한 일이 된다.

'디테일'에 집착하지 마라

일을 꼼꼼하고 완벽하게 처리하면 직장에서 좋은 평가를 받을 수 있다. 그런데 모든 일을 완벽하게 하는 것이 도대체 가능한 일일까? '완벽'이란 내가 선택한 전략과 영역 안에서 완벽을 기하겠다는 뜻으로 생각하라. 게다가 요즘 세상에는 완벽보다는 속도가 중요하다. 70퍼센트 정도 준비되었다고 생각하면 과감히 시도해야 한다.

박 상무는 해마다 열리는 1박 2일짜리 전사 전략 콘퍼런스를 준비하기 위해 3개월 전부터 준비 TF팀을 조직했다. 올해 콘퍼런스에는 신임 CEO와 최고 임원들이 직접 참석할 것이라는 소식이 있어 의전에 신경을 많이 썼다.

'디테일'을 특히 강조하는 CEO를 위해 행사 시작 전부터 행사가 끝난 이후 만찬까지 모든 임원의 동선과 일정을 거의 분 단위로 체크했다. 사소한 실수도 있어서는 안 되기에 미술에 관심이 많은 CEO를 위해 동선에 배치된 여러 미술품의 작가와 설치 배경 등을 매뉴얼화해서 안내 직원에게 달달 외우게 했을 정도다. 콘퍼런스 중 한 사람의 발표가 끝난 후 다음 사람의 발표로 전환되는 순간에도 CEO가 느끼기에 군더더기가 없도록 사회자의 멘트와 영상, 음악을 맞추느라 방송팀은 며칠 밤을 꼬박 새워야 했다. 과연 모든 준비는 완벽했을까?

기대와 달리 박 상무는 콘퍼런스가 끝난 뒤 고위 임원에게 불려가 디테일이 부족하다는 질책을 들었다. 무슨 일이 벌어진 걸까?

문제는 CEO와 고위 임원에 대한 의전이 아니었다. 직원들의 불만이었다. 과거에 비해 콘퍼런스의 규모가 커졌는데도 참가 등록 부스 수를 충분히 늘리지 않아 아침부터 직원들이 길게 줄을 섰고, 준비한 커피와 다과가 금세 동이 나버렸던 것이다.

박 상무는 본인이 중요하다고 여긴 신임 CEO의 의전에 집중해 디테일까지 챙겼지만, 정작 콘퍼런스의 주 고객인 직원들에 대해서는 디테일을 신경 쓰지 못했다. 아니, 신경 쓸 자원이 없었다는 것이 정확한 표현이다.

≫ 디테일에도 선택과 집중이 필요하다

요즘 디테일의 중요성을 강조하는 사람이 많다. 무엇이든 완벽하게 준비해서 나쁠 것은 없다. 문제는 우리에게 모든 것을 완벽하게 준비할 자원(인력, 시간, 비용, 장비 등)이 있느냐는 것이다.

기업경영은 한정된 자원에서 성과를 최대한 뽑아내는 활동이다. 이때 주어진 자원을 최적으로 활용하는 것이 중요한데, 사람들은 너무 자잘한 것, 혹은 별로 중요하지 않은 것에 매몰되어 더 큰 흐름을 놓치는 경우가 많다. 따라서 현실에서 디테일에 신경 쓴다는 것은 '본인이 선택한 전략에 한해서 완벽을 추구한다'는 의미라고

볼 수 있다.[26]

디테일 추구의 치명적 결함

디테일의 힘을 강조하는 책에서는 대부분 사소해 보이지만 결정적으로 비즈니스의 성패를 가른 사례를 다루는 데 많은 분량을 할애한다. 우주선이 너무 소중해 신발을 벗고 탑승한 사소한 행동 덕분에 나머지 후보들을 제치고 인류 최초로 우주인이 된 유리 가가린이나 면접장에 떨어진 휴지를 주운 덕분에 입사하고 결국 회장 자리까지 올랐다는 다소 과장되어 보이는 이야기 등등 디테일을 강조하는 사례는 매우 다양하다.

  그런데 이런 이야기가 간과하는 한 가지 사실이 있다. 이 모든 설명은 결국 결과론적 설명이라는 것이다.

  결과론 내지 기능론적 설명을 쉽게 풀이하면, 어떤 특정 '부분' 또는 '요인'이 '전체' 또는 '결과'를 위해 수행되었다고 보는 것이다. 가가린이 인류 최초로 우주인이 될 수 있었던 것은 우주선에 신발을 벗고 올라탄 사소한 행동 덕분이며, 한 면접자가 회장까지 승진할 수 있었던 것은 면접장에 떨어진 휴지를 주울 만큼 세세한 부분에 신경 썼기 때문이라는 것이 기능론적 설명이다.

  이런 기능론적 설명은 '성공'한 사람들의 사례는 설명할 수 있지만, 반대로 '성공하지 못한' 보통 사람들을 설명하는 데는 한계가 있다. 당신도 면접장에서 떨어진 휴지를 보았다면 주웠을 수 있다. 그러나 휴지를 주운 모든 사람이 성공하는 것은 아니다. 디테일에 주목하는 이들은 성공 사례에만 주목할 뿐 실패 사례는 고려하지 않는다. 제대로 보려면 성공한 사람뿐 아니라 그렇게 했음에도 성공하지 못한 사람도 함께 봐야 한다.

사후확증 편향의 오류

다른 이들과 구분되는 그 사람만의 독특하고 차별화된 디테일은 실제로 성공과는 별 관련이 없는 경우가 많다.

일반적으로 골프에서 차별화된 디테일을 성공요인으로 분석하려는 시도가 많다. 한 예로 미국 PGA 투어 프로인 짐 퓨릭은 스윙 폼이 특이한 것으로 유명하다. 8자 스윙으로 불리는 그의 스윙은 백스윙과 다운스윙의 궤도가 일치하지 않는다. 스윙 도중 그의 하체는 춤추는 듯 앞뒤로 흔들거린다. 그가 스윙하는 모습만 보면 골프를 전혀 모르는 사람이라고 여길 정도다. 그런데도 그는 지금까지 미국 PGA 투어에서 수많은 우승을 거머쥐었다.

스윙 폼이 일반적이지 않다 보니 그의 골프 성공요인을 스윙 폼에서 찾으려는 시도가 많다. 짐 퓨릭과 같이 독특한 스윙 폼이나 퍼팅 폼, 스윙 전에 하는 독특한 행동은 사람들의 관심을 끌고 승리 요인으로 분석되기도 한다. 그러나 전문가들은 개인의 독특한 습관과 행동이 성공으로 이어지느냐에 대해 직접적인 상관관계가 있다고 보기는 어렵다고 말한다. 그런 행동을 하는 당사자에게는 그런 독특함이 신체 구조상 또는 심리적 안정 면에서 유리하게 작용할지 몰라도 다른 사람이 따라 하기는 어렵다는 것이다.

이는 심리학의 '사후확증 편향'으로도 설명할 수 있다. 사후예측으로도 통하는 이 말의 뜻은 어떤 일이 벌어진 뒤 '그 일이 결국에는 벌어질 수밖에 없었다'라며 이전부터 알고 있었던 척하는 말이나 행동을 일컫는다.

누군가 성공했다고 하면, 우리는 그 사람의 성공요인을 찾아보려고 한다. 그리고 다른 사람과는 다른 그 사람만의 차이점을 찾으려 든다. 사람들이 대부분 공유하고 있는 행동보다는 그 사람만의 독특한 행동과 사건이 다른 사람들에게 성공요인이라고 이해시키기 쉽기 때문이다. 그러다 보니 디테일의 차이를 강조할 수밖에 없다.

≫ 디테일을 상황에 따라 다르게 추구하라

디테일을 추구하는 것의 치명적 결함이 또 하나 있다. 모든 일을 완벽하게 처리하기는 실제로 불가능하다는 것이다. 물론 자원과 기회가 무한하다면 어느 정도까지는 디테일을 챙길 수 있겠지만 그마저도 한계가 있다. 선택지가 서로 모순되는 상황이 그 예다. 어느 한쪽 전략을 취하면 불가피하게 다른 쪽 전략은 포기할 수밖에 없는 상황은 기업 현장에서 숱하게 생긴다.

"그래! 결심했어!"라는 대사로 유명했던 〈TV인생극장〉을 기억하는 분이 있을까? 이 텔레비전 프로그램에서는 주인공이 어떤 선택의 기로에서 2가지 길을 모두 가볼 수 있었다. 이런 가상 상황에서야 이쪽 선택도 해보고 저쪽 선택도 해볼 수 있겠지만, 현실의 비즈니스 환경에서는 2가지를 모두 선택해 시도해볼 수 없다.

그럼 어떤 영역, 어떤 전략에서 디테일을 추구해야 할까? 그것은 기업이 처한 상황이나 성장단계, 경쟁환경에 따라 다르다. 따라서 모든 디테일에 완벽을 기하겠다는 것은 아무것도 안 하겠다는 말이나 다름없다. 모든 것을 다 하겠다는 것은 전략이 아니다. 하버드대학교 마이클 포터 교수는 "전략은 하지 않을 일을 선택하는 것이다"라고 정의했다.

픽사의 브래드 버드 감독 역시 이렇게 말했다.

"완벽하게 찍어야 할 장면도 있지만, 훌륭한 수준에서 찍어야 하는 장면도 있다. 경우에 따라서는 환상을 깨지 않을 정도로만 찍어도 되는 장면이 있다."

즉 디테일에도 선택과 집중이 필요하다는 것이다. 그는 물이 출렁거리는 장면에서는 대야를 가져다 놓고 촬영하기도 했고, 비행접시 장면도 그냥 접시를 던져놓고 촬영하기도 했다고 한다. 이렇게 번 시간과 노력으로 브래드 감독은 시나리오의 완성도를 높였다.

모든 일에 디테일하겠다는 환상을 버려라. 실제로 불가능한 일에 엄청난 에너지를 쏟아붓는 것은 큰 자원 낭비다. 오히려 우리에게는 다음과 같은 자세가 필요하지 않을까?

자원을 투입할 영역의 선정

첫째로, 디테일해야 하는 영역을 제대로 선정하는 능력을 키워야 한다. 이는 일을 제대로 수행하기 위해서 어떤 분야가 가장 중요한지 판단할 수 있는 능력을 말한다. 즉 디테일을 챙기는 능력이 아닌 일을 전체적으로 조망하는 능력이 필요하다는 것이다. 일의 목적, 가치, 기대효과 등을 종합적으로 고려해 가장 우선시되는 영역을 찾는 데 먼저 자원을 투입해야 한다.

여기에 '파레토 법칙'이 적용될 수 있다. '80 대 20의 법칙'으로 우리에게 잘 알려진 이 법칙에 따르면 일반적으로 국민의 20퍼센트가 그 나라 부의 80퍼센트를 소유하고 있으며, 회사 성과의 80퍼센트는 20퍼센트의 인재가 창출한다고 한다. 이는 일의 디테일에도 적용할 수 있다. 어떤 한 가지 일에 100퍼센트의 시간과 노력을 쏟아부을 거라면, 무엇을 할지 안 할지를 판단하는 데 20퍼센트의 노력을 쏟아라. 그러면 이미 80퍼센트의 일을 한 것이나 마찬가지다. 필요하다면 그 이후에 디테일을 고민해도 되고, 아니면 다른 일을 할 수도 있다. 이는 100퍼센트의 시간과 노력이 필요할 일을 절반으로 줄일 방법이 될 것이다.

디테일이 아닌 속도의 집중

둘째로, 디테일을 찾기보다 속도에 집중해야 한다. 더구나 최근과 같이 급변하는 경영환경에서는 디테일한 완벽주의를 추구한다는 것 자체가 어리석은 일이다. 바로 한 분기 앞을 내다보기 어려울 만큼 빠르게 변화하는 흐름 속에서 한 가지 의사결정에 시간을 많이 쓸 수는 없다. 일의 70~80퍼센트가 준비되었다면 곧바로 실행에 옮기는 것이 현명하다.

국민 애플리케이션인 카카오톡을 개발한 이석우 대표는 항상 빠른 실행력의 중요성을 강조한다. 카카오톡은 개발자 넷이 모여 기획에서 디자인, 개발까지 2개월 만에 만들어냈다고 한다. 그는 "한 가지 아이디어를 놓고 1년 넘게 서비스를 준비했지만 고객의 반응을 전혀 얻지 못했던 이전의 뼈아픈 실패가 교훈이 되었다"라고 했다. 너무 깊이 생각하다가는 기회를 놓칠 수 있다.

《논어》에 보면 공자도 불확실성 앞에서 결단을 미루는 이들에게 숙고 횟수를 줄이라고 조언한 바 있다. 공자가 살던 시대에 노나라 국정을 실질적으로 쥐락펴락하던 계문자라는 인물이 있었는데, 그는 한 사안을 두고 세 차례 검토한 뒤 비로소 실행에 옮겼다고 한다. 공자가 그 이야기를 전해 듣고 한마디했다.

"두 차례 검토했으면 괜찮다."

당신이 준비하는 지금 그 일도 두 차례쯤 검토했는가? 그렇다면 충분하다. 더 고민하지 말고 실행하라.

준비한 사람이 기회를 잡는다

아무리 여러 노력과 시도를 해도 현재 업무에 만족하지 못한다면 다른 직장으로 옮기거나 부서 이동도 고려할 수 있다. 그러려면 흥미가 생기는 분야에 지속적으로 관심을 가지고 미리 준비해야 한다. 복권을 사지도 않고 당첨되는 사람은 없다. 세상에서 기회를 잡는 사람은 이미 그 기회를 잡으려고 준비한 자들이다.

필자가 인사팀에서 해외인사 업무를 담당하던 시절, 홍보팀 김 대리가 면담을 신청했다. 그는 부서장 추천으로 선발이 진행되는 해외 MBA 양성파견제도에 지원하려는 참이었던 터라 선발 시기와 자격 요건 등의 정보를 듣고 싶어 했다.

"과장님, 이번 해외 MBA 양성과정 선발과 관련해 필요한 조건이 궁금해서요."

"김 대리님은 보니까 고과는 괜찮은데 영어 등급이 없네요? 먼저 2급 이상으로 올려야겠어요."

김 대리는 멋쩍게 웃으며 대답했다.

"아, 제가 영어는 잘해요. 자신 있어요. 원래는 2급인데, 2개월 전에 유효기간이 만료되었지만 금방 따면 됩니다."

"김 대리님! MBA 가고 싶으면 다음 달까지 인사카드에 반영이 되어야 해요. 그냥 영어를 잘하는 건 의미가 없어요. MBA 후보가 되려면 어학이 필수조건이라 인사카드상에 어학 등급이 기재되지 않으면 아무리 고과가 좋고 부서장이 추천해도 선발되기 어려워요."

위 사례의 김 대리는 현재 법인장으로 해외에서 근무하고 있다. 동료들보다 임원도 빨리 달았다. 당시 회사 스폰서의 MBA를 노렸지만 인연이 닿지 않았는데, 뜻밖의 곳에서 기회가 찾아왔다. MBA에 지원하려고 준비한 어학과 고과 자격 덕분에 지역전문가에 선발된 것이다. 그는 지역전문가로 1년간 지내다 돌아와서 얼마 되지 않아 해당 지역 주재원으로 다시 부임했다.

≫ 기회는 준비된 자에게 온다

어떤 사람은 누군가의 성공을 요행수로 취급하기도 한다. 실제로 행운이나 타이밍은 성공 여부를 좌우하는 중요한 요인이기는 하다. 그러나 운이 좋아서 성공하는 일도 기본적인 조건이 구비되지 않았다면 결코 일어날 수 없다. 로또복권을 사지도 않고 당첨을 꿈꾸는 사람은 세상에 없다. 세상에서 기회를 잡는 사람은 이미 그 기회를 잡으려고 준비한 이들이다.

지금까지 당신이 잘하는 영역을 알고 일의 양을 줄이거나 늘려서 또는 일의 난이도를 조정해서 잡 크래프팅 할 것을 제안했다. 그런데 그것으로도 현재의 일이 즐겁고 보람 있지 않다면 다른 방법을 찾아야 한다.

그것은 바로 다른 일을 찾아보는 것이다. 기업 조직에서 다른 직무나 부서로 이동하는 것은 말처럼 쉽지 않다. 그렇지만 아무것도 하지 않는 사람은 기회를 자기 것으로 만들 수 없다.

기회는 언젠가는 찾아온다. 그 기회를 붙잡으려면 자기 일에만 매몰되지 말고 고개를 들어 늘 주변을 살펴야 한다. 세상과 회사가 어떻게 돌아가는지 알아야 기회를 발견할 수 있다. 기회가 와도 기회인지 모르고 지나간다면 누구를 탓할 수 있겠는가?

볼 줄 아는 눈과 붙잡을 수 있는 의지

영업 성과를 올리려고 고객 대상 이벤트를 자주 열던 영업담당자가 있었다. 그는 이벤트를 하면서 어느새 그 일을 즐기고 있는 자신을 발견했다. 자신에게 행사를 기획하고 운영하는 소질이 있었던 것이다. 이를 눈여겨본 회사는 그의 업무를 영업에서 이벤트 기획으로 변경해주었다. 뜻이 있는 곳에 길이 있다.

삼성전자의 사내벤처 프로그램 C-Lab 탄생의 계기가 되었던 장애인용 안구 마우스 아이캔eyecan 개발 역시 한 직원의 지속적인 관심이 있었기에 가능했다. 이 직원은 사내 TED 행사에서 평소 자신이 가지고 있던 아이디어를 제안했다. 몇몇 직원이 이 제안에 동참했고 이 소식을 전해 들은 회사는 이들에게 아예 개발 시간과 사무실을 제공하기에 이르렀다. 이는 삼성전자 C-Lab의 1호 과제가 되었다.

이처럼 평소 관심 있던 분야에 대해 꾸준히 준비하면 언젠가 빛을 발할 기회를 만나게 된다.

맥도날드 창업자 레이 크록의 일화를 보자. 1950년대 미국의 주방기기 회사 릴리 튤립 컵 컴퍼니 영업 책임자였던 레이 크록은 어느 날 캘리포니아 인근의 작은 레스토랑에서 멀티믹서를 무려 8대나 구입해 갔다는 말을 듣고 그곳을 찾았다. 현장에 도착한 순간 그는 깜짝 놀랐다. 가게는 햄버거와 밀크셰이크를 사려는 손님들로 밤늦게까지 문전성시를 이루었기 때문이다.

여기서 보통 영업담당자 같으면 믹서기를 얼마나 더 팔 수 있을지 생각했겠지만, 레이 크록은 다른 방식으로 접근했다. 주인 형제에게 새로운 가게를 열게 해주면 총 판매액의 0.5퍼센트를 지불하겠다고 제안한 것이다. 형제가 그 제안을 수락한 덕분에 그는 가게를 열 수 있었다. 그 식당의 이름이 바로 '맥도날드'다. 다트머스대학교 대학원생을 대상으로 한 강연에서 그는 이렇게 말했다.

> 사람들은 내가 53세가 되어서야 맥도날드를 창업해 하루아침에 성공했다는 데 놀라움을 표한다. 하지만 나는 보이지 않는 곳에서 묵묵히 재능을 갈고닦다가 좋은 기회가 왔을 때 꽉 잡았을 뿐이다. 내가 하루아침에 성공한 것은 사실이다. 그러나 그 아침을 맞이하기까지 나는 30년이라는 길고도 긴 밤을 보냈다.[27]

그렇다. 그가 53세에 새로 도전한 일은 그날 즉흥적으로 결정한 것이 아니었다. 그는 이미 그전부터 자신에게 주어진 일에 만족하기보다는 꾸준히 고개를 들어 주변의 가능성을 관찰해왔다.

사람들은 자신에게 기회가 오지 않는다고 한탄하지만 신은 준비된 자에게는 기회가 왔을 때 절대 놓치지 않을 안목을 선사한다고 했다. 비즈니스 전문가인 로렌드 굴드는 "볼 줄 아는 눈과 붙잡을 수 있는 의지를 가진 사람이 나타나기까지 기회는 잠자코 있을 뿐이다"라고 했다.

내 일이 아니라도 잘할 수 있거나 흥미가 생기는 분야에 대해서는 꾸준히 관심을 가져보자. 그러다 보면 새로운 기회를 포착할 수 있다.

≫ 관심 영역의 확장

기업 법무팀에서 지식재산권 관리 업무를 담당하는 형우 씨는 평소 수많은 엑셀 또는 수기 문서를 관리하는 데 시간이 과도하게 걸린다고 생각했다. 그래서 이를 시스템화하기로 결심했고 이를 위해 RPA(로보틱 처리 자동화)에 대해 배우기 시작했다. 법무 쪽과는 완전히 다른 영역의 업무였지만 점점 흥미가 붙으면서 그 일을 재미있어하는 자신을 발견했다. 형우 씨는 본인의 시도가 회사 업무 전반에 큰 변화를 일으킬 것이라고 기대한다.

우리가 하는 일의 울타리 너머에서는 또 다른 많은 일이 벌어지고 있다. 현재 맡은 역할과 책임에만 시선을 고정하지 말자. 때로는 과감하게 새로운 영역에 도전해보자. 그렇게 하기 전에 나에게 좋은 기회가 될 영역을 볼 줄 아는 눈과 붙잡을 수 있는 의지를 키워야 한다. 그리고 지금 하는 일의 영역 가까운 곳부터 관심을 점차 넓혀가자.

자신이 어떤 영역에서 소질을 발휘할지 미리 알 수 있는 사람은 별로 없다. 그것을 알려면 가급적 여러 영역을 시도해보아야 한다. 형우 씨는 본인의 단순 업무를 시스템화해서 좀 더 효율화하고 고차원적인 일을 하기 위해 관심사를 확장했다. 이처럼 이미 관심이 있는 일부터 해보는 것이 좋다. 그러고 나서 조금씩 관련 영역으로 움직이자. 새로운 영역을 배우는 일은 언제나 어려우니 어느 정도 인내심이 필요하다는 점을 잊지 말아야 한다.

좋은 네트워크 형성하기

기회를 잡기 위해서는 좋은 인간관계를 유지하는 것도 매우 중요하다. "천시불여지리 지리불여인화天時不如地利地利不如人和"라는 맹자의 말이 있다. '하늘의 때는 땅의 이득만 못하고, 땅의 이득은 사람의 화합만 같지 못하다'라는 뜻으로, 좋은 인간관계나 네트워크는 하늘이 주는 천운보다 때로 더 큰 역할을 한다는 점을 강조한 말이다.

더구나 우리 사회는 개인과 집단이 조화를 이루기를 강조하고 평판을 중요하게 여기다 보니 평판이 좋지 못하면 새로운 일을 시작할 때 상당히 불리하게 작용할 수 있다. 평상시 맺어놓은 인간관계는 새로운 기회를 포착하는 데 도움이 되기도 하지만 때로는 될 만한 일을 망칠 수도 있다.

워런 버핏은 "평판을 쌓는 데는 20년이 걸리지만 무너뜨리는 데는 단 5분도 안 걸린다"라고 말했다. 그러니 직장에서 칭찬은 받지 못하더라도 최소한 적은 만들지 말아야 한다.

"제가 한번 해보겠습니다"가 연 기회
서기정 (삼성웰스토리)

제가 품질관리 업무로 경력 입사를 했을 때의 일입니다. 당시 안정성 관리사업의 일환으로 식약처에서 위해상품 판매차단시스템을 개발해 보급하고 있었습니다. 그런데 식품 회사들은 식약처 게시판에 위해상품이 공지되면 해당 상품이 판매되지 않도록 자체적으로 관리하고 있어서 굳이 비용을 들여서 해당 시스템을 도입할 필요성을 느끼지 못했습니다. 시스템 관련 업무이다 보니 품질관리팀에서 주관해야 하는지, 전산팀에서 주관해야 하는지도 불분명했고요.

회사 업무를 하다 보면 종종 경계가 애매하거나 노력 대비 성과를 내기가 어려운 업무가 있습니다. 그런 업무를 맡다 보면 이 업무를 꼭 해야 하는지 의문이 드는데, 이 시스템 개발 업무가 바로 그런 경우였습니다. 꼭 해야 하는 업무가 아니다 보니 할까 말까 고민이 되었지만, 결국 부서 업무 회의에서 조심스럽게 "제가 한번 해보겠습니다" 하며 손을 들었습니다. 급식업체의 일등 기업으로서 해당 시스템을 획득하는 게 우리 회사의 핵심가치인 최고 지향과 변화 선도에 부합하는 일이라는 생각이 들었거든요.

모든 업무가 그렇듯 시작은 매우 어려웠지만, 솔선수범하는 제가 기특했는지 유관 부서의 협조가 필요할 때마다 부서장님께서 회의에 직접 참석해 적극적으로 지원해주셨습니다. 전산 부서는 시스템 설계 및 구축과 관련된 업무를 지원했고, 관리/재무 부서는 긴급 예산 편성 및 경비처리를, 구매/물류 부서에서는 상품정보 연계 지원 등 여러 부서의 도움을 받았습니다. 그 결과 단체급식 분야 최초로 위해 상품 판매차단시스템 인증을 취득하는 쾌거를 이루었습니다.

이 성과는 주요 뉴스 및 일간지를 통해 우리 회사의 품질 안전 역량이 대외적으로 홍보되는 계기가 되었고, 지금도 신규 사업장 수주 시 우수 사례로 활용하고 있습니다. "제가 한번 해보겠습니다"라는 용기 있는 한마디로 경력사원인 저는 대내외 인맥을 넓힐 좋은 기회를 얻었고, 업무에서도 열정과 긍정적인 마음가짐을 갖게 되었습니다.

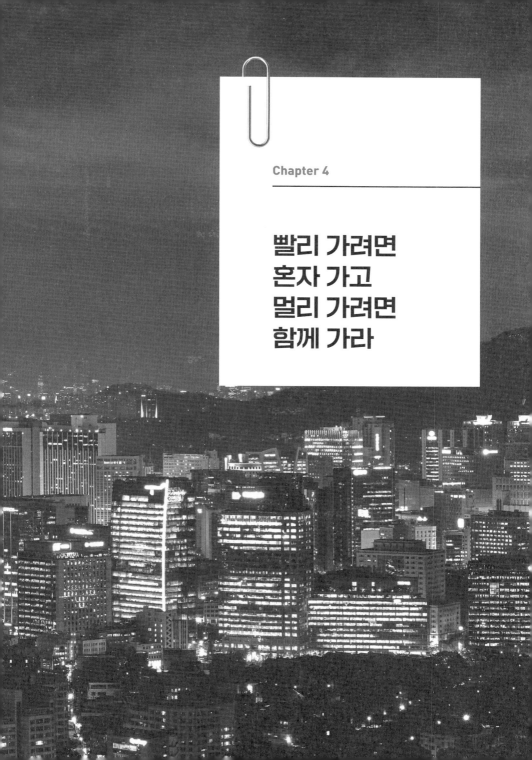

Chapter 4

빨리 가려면
혼자 가고
멀리 가려면
함께 가라

혼자 하는 일은 없다

행복한 직장인은 직장에 친구가 3.3명 있으나 불행한 직장인은 직장에 친구가 1.7명 밖에 없다고 한다. 여느 공동체와 마찬가지로 직장에서도 구성원이 행복하려면 긍정적인 사회관계가 형성되어야 한다. 직장 안에 친구를 만들자. 그리고 나도 그들의 친구가 되자.

순호 씨는 전화기를 내려놓으며 크게 한숨을 쉬었다. 멕시코 거래처와의 통화 때문이었다.

이번에도 역시 어렵다는 답변이 돌아왔다. 이메일은 보내면 며칠 후에나 회신이 오고, 출근 시간에 잠시 통화하는 게 전부. 그마저도 제한적인 소통 탓에 어려운 일도 아닌 것들로 몇 달을 계속 삐걱거리고 있었다.

결국 순호 씨는 첫 멕시코 출장을 가기로 결정했다. 비행기 안에서 잠도 잘 수 없었다. 처음 만나는 거래처 직원과 어떻게 인사를 하면 좋을지, 어떻게 설득해서 좋은 결과를 가지고 복귀할지 걱정이 가득했기 때문이다.

그러나 막상 도착한 멕시코 공항에서 순호 씨는 거래처 직원의 엄청난 환대에 당황하고 말았다. 예상치 못하게 호텔, 식당 일정까지 다 준비되어 있었다. 거래처 담당자는 말없이 그를 식당으로 데려갔고 둘은 테킬라를 마시며 함께 속 이야기를 나누었다. 알고 보니 그도 순호 씨만큼이나 그간 지구 반대편과 소통하는 것이 답답했다고 했다. 서로를 알고 싶었고 만나서 이야기를 하고 싶었다는 것이다. 서로 가족, 업무와 삶에 관해 이야기할수록 둘은 서로를 더 잘 이해하게 되었다.

그날의 자리는 100번의 전화보다도 친밀하게 기억되었다. 그 이후 해당 거래처는 중남미 최고의 거래처로 도약했고, 그들은 업무를 떠나 서로에게 지구 반대편의 가장 소중한 친구가 되었다.

≫ '적'이 아닌 '친구'를 두어라

독일 공영방송 ZDF가 2011년에 '행복지도'라는 것을 발표했다. 결과는 매우 흥미로웠다. 직장에 다니는 기혼여성이 다른 집단에 비해 더 행복도가 높은 것으로 나타났다. 기혼이면서 직장에 다니는 여성은 일과 가정을 동시에 신경 써야 하기에 행복도가 낮을 거라는 예상과는 전혀 다른 결과였다. 왜 그럴까? 전문가들은 그 이유를 명확하게 제시했다.

"그들은 친구가 있기 때문이다!"

행복한 직장인은 직장에 3명의 친구가 있다

사실 직장에서 친구를 만들기는 쉽지 않다. 직장 동료와의 관계는 어린 시절 또는 학창 시절에 만난 친구관계와는 다르다. 알 것 모를 것 다 알 만큼 머리가 커서 만난 사람들끼리 마음속 이야기를 나누기가 어디 쉬운 일인가. 그래서 직장에서 만난 친구는 '프레너미Frienemy'가 되기 쉽다. '프레너미'는 '친구Friend'와 '적Enemy'을 결합한 말로 사랑과 미움을 오가며 유지되는 친구관계를 말한다.

우리는 보통 동료를 성원하고 잘되기를 바라지만 내심 자신이 뒤처지지 않을까 두려워한다. 한 취업포털이 직장인을 대상으로 한 설문조사 결과를 보면 직장인의 76.6퍼센트가 동료를 프레너미로 지목했다.[28] 이러한 현실에서 진정한 우정이 싹틀 리 만무하다.

그렇지만 직장 내 친구는 꼭 필요해 보인다. 미국 갤럽연구소가 직장인 800만 명 이상을 대상으로 설문조사한 결과를 보면, 회사에 친구가 있을 경우 회사 만족도가 50퍼센트 늘어났다. 상사와 친하다고 여기면 직장생활의 만족도가 2.5배 늘어났다. 그러나 직장에 친한 친구가 없으면 일에 충실할 가능성은 12분의 1로 줄어들었다.[29] 삼성경제연구소의 설문조사 결과도 이와 대동소이했다. 행복한 직장인은 직장에 친구가 약 3.3명 있다고 응답했지만 불행한 직장인은 직장에 친구가 약 1.7명에 불과하다고 응답했다.[30]

관계는 행복과 불행의 가장 큰 원천

사람을 가장 행복하게 하거나 우울하게 하는 것은 다른 사람과의 관계다. 말콤 글래드웰이 쓴 《아웃라이어》에 나오는 사례를 살펴보자.

1950년대 후반, 오클라호마 의과대학의 스튜어트 울프 교수는 펜실베이니아 로제토 지방 근처에 강연을 갔다가 지역 의사에게서 흥미로운 이야기를 듣는다. 그 의사는 17년 동안이나 그 지역에서 환자들을 진료했는데, 이상하게도 로제토 지역에 사는 65세 미만 인구 중에는 심장마비 환자가 거의 없다는 것이었다.

이 사실을 흥미롭게 여긴 울프는 조사에 들어갔다. 결과는 매우 놀라웠다. 실제 로제토에서 55세 이하 중 누구도 심장마비로 죽지 않았을뿐더러 심장질환 흔적조차 보이지 않았다. 모든 사망 원인을 종합해볼 때, 로제토의 사망률은 평균치보다 30~35퍼센트나 낮았다. 울프는 그 이유를 밝히기 위해 다방면으로 가설을 세웠지만, 매번 실패했다. 색다른 식생활이 있거나 그들만의 특별한 운동도 없었다. 유전적 요소가 있다고 볼 수도 없었고, 자연환경도 인근 마을과 다를 게 없었다.

벽에 부딪힌 울프는 다시 한번 로제토 마을을 천천히 둘러보았다. 로제토에 처음 갔던 날, 3대가 모여 앉아 식사하던 모습, 사람들이 거리를 오가는 모습, 주민들이 현관 앞 의자에 앉아 잡담을 나누던 모습이 떠올랐다. 로제토 마을 사람들은 서로 방문하고 길을 걷다가 멈춰 서서 잡담을 나누며 뒤뜰에서 음식을 만들어 나눠 먹었다. 한 지붕 아래 3대가 모여 사는 집이 꽤 많았고 나이 든 사람들은 젊은 사람들의 존경을 받았다.

마침내 울프는 로제토 마을의 사회구조 밑에 깔린 일종의 '확장된 가족집단'에 주목하게 되었다. 이탈리아 남부의 농노문화를 펜실

베이니아 동부 언덕으로 옮겨온 로제토 사람들은 강력한 사회안
전망을 구축해놓고 있었다. 비밀은 로제토 마을 자체였다. 그들이
심장병 없이 오래도록 장수할 수 있었던 비결은 바로 '함께하는
것' '어울려 사는 것' '교감하는 것'이었다.

오늘날도 이와 다르지 않다. 자신이 사는 곳에서 정말 행복해지
고 싶다면 편리한 교통, 우수한 학군보다 좋은 이웃을 만나는 일이
더 중요하다. 작은 지역공동체뿐 아니라 직장에서도 구성원들이
행복하려면 서로 함께하고 어울려 살아가는 긍정적인 사회관계를
형성해야 한다.

≫ 좋은 동료는 삶의 고통을 덜어준다

사회관계의 힘은 생각보다 강하다. 사람은 공동체를 이루며 관계
를 형성하도록 진화해왔기 때문이다. 구석기시대 다른 동물들은
강한 발톱이나 이빨 또는 날쌘 근육질 몸같이 자기만의 고유한 신
체적 무기를 갖도록 진화해왔다면, 인간에게 주어진 가장 강력한
무기는 바로 집단화였다. 그러다 보니 집단에서 배제되는 상황은
개인에게 바로 죽음을 의미했다. 즉 공동체에서 조화롭게 공존하
는 것이 생존의 우선순위가 되었다.

인간의 감정도 사회적 필요에 따라 발전해왔다. 집단 내에서 다
른 사람의 감정을 읽지 못한다면 사회문제를 일으킬 수 있기에 모

든 자아 관련 동기와 정서는 다른 사람을 이해하고 사회적 상호작용과 관계 형성을 촉진하는 기능을 갖게 되었다. 또 친사회적 행동을 통해서 내가 사회적으로 사려 깊다는 신호를 다른 사람에게 끊임없이 발신해왔다.

우리 뇌가 가장 좋아하는 보상

인간의 뇌가 가장 좋아하는 보상은 사회관계에서 오는 자극이라고 한다. 사회관계는 뇌 보상의 가장 풍부한 원천이다. 쉽게 말해, 사람을 가장 행복하게 하거나 불행하게 하는 자극의 가장 큰 원천은 다른 사람과의 상호작용이라는 의미다. 다른 사람에게서 따돌림과 같은 사회적 배제를 당하면 인간은 무척 심한 심리적 손상을 입는다. 이러한 손상은 육체적 손상과도 같아서 진통제로 진정시켜야 할 정도로 현저한 반응이 나타난다. 반면 좋은 사회적 관계는 직장생활과 같이 다소 건조하고 힘겨운 시간을 보내는 동안 고통을 완화하는 역할을 하고 스트레스 수치도 낮춰준다.

케임브리지대학교의 사이먼 슈날 교수가 실시한 일련의 연구에서 사람들을 언덕으로 데려간 뒤 그곳이 얼마나 가파를지, 다시 말해 언덕에 오르기가 얼마나 힘들지 추측해보게 했다. 연구 결과를 보면 혼자서 추측한 사람에 비해 옆에 친구가 있는 사람은 언덕의 높이를 15퍼센트 정도 낮게 추측했다. 심지어 옆에 친구가 있다고 생각하는 것만으로도 언덕을 오르기가 더 쉽게 느껴진다는 대답도 나왔다. 좋은 대인관계는 생각만으로도 고통을 줄여준다는 것

을 실제로 증명한 사례다.[31]

관계의 힘은 어디서나 강력하다

예지 씨는 올림픽 공식 스폰서로서 갤럭시 후원 제품의 사전 테스트를 위해 출장을 가게 되었다. 출장지에 있는 작은 사무실에 폴란드, 중국, 러시아 등 다양한 국가의 법인에서 온 직원들이 모였다. 서로 다른 언어와 생김새, 어색함의 벽 앞에서 그들은 서먹했고, 별다른 소통 없이 일하고 귀가하길 반복했다. 이슈가 발생해도 해결은 더디게 진행되었다.

도저히 이대로는 안 되겠다고 생각한 예지 씨는 어떻게 할까 고민하다가 다 함께 저녁을 먹자고 제안했다. 문화와 배경이 다르고 개인적 선호를 알 수 없던 탓에 '안 되면 말지'라는 심정으로 제안한 것이었다. 그러나 의외로 전원이 참석했고, 서툰 영어 실력이지만 서로 소통하며 저녁 자리를 가질 수 있었다. 그날 이후 모든 게 달라졌다. 로밍 이슈가 생기면 바로 옆 중국 검증 담당자와 함께 문제점을 찾을 수 있었고, 개발 이슈가 생기면 폴란드 출장자가 나서서 해결해주었다.

예지 씨의 사례와 같이 일과 관계는 결코 분리할 수 없다. 다른 나라 사람이라고 별반 다르지 않다. 정도의 차이는 있을지언정 관계의 힘은 우리나라뿐 아니라 세계 어디에서건 강력하게 통하는 법이다.

함께 갈수록 멀리 간다

앞의 2장과 3장에서 잡 크래프팅의 2가지 방법인 '생각의 변화'와 '일의 변화'에 대해 구체적으로 이야기했다. 4장에서는 잡 크래프팅의 세 번째 방법인 '직장 내 관계 변화'에 대해 다루고자 한다. 직장인은 고객과 동료, 선후배 등 직장 안팎에서 구축되는 관계의 성격이나 상호작용의 범위를 바꾸거나 새로운 관계를 형성해 잡 크래프팅을 시도할 수 있다.

자신이 하는 일이 조직에서 어떤 위치를 차지하고, 다른 사람들과 어떻게 연결되는지는 직무 정체성 형성에 매우 큰 영향을 미친다. 조직에서 의미는 혼자가 아닌 다양한 그룹 속에서 사회적으로 형성되기 때문이다. 즉 자신의 일의 의미와 중요성을 혼자만 간직하기보다 다른 사람과 함께 공유하면 그 의미는 배가된다.

"빨리 가려면 혼자 가고 멀리 가려면 함께 가라"라는 아프리카 속담이 있다. 멀리 가려면 사막도 지나야 하고 때로는 정글도 지나야 하는데, 함께 가는 길동무 없이는 불가능하다는 의미다. 직장 생활도 하루하루 험난한 여정을 겪기는 마찬가지다. 빨리 가는 것이 목적이라면, '친구'가 아닌 '적'에 가까운 프레너미를 얻을 것이다. 반대로 천천히, 그렇지만 멀리 가고자 한다면 '적'이 아니라 '친구'인 직장 동료를 얻을 것이다.

눈치로 읽는 맥락의 중요성

직장 내 관계는 소통으로 시작된다. 그런데 우리 사회와 같은 고맥락 문화에서는 상대방의 뜻을 미루어 짐작해야 할 경우가 많다. 말귀를 제대로 알아듣는다는 것은 큰 장점이다. 평상시 끝까지 상대방의 말을 경청하고 관찰하라. 상대방의 처지에서 이해하라. 그래도 알아듣지 못했다면 다시 물어보라.

"잘 좀 처리하라."

사장실에서 돌아온 박 상무와 김 부장은 사장이 마지막으로 던진 한마디가 의미하는 바를 파악하느라 분주했다. 그들은 오늘 회계 처리 문제로 사장실을 찾았다. 최근 세무당국에서 지금껏 회사에서 관행처럼 처리해오던 해외 자회사에 대한 거래 가격 책정에 문제를 제기했기 때문이다. 이 문제를 어떻게 처리하느냐에 따라 세금을 수십억 원 더 낼 수도, 덜 낼 수도 있었다.

박 상무는 사장에게 가능한 대안을 몇 가지 준비해 설명했지만, 뾰족한 답이 없었던 모양인지 사장은 잘 처리하라는 애매한 지시만 했다.

"세무 당국자를 잘 구슬려보라는 메시지가 아닐까요? 당신 입으로 직접 지시하기는 그러니까 그렇게 말씀하신 것 같은데요."

김 부장의 말은 그 나름대로 설득력이 있었지만, 지금까지 곁에서 사장을 지켜본 입장에서 맞는 답은 아니라고 박 상무는 생각했다. 박 상무는 사장의 말을 다시 한번 곱씹었다.

과연 사장이 의도한 바는 무엇일까? 행간의 의미를 잘 읽어내는 사람은 눈치가 빠르고 감이 있다는 평을 듣는다. 박 상무는 자신이 지금까지 지켜본 이해와 경험을 총동원해 사장이 의도한 맥락을 파악하고 적절한 대안을 수립하려고 애쓸 것이다. 결과적으로 그게 사장의 의도와 부합한다면 사장과 코드가 맞는 사람이라는 인식을 심어주고, 그렇지 않다면 말귀를 못 알아듣는 답답한 사람이 될 것이다.

≫ 말귀를 알아듣는 노력은 왜 필요한가

직장인의 흔한 회식 장면을 떠올려보자.

식당에 들어와 자리를 잡고 앉으면 종업원이 다가와 묻는다.

"술은 무엇으로 드릴까요?"

"저희 소맥 먹을 거예요. 소주랑 맥주 주세요."

그러면 종업원이 다시 묻는다.

"소주는 뭘로 드릴까요?"

손님이 약간 귀찮다는 투로 대꾸한다.

"음…… 진로 주세요."

그런데 거기서 종업원이 다시 한번 묻는다.

"그럼 맥주는 뭘로 드실 건가요?"

일행 중 한 사람이 외친다.

"맥주 뭐 뭐 있는데요? 아, 아니다. 그냥 테라 주세요."

종업원이 돌아간 뒤 이어지는 불평은 뻔하다.

"대충 알아서 줄 것이지 그걸 뭘 감 없게 꼬치꼬치 물어보고 그래?"

"개떡같이 말해도 찰떡같이 알아듣는다"라는 속담이 있다. 식당에서는 손님의 의중을 알아서 헤아려 상황에 맞게 적절히 서비스하는 종업원이 유능한 종업원이다.

식당 종업원에게도 내 의도를 알아서 헤아려주기를 바라는데 직장에서는 오죽하랴. 상사는 대충 이야기했지만, 이를 알아듣고 수행하는 후배가 오히려 지시한 사람의 기대를 넘어서는 결과를 가져올 때 상사들은 흡족해한다. 상사는 이런 부하 직원을 좋아할 수밖에 없다.

한국의 고맥락 문화와 '이심전심'

위와 같은 사례는 고맥락 사회의 전형적인 모습을 보여준다. 인류학자 에드워드 홀은 의사소통과 관련해 '고맥락'과 '저맥락' 개념을 제시했다. 저맥락 문화에서는 의사소통이 주로 표현된 내용, 대화나 글로 이루어지고 표현도 직설적이다. 반면 고맥락 문화에서 의사소통은 표현된 내용에서 상대방의 진의를 유추하는 단계를 중요하게 여긴다.

쉽게 말하면 저맥락 문화에서는 생각을 말로 그대로 표현하기 때문에 맥락 내지 상황이 덜 중요한 반면, 고맥락 문화에서는 말보다는 말하는 맥락 내지 상황을 중요하게 여겨 상대방의 뜻을 미루어 짐작해야 할 필요성이 더 크다. 일반적으로 고맥락 문화권은 우리나라, 일본, 중국과 같은 동양권과 중동 국가들로 분류되고, 저맥락 문화권은 유럽과 미국 등 서구권으로 분류된다. 그러나 같은 유럽에서도 북유럽은 저맥락 문화, 남유럽은 고맥락 문화로 분류되기도 한다.

고맥락 문화권인 우리나라에서 의례적인 사양이나 사절을 곧이곧대로 받아들였다가는 낭패를 보기 십상이다. 상대방이 어떻게 말하든 눈치로 맥락을 읽어내고 뜻을 판단하는 일이 매우 중요하다. "굳이 명절에 오지 말라"는 시어머니, "그 일은 그냥 적당히 처리하라"는 상사, 회식 자리에서 "내일 출근 안 해도 된다"는 선배 등등 이러한 형식적인 말을 곧이곧대로 믿었다가는 나중에 개념 없다는 소리를 듣기 쉽다.

한편 저맥락 의사소통은 개인주의 문화가 발달한 사회의 전형적인 의사소통 방법이다. 집단주의 문화에서는 서로 드러내놓고 이야기하지 않아도 의미가 통하는 많은 표현을 개인주의 문화에서는 더 명시적으로 이야기해야 한다. 미국의 사업계약서가 우리의 사업계약서보다 훨씬 복잡한 이유도 바로 여기에 있다.

고맥락 문화는 우리나라에 국한되지 않는다. 유교문화권을 공유하는 중국이나 일본도 마찬가지다. 어렸을 때 배운 사자성어 가운데 자주 시험에 나왔던 것으로 '이심전심'이 있다. 이심전심이라는 말은 어떠한 뜻을 말이나 글이 아닌 마음과 마음으로 전했다고 한데서 유래한다. 한편, 이심전심과 뜻이 같은 한자어를 고르는 문제로 중·고등학교 때 숱하게 등장해서 아직도 입에 붙은 한자어들이 있다. 그중 하나가 바로 '염화미소拈華微笑'다.

> 어느 날 석가세존이 제자들을 영취산에 모아놓고 설법을 했다. 그때 하늘에서 꽃비가 내렸다. 세존은 손가락으로 연꽃 한 송이를 말없이 집어 들고拈華 약간 비틀어 보였다. 제자들은 세존의 행동을 이해할 수 없었다. 그러나 가섭만이 그 뜻을 깨닫고 빙그레 웃었다微笑. 그렇게 해서 불교의 진수는 가섭에게 전해졌다고 한다.

염화시중, 심심상인, 불립문자, 교외별전 등 비슷한 사자성어가 많은 것을 보면 '말귀를 알아듣는 것'은 예부터 중요한 역량이었던 것 같다.

고맥락 문화의 사회적 비용

고맥락 문화에서는 소통하는 데 굳이 긴 말을 할 필요가 없으므로 의사전달의 오류만 없다면 커뮤니케이션 비용을 줄일 수 있다. 하지만 이런 장점에 비해 사회적 부작용과 폐해는 생각보다 심각하다. 이왕이면 말이 통하고, 척하면 척하고 알아듣는 사람들끼리만 가까이하다 보니, 끼리끼리 어울리는 연고주의와 패거리주의가 생길 수 있다. 그러나 이보다 더 큰 문제는 '정확한 의사소통의 실패'다.

여러 항공전문가는 1997년에 225명의 생명을 앗아간 대한항공 괌 추락 사건의 결정적 원인을 바로 한국의 고맥락 문화에서 오는 커뮤니케이션 오류로 분석한 바 있다. 추락 직전 조종실의 대화를 들어보면 당시 부기장은 위험을 이미 인지했지만, 위험요인을 정확히 지적하기보다는 고참인 기장 비위에 거슬리지 않게 적당히 알아들을 정도로만 언급했다는 것이다. 불행히도 기장은 부기장이 지적한 말의 맥락을 이해하지 못했고, 이것이 대형 참사로 이어졌다고 분석했다.

괌 추락 사건의 경우는 다소 극단적이지만 메시지는 명확하다. 한국 사회에서 맥락을 읽어내는 힘이 그만큼 중요하다는 사실이다. 맥락을 잘 읽고 분위기 파악을 잘하는 사람은 성공하기가 유리하다. 하지만 또 하나의 중요한 메시지는 그만큼 커뮤니케이션 오류가 발생할 확률이 높다는 점이다. 맥락 읽기와 분위기 파악을 이유로 명확한 의사소통을 저해해서는 안 된다. 회사 내의 커뮤니케이션도 항공기 조종실에서의 소통과 크게 다르지 않다. 내가 상대방에게, 상사에게 어떻게 보이느냐에 신경 쓰다가 정작 전달해야 할 중요한 메시지를 놓쳐서는 안 된다.

≫ 맥락을 읽어내는 방법

어쨌든 오늘날 직장 생활에서는 상대방의 감정과 의도를 읽고 애매한 상황에서도 상대방이 무엇을 원하는지 알 수 있는 능력이 필요하다. 그렇다면 어떻게 해야 회사에서 눈치가 빠르고 감이 있다는 평가를 들을 수 있을까? 아래에 맥락을 읽는 몇 가지 방법을 제시한다.

경청

상대방의 말을 끝까지 경청하고 관찰하라. 즉 마음을 다해 듣는 자세가 필요하다. 막상 눈치가 없다고 핀잔을 듣는 사람은 제대로 듣지 않는 경우가 많으며 대개 끝까지 듣지 않고 지레짐작으로 판단한다. 그러나 정성을 기울여 듣기만 해도 오해는 상당 부분 줄어들 수 있다. 경청은 생각하는 힘을 키우고 상대에 대해 놓치기 쉬운 정보를 습득할 수 있게 해준다. 아울러 평소에 상대방이 어떤 생각을 하는지, 어떤 상황에서 어떤 표현을 즐겨 쓰는지 눈여겨보자. 특정인을 의도적으로 관찰하라는 뜻이 아니다. 주변에서 일어나는 사건이나 일에 늘 관심을 갖고 귀를 열어놓으면 자연스럽게 돌아가는 분위기나 상황을 파악할 수 있다.

역지사지

상대방의 처지를 이해하라. 역지사지, 즉 상대방의 처지가 되어보면 상대방이 원하는 것과 의도를 자연스럽게 알 수 있다. 내가 사장이라면 이런 상황에서 어떤 결정을 내릴까? 사장은 사장 자리에서 해야 하는 막중한 임무와 져야 하는 책임이 있다. 사장의 임무와 책임은 종업원의 그것과는 다르다. 남의 일은 쉬워 보이고 자신이 처한 조건은 불리해 보이는 법이다. 자기중심적 편향에서 벗어나는 것이 역지사지의 시작이다.

질문

상대방의 말을 알아듣지 못했다고 생각되면 다시 물어보라. 비록 말귀를 못 알아듣는다는 핀잔을 들을 수도 있지만, 그래도 그 편이 일을 그르치는 것보다는 낫다. 이왕이면 두루뭉술하게 물어보기보다 "내가 당신이 이야기한 이런 부분을 이렇게 해석했는데, 내 해석이 맞느냐"고 재확인하는 것이 좋다. 이것이 진짜 고맥락 사회인 군대에서 복명복창을 강조하는 이유이기도 하다.

MZ세대와 X세대의 상호 이해

남의 말을 주의 깊게 듣는 경청, 상대방 처지가 되어보는 역지사지, 다시 한번 확인하는 질문 습관을 통해 맥락을 파악하는 힘을 기를 수 있다. 그런데 이는 MZ세대와 같은 젊은 직원에게만 요구되는 역량이 아니다. 분위기를 읽고 맥락을 이해하는 힘은 조직 생활에서 매우 유용하지만, 이를 선배가 후배에게만 요구해서는 안 된다(일방적인 요구에 응할 요즘 세대도 아니다).

맥락 파악은 오히려 젊은 세대를 이해하기 위해 기성세대가 갖취야 할 역량이다. 요즘 젊은 친구들이 무엇 때문에 '공정'에 이렇게 민감한지, 왜 그렇게 '성장'을 외치면서 막상 배움에는 적극적이지 않은지, 그냥 드러나는 텍스트text만 바라볼 것이 아니라 그 원인과 배경을 함께 고려하는 맥락context을 이해하고자 노력해야 한다.

　마지막으로 당부하자면, 자신이 맥락을 잘 읽는다고 과신해서는 안 된다. 앞서 꽝 추락 사례와 같은 의사소통의 오류를 저지를 수 있다는 사실을 잊지 말아야 한다. 가장 중요한 것은 역시 명확한 의사소통이다.

주어진 관계의 경계를 넘어서라

역할은 자신이 해야 할 일의 책임과 다른 이와의 관계를 명확히 설정해주지만, 그 역할을 바꿔볼 때 새로운 즐거움을 얻을 수 있다. 당신에게 관계의 의미를 크게 해주는 새로운 역할은 무엇일까?

소프트웨어 업체에서 교육용 모바일 프로그램을 개발하는 준원 씨는 본업보다 부업에 열심이다. 회사에서 금지하는 겸업을 하는 것이 아니다. 그는 업무시간 중 자투리 시간을 이용해 부서원들에게 새로 나온 모바일 솔루션을 소개하고, 개발 기술이 떨어지는 후배들을 교육한다.

준원 씨는 누군가를 가르치기를 원래 좋아한다. 교수나 선생님이 되는 게 꿈이었지만, 어찌하다 보니 소프트웨어 개발자가 되었다. 그렇지만 지금 하는 일에 매우 만족한다. 지난달에는 새로 들어온 인턴들을 맡아 한 달 동안 각종 교육을 하면서 함께 작은 프로젝트를 진행했다. 프로젝트 마지막 날, "학교에서 배운 것보다 더 많은 것을 배웠어요. 정말 고맙습니다"라고 하는 한 인턴 직원의 말에 준원 씨는 가슴 한구석이 뜨거워졌고 큰 보람을 느꼈다.

준원 씨는 프로젝트와 관련된 기술이 부족해 고생하는 사람들을 자신이 직접 성의껏 가르치거나 다른 전문가들과 연결해주려고 애썼다. 물론 이런 일은 그의 직무기술서에 나와 있지 않았다. 단지 가르치는 것이 좋아서, 그로 인해 다른 사람들이 발전한다는 느낌이 좋아서 이 일을 자원했다.

≫ 관계의 경계를 넘어서 일의 의미 높이기

브제스니브스키 교수가 2001년에 발표한 논문 〈잡 크래프팅 하기 Crafting a job〉에는 새로운 역할에서 기쁨을 얻는 다양한 직업군이 등장한다. 대표적인 사례가 병원에서 근무하는 청소부다. 브제스니브스키 교수는 병원 청소부들이 환자와 보호자 그리고 간호사들과 상호 교감을 할 때 가장 만족한다는 사실을 발견했다. 청소부는 다른 사람과 교류할 때 자신이 가장 유용하고 중요한 일을 한다고 느꼈다. 바닥만 청소하는 것이 아니라 환자에게 말을 건네 위로하거나, 환자를 찾아온 사람들을 안내하거나, 간호사들에게 환자의 상태를 전달하는 등 자신이 단지 청소부가 아니라 해당 병동을 맡은 치료팀의 일원이라고 인식할 때 일에 대한 만족도가 극대화되었다. 한 병원 청소부는 "환자를 웃게 하면 하루가 보람차다"라고 말하기도 했다.

헤어스타일리스트의 역할은 고객의 머리를 손질하는 일이다. 그러나 일부 헤어스타일리스트는 머리 손질을 하는 것에 그치지 않고 고객과 자연스럽게 대화하면서 고객의 정보를 파악하고 긍정적인 관계 형성을 시도한다. 이러한 시도로 파악한 정보를 바탕으로 고객의 취향과 필요를 숙지하고 동시에 인간적인 신뢰관계를 맺으면서 자연스럽게 재방문을 유도한다. 그들은 자신이 단순한 미용사라고 생각하지 않는다. 그들은 자신이 전문적인 헤어스타일리스트이자 능력 있는 마케터라고 여긴다.

브제스니브스키 교수는 이런 유형의 행동을 대표적인 잡 크래프팅으로 보았다. 즉 직장 내 다른 사람과의 관계 설정과 상호작용을 변화시켜 '관계의 경계'를 넘어서는 것이다. 회사에서 자신이 맡은 역할뿐 아니라 자신이 의미를 더 많이 부여할 수 있는 역할을 찾아 고객·동료와의 관계 및 상호작용을 재설정한 것이다. 앞선 사례에서 준원 씨는 단순히 소프트웨어 개발자라기보다 동료와 후배의 발전을 돕는 코치로 변신했다. 실제로 주변에서 자신의 본래 역할을 변화시켜 일의 의미를 극대화하는 '잡 크래프터'를 어렵지 않게 볼 수 있다.

이슈 제기자에서 문제 발생 예방자로

품질관리 업무를 담당하는 희영 씨는 매번 유관 부서 담당자들에게 원망을 듣기가 일쑤다. 그들은 그냥 적당히 통과시켜주면 되는 일을 자꾸만 희영 씨가 문제 삼아 이슈화한다며 불만을 표했다. 희영 씨는 왜 일을 하면서 그들에게 이런 불만을 들어야 하는지 도통 이해가 되지 않았다. 이번에는 정말 가만히 있으면 안 되겠다

싶어서 파트장에게 면담을 신청했다. 파트장은 커피 한잔하자면서 희영 씨와 마주 앉았다.

 "품질관리라는 게 솔직히 칭찬을 듣기는 쉽지 않은 일이에요. 하지만 유관 부서 담당자에게 차분히 희영 씨의 일이 그들에게 어떤 가치를 주는지, 어떤 관계가 있는지 설명해주면 어떨까요? 비록 작은 흠일지라도 나중에 큰 부메랑이 되어 돌아올 수도 있으니, 품질검증이라는 일은 결국 우리 회사, 우리 제품에 대한 고객의 신뢰를 지키기 위한 일이라고 말이에요. 품질 부서는 괜한 트집을 잡고 문제를 만드는 게 아니라 자신들의 일이 나중에 문제가 되지 않도록 한 번 더 같이 점검해서 문제 발생을 예방하는 사람이라고 말해주세요."

 파트장의 이야기를 듣고 나니 그간 품질 불량을 확인하고 통보하던 장면들이 떠올랐다. 아마도 그들에게는 희영 씨가 냉철한 이슈 제기자로 비쳤을 거라는 생각이 들었다. 희영 씨는 그들과의 관계를 다시 재정립할 필요를 느꼈다. '어차피 우리는 공동의 목적을 위해 함께 일하는 공동체의 일원이 아니던가?'

검사실 직원에서 환자의 동반자로

방사선 치료를 받기로 결심한 암 환자가 가장 처음 만나는 석진 씨의 이야기를 들어보자.

 저는 방사선 치료 계획실에서 근무하고 있습니다. 이곳에 오시는 분들을 단순하게 방사선 치료를 받는 병원 고객으로만 생각하지 않아요. 제 일이 고통받는 환자에게 희망과 위로를 건네는 안내자 역할이라고 생각하기 때문입니다. 저는 환자의 입장에서 생각하며 치료 과정을 어떻게 하면 쉽고 간단하게 이해시킬 수 있을지 고민하고 환자의 안전에 가장 주의를 기울이며 인간적으로 다가가려 합니다. 그분들에게 작은 희망과 위로를 줄 수 있다는 점에서 저는 제 일에 사명감을 가집니다.

병원 간호, 검사 및 행정 업종에서는 매일 같은 일을 수없이 반복한다. 똑같은 안내를 계속해야 하고 때로는 환자들에게서 불평과 불만이 쏟아진다. 아무리 긍정적으로 일하려고 해도 환자들의 부정적인 분위기에 휩쓸리기도 한다.

석진 씨에게 환자란 어떤 의미일까? 단순히 치료 절차를 안내하고 설명해서 다음 단계로 보내는 고객으로 생각했다면 매일 반복되는 일상이 그저 그럴 것이다. 하지만 환자에게 치료 단계를 안내하면서 그는 앞으로 기나긴 치료 과정을 함께할 동반자로 자신의 역할을 재정의했다. 그러면서 환자들에게 자신이 작은 희망과 위로를 줄 수 있다고 믿었다.

세일즈맨에서 의사의 마음으로
아래의 안경사 역시 자신과 고객의 관계를 스스로 재설정했다.

제가 하는 일을 단순히 세일즈라고 생각하지 않습니다. 저는 안경 사업니다. 저는 일종의 의학 분야에서 일하는 것이고 제품의 소매 거래는 두 번째, 세일즈는 아마도 세 번째쯤 될 겁니다. 제가 하는 일은 환자를 만나 질문하고 환자에게 필요한 것이 무엇인지 알아내는 것입니다. 물건을 판다는 생각은 하지 않습니다. 저를 찾아오는 사람들을 도와주는 것이 제 일입니다. 제 관심사는 찾아오는 환자들에게 무엇이 중요한지 가르쳐주고 정보를 전하는 것이죠. 제가 가장 중요하게 여기는 것은 환자가 앞을 잘 보게 되는 겁니다.[32]

이 안경사는 자신이 의사와 같은 마음으로 고객에게 필요한 것이 무엇인지 파악하고 앞을 잘 볼 수 있도록 돕는다고 했다. 놀라운 사실은 그가 실제로 평균 실적의 2배를 웃돌 정도로 회사 전체에서 판매 실적이 가장 좋은 안경사라는 점이다. 이 사례는 잡 크래프팅이 심리적 안정감이나 만족감을 높일 뿐 아니라 실제 업무 성과로 연결된다는 점을 뒷받침해준다.

≫ 과업 중심에서 관계 중심으로

앞서 언급한 부류의 직업은 일반 기업 조직과는 여러 여건과 상황이 다소 다를 수도 있다. 실제 일반 기업에서 일하는 직장인은 역할과 책임이 세분화되어 동료나 고객과의 관계를 변화시키기가 쉽지 않다. 그렇다면 1988년에 캐나다에서 창립되어 애슬레저룩의 원조가 된 요가복 브랜드 룰루레몬의 사례를 살펴보자.

룰루레몬은 요가나 필라테스를 즐기는 사람들 사이에서 편안한 착용감과 멋진 스타일로 일명 '요가복의 샤넬'로 통한다. 최근 10여 년간 매출이 약 20배 느는 등 빠른 성장을 구가하고 있다. 그 비결은 '요가복'이 아니라 '요가의 의미'를 판다는 룰루레몬의 독특한 영업 방식에 있다. 다른 의류 매장과는 확실히 차별화되는 룰루레몬 매장은 단순히 옷을 파는 곳이 아니라 요가의 본질을 이해할 수 있는 공간으로 꾸며져 있다. 고객은 삶과 행복, 건강에 대한 각종 구호와 문구에서 진정한 행복을 추구하는 요가의 정신을 느낄 수 있다.[33]

하지만 룰루레몬의 매장을 더욱 독특하게 만드는 것은 바로 직원들이다. 룰루레몬은 점원을 '에듀케이터Educator'라고 부른다. 점원이 곧 선생이므로 '판매사원과 고객'이라는 단발성 거래 관계를 뛰어넘어 '선생과 제자'로 지속적인 교감을 나눌 수 있다.

자신의 업무에 맞는 새로운 관계 설정

회사에서 개인은 맡은 직무에 따른 과업을 수행한다. 예를 들어 인사담당자는 평가를 하거나 급여를 내주고 복리후생제도를 운영하는 등의 일을 한다. 그런데 이러한 과업 중심의 관점에서 벗어나 관계 중심으로 자신의 일을 바라보면 일의 성격도 달라진다. 인사담당자는 경영진과 직원의 접점에 서 있다. 회사의 정책과 기준을 직원과 공유하고 효과적인 운영을 지원하는 일을 하면서 동시에 직원의 고충과 불만을 성실히 대변하는 역할을 수행한다. 따라서 인사담당자에게 경영진과 직원은 모두 고객이다. 그 사이에서 어떻게 관계를 설정하느냐에 따라 일의 의미가 크게 달라진다.

영업담당자도 마찬가지다. 영업담당자는 제품을 최대한 많이 팔아 매출을 올리는 것이 맡은 일이지만, 관계 측면에서 보면 기업과 소비자를 연결하는 일을 한다. 기업 입장에서는 소비자와 직접 접촉하는 최전선의 현장활동가지만 소비자 입장에서는 욕구를 이해하고 충족해주는 사람이다.

구매담당자도 이와 다르지 않다. 구매담당자는 최대한 값싸고 품질 좋은 원료와 자재를 구매해 제품 원가를 낮추는 것이 맡은 일이지만, 관계 측면에서 보면 기업과 협력업체를 연결하는 일을 한다. 그는 협력업체가 생산성을 높이는 데 필요한 기술을 지도하고 조언을 해주는 등 서로 원원하는 동반 성장의 중추적 역할을 할 수 있다.

직장 동료에 대한 인식의 전환

맡은 일을 넘어 새로운 관계를 설정하려는 시도는 지금 어떤 일을 하느냐와 상관없이 할 수 있다. 위에 열거한 예처럼 제품을 구매하고 서비스를 제공받는 소비자만 고객은 아니다. 일반 사무실에서는 내 보고서가 제품이며, 보고서를 받는 상사 또는 동료가 고객이 되기도 한다. 따라서 자신이 만드는 제품의 최종 고객을 만나지 못하는 사무직에게도 잡 크래프팅의 영역은 늘 열려 있다.

직장인은 대부분 상사의 업무 지시를 그저 수명受命으로 여긴다. 하지만 누군가는 이를 후배의 성장과 발전을 돕는 코칭으로, 누군가는 경력에 보탬이 될 소중한 멘토링으로 활용한다. 상사와 부하 직원의 관계는 단순한 업무 지시자와 수명자가 아니라 같은 길을 함께하는 인생 선배와 후배라고 인식하는 것도 가능하다. 다른 부서 직원을 대할 때도 마찬가지다. 그와 나는 같은 목표를 추구하는 회사라는 공동체의 일원이다. 품질 부서 직원의 역할이 내 일에 트집을 잡는 게 아니라 혹시라도 있을 오류를 미리 방지해주는 동료이듯이 말이다.

약한 연결의 힘

많은 사람이 직장 내 네트워크의 중요성을 강조한다. 그러나 실제로는 약한 연결이 훨씬 도움이 되는 경우가 많다. 지금 이 관계를 더 끈끈하게 만들려고 시간과 노력을 들일 필요가 있을까? '미움받을 용기'를 발휘하면 때로 더 행복해질 수 있다.

개발팀의 지훈 씨는 자신의 일을 좋아한다. 그런데 요즘 고민이 하나 있다. 외향적인 성격에 사람 만나는 일을 즐기다 보니 부서 직원들이나 과제와 관련된 연구원들과 술자리를 하는 경우가 잦은데, 술을 잘 못 한다는 치명적 문제가 있는 것이다. 선배들은 그런 지훈 씨에게 조직 생활을 하는 사람은 술을 못 마시면 여러모로 불리하다고 조언했다. 업무 파트너들과 단순 업무 관계를 넘어서 한 단계 깊은 관계로 발전하려면 술보다 좋은 게 없다는 것이 선배들의 지론이다.

그래서 지훈 씨는 술을 마셨다. 마신 다음 날 아침마다 몹시 힘들었고 전날 밤 마신 술이 깨지 않아 업무에도 지장이 많았다. 일도 일이지만 건강이 축나는 게 눈에 보일 정도였다.

'아, 어떻게 하지? 인간관계를 끈끈하게 유지하기 위해서 건강을 해치면서까지 술자리를 계속해야 할까?'

지훈 씨는 고민에 빠질 수밖에 없었다.

지훈 씨는 술을 잘 못 하지만 업무 관계자들과 끈끈한 관계를 유지해야 한다는 강박에 매번 술자리에 참석한다. 그러고 나면 다음 날 아침에 늘 후회한다. 과연 강한 연결은 조직 생활을 하는 사람에게 꼭 필요하며, 없어서는 안 되는 것일까? 몸이 축나도록 끈끈한 관계를 유지할 필요가 있을까?

≫ 모든 관계가 끈끈할 필요는 없다

한국 사회는 21세기를 한참 지나왔지만 사회나 기업 조직에는 여전히 '강한 연결'을 신봉하는 이가 많다.

과거의 사회관계는 대부분 강한 연결이었다. 농경사회에서는 한 아이가 태어나면 특별한 경우를 제외하고 죽을 때까지 마을을 벗어나지 않았다. 그러다 보니 마을공동체와의 강한 연결은 필수적이었고 공동체 눈 밖에 나기라도 하면 그 마을에서 살 수 없었다. 직장도 이와 비슷했다. 최근까지도 한 회사에 입사하면 정년 때까지 다녀야 한다는 것이 당연한 생각으로 받아들여졌다.

그러나 과거와 같이 한 직장에 머무르는 평생직장 개념이 사라지고 이직이 일반화되면서 소수의 강한 연결보다는 다수의 '약한 연결'이 많아지는 현상이 보인다. 더구나 SNS 등장 이후로는 약한 연결이 엄청난 속도로 확산되고 있다.

강한 연결과 약한 연결, 이전과 탐색의 차이

강한 연결이든 약한 연결이든 네트워킹은 본래 그 자체가 목적이 아니라 정보의 공유와 확산이 목적이다.

《사회 연결망 이론》을 저술한 연세대학교 사회학과 김용학 교수는 약한 연결이 효율적인 경우와 강한 연결이 효율적인 경우가 따로 있다고 설명한다. 쉽게 말하면 강한 연결이든 약한 연결이든 그 나름대로 장단점이 있다는 것이다. 그러나 강한 연결을 옹호하는 쪽은 인간관계가 친밀하고 끈끈해야 지식 공유가 가능하다고 주장한다. 약한 연결을 지지하는 쪽은 오히려 약한 연결이 지식의 흐름을 원활하게 한다고 주장한다.

이런 상반된 예측은 두 이론의 초점이 다른 데서 기인한다. 지식 공유는 지식 탐색과 이전을 모두 포함해야 하는데 강한 연결은 지식 이전에, 약한 연결은 지식 탐색에 더 효율적이기 때문이다. 당신이 하는 일은 어디에 해당하는가?

지식 이전과 정보 공유의 효율성이 우선시되는 부서, 예를 들어 제조기술직이나 영업에 종사하는 이들에게는 강한 연결이 유리할 수 있다. 제조직의 경우, 공정에 관한 이해와 지식 공유가 매우 중요하다. 그래서 제조직에서는 자체 학습모임이 활발한 편이다. 반장이나 선임자들이 자신이 가진 지식과 노하우를 후배들과 공유하고, 서로 아이디어를 내놓는 제안 활동과 개선 활동이 활발히 벌어진다. 그 안에서는 자연스럽게 끈끈한 인간관계와 팀워크가 이루어진다.

반면 새로운 지식과 정보 탐색이 필요한 부서, 예를 들어 연구개발이나 기획에 종사하는 이들에게는 약한 연결이 유리할 수 있다. 연구개발 부문에서 산학협동을 통해 외부와의 연결과 교류를 지속적으로 펼치는 것도 이 때문이다.

최근에는 연구개발을 의미하는 R&D Research & Development가 개방형 연구개발을 의미하는 C&D Connect & Development로 바뀌어야 한다고 말하는 사람이 많다. 기존의 연구개발은 기업 내부의 인력과 기술에 의존했다. 하지만 한 기업 안에서의 한정된 인력과 네트워크로는 점점 더 복잡해지고 빨리 변화하는 기술 트렌드를 따라잡기 힘들다. 신기술을 발굴하고 탐색하려면 이제는 기업 바깥으로 눈을 돌려 외부 인력이나 지식재산과 늘 연결되어 있어야 한다. 그래서 개방형 연구개발, C&D가 점점 더 중요해지는 것이다.

약한 연결이 주는 새로운 정보와 영감

이처럼 강한 연결이든 약한 연결이든 그 나름의 장단점이 있지만 약한 연결의 힘이 그동안 간과된 측면이 있다. 우연한 기회에 부서를 옮기고 일의 만족도를 얻은 명호 씨의 이야기를 보자.

명호 씨는 입사 후 데이터 관련 업무를 쭉 해왔다. 4년 정도 지난 후 자신과 맞지 않는 업무에 지쳐가고 있을 때쯤 해외 세미나 참석의 기회가 찾아왔다. 출발하던 날 그는 공항에서 신입사원 교육 때 잠깐 보고 안면만 있던 동기 둘을 우연찮게 만났다. 같은 세미

나에 참석한다는 사실은 매우 의외였다.

오랜만에 만난 동기들과 저녁 식사도 하고 세미나도 같이 다니면서 이런저런 이야기를 나누다 보니 그들의 부서에서 하는 업무 중 마침 명호 씨가 관심 있게 생각하던 분야가 있다는 사실을 알게 되었다. 동기들도 적극적으로 같이 일해보자고 제안했다.

'우리가 원래 이렇게 친한 사이가 아니었는데……'

하지만 이들이 있다면 새로운 곳에서의 적응도 문제없겠다는 생각에 명호 씨는 부서를 옮기기로 결정했다. 최신 정보와 트렌드를 얻어보고자 나섰던 출장에서 우연히 새로운 커리어 기회가 생긴 셈이다.

맥도날드 창업자 레이 크록의 사례도 이와 비슷하다. 맥도날드 형제에게서 전국 체인 영업권을 사서 크게 성공했지만, 크록이 더욱 빛을 발할 수 있었던 것은 월트디즈니와의 약한 연결 때문이라는 분석이 있다.

크록과 디즈니는 제1차 세계대전 때 구급차를 운전하는 동료 기사로 짧게 만났다. 크록은 맥도날드의 체인 영업권을 따낸 뒤 디즈니에게 편지를 보내어 디즈니랜드에 매장을 열 기회를 달라고 청했다. 비록 그 거래는 한참 뒤에나 성사되었지만, 크록이 어린이를 대상으로 한 '해피밀' 개발과 마케팅을 펼치는 데 디즈니가 결정적인 영향을 주었음은 틀림없다.

그냥 알고 지내는 사람 효과

이처럼 약한 연결이 훨씬 도움이 되는 경우가 많다. 새로운 직장에 추천해준다거나 이성 친구를 소개해줄 때 아주 친한 친구들은 별 도움이 안 된다. 위의 사례와 마찬가지로 외부 콘퍼런스 때 잠깐 인사했던 다른 회사 지인 덕에 새 직장을 구한 이도 있고, 복도에서 마주치면 눈인사 정도만 건네던 옆 부서 동료를 통해 평생 반려자를 만나는 경우도 있다. 어떻게 이런 일이 생길까?

사회학자 마크 그라노베터는 《일자리 구하기》에서 미국 보스턴 근교의 뉴턴 지역에서 일자리를 옮긴 9만 8천 명을 조사했다. 직업을 찾는 데 도움을 준 사람이 누구냐는 질문에 사람들은 대부분 "친구처럼 가까운 사람이 아니라 그냥 알고 지내는 사람"이라고 응답했다. 개인적인 연고를 통해 일자리를 찾은 사람 중 자주 만나는 사람이 도와준 경우는 17퍼센트에 불과했다. 오히려 간혹가다 만난 사람이 도와준 경우가 55퍼센트, 어쩌다 드물게 만나는 사람이 도와준 경우가 28퍼센트나 되었다.

사실 이유는 간단하다. 자주 만나는 사람은 생활환경이 비슷해 내가 모르는 정보를 알고 있을 확률이 낮고 정보가 겹치는 경우가 많기 때문이다. 오히려 약한 연결에서 새로운 정보와 영감을 얻기가 쉽다.

≫ 약한 연결이 일과 삶에 혁신을 일으킨다

바야흐로 탐색의 시대다. 지금과 같은 초경쟁 사회에서는 소프트웨어나 솔루션 같은 소프트 혁신만이 살길이라는 데 많은 사람이 공감한다. 그런데 이런 시대일수록 약한 연결이 더욱 필요하다.

강한 연결의 네트워크는 폐쇄적으로 형성되어 정보가 중복되는 경향이 있다. 반면 약한 연결로 이루어진 네트워크 안의 정보는 이질적이고 다양하다. 그래서 약한 연결일수록 새로운 정보가 필요한 문제를 해결할 때 효과적인 정보 공유가 가능하다. 4차 산업혁명의 대표적 기술인 빅데이터나 인공지능과 같은 분야의 발전이 특정 기업이나 연구자들에 의해서만이 아니라 온라인 혹은 오프라인상의 개방형 협업을 통해 이루어지는 것도 이 때문이다.

강한 연결보다는 약한 연결이 일과 삶에 혁신을 일으킨다. '우리가 남이냐'라는 강한 결속력이 담긴 주장의 이면에는 우리가 아닌 다른 사람을 구분하고 배제하는 폐쇄성이 자리하고 있다. 강한 연결인 학연, 혈연, 지연, 직장 관계 등의 폐쇄적 네트워크가 드러낸 부작용은 만만치 않다.

'우리끼리'라는 패거리 문화뿐 아니라 그들만의 정보와 아이디어가 재생산되고 강화되면서 왜곡된 시각을 갖게 될 위험성이 커진다. 그러면 생각이 단순해진다. '우리 아니면 남'이고 '흑 아니면 백'이다. 게다가 강한 연결은 단순히 사고의 힘을 떨어뜨리는 데 그치지 않는다. 세상의 변화에 둔감해지고 창조적 사고를 가로막아 결국 사회와 기업 전체에 부정적인 영향을 미칠 수 있다.

다양한 분야에서 활동하는 사람들과 약한 연결을 많이 만들면 더 나은 기회를 얻을 확률이 커진다. 우연한 발견과 행운을 일컫는 '세렌디피티'도 강한 연결보다는 약한 연결에서 발생할 개연성이 크다. 그렇게 맺은 약한 연결은 개인뿐 아니라 기업과 사회에도 결과적으로 도움이 될 수 있다.

새로운 것을 배우고 새로운 곳에 가라

약한 연결은 '약한'이라는 말이 주는 어감 때문에 별다른 노력이 필요 없을 것이라고 생각할 수 있지만 실상은 그렇지 않다. 이 또한 꽤 많은 노력이 필요하다.

먼저 새로운 것을 배우려고 애써야 한다. 지금껏 알지 못했던 새로운 분야를 배우는 것은 몰랐던 어떤 것을 익히는 지식을 습득할 기회일 뿐 아니라 매일 일상에서 만나는 사람이 아닌 새롭고 낯선 사람을 만날 수 있는 좋은 기회다. 내가 생활하는 이 우물, 이 연못 바깥에는 어떤 사람들이 사는지 만나보라.

다음으로 새로운 곳에 가보려고 노력해야 한다. 익숙한 동네, 익숙한 장소를 벗어나 가보지 않은 곳에도 한번 발길을 돌려보자. 비록 낯설고 불편할 수 있지만 익숙하지 않은 사물과 장소에서 불현듯 좋은 아이디어가 떠오를 수 있다.

새로운 장소에 가서 새로운 것을 배우고, 새로운 사람을 만나려면 일은 분명 지금보다 더 시간을 빼앗기고 더 큰 노력을 소요해야 한다. 바빠서 그럴 시간이 없는가? 사실 바쁘다는 핑계는 말 그대로 핑계일 뿐이다. 따지고 보면 네트워크를 맺어야 한다며 매일 매일 비슷한 부류의 사람들과 어울려왔던 시간도 만만치 않다.

앞선 사례의 개발팀 지훈 씨는 이제 어느 정도 고민을 해결할 수 있을 것 같다. 매일 만나는 사람들과 같은 장소에서 소주를 걸치면서 "형님, 아우"를 외치는 대신 새로운 분야의 사람들과 처음 가보는 와인바에서 잔을 기울일 필요가 있다. 물론 목적은 술을 마시는 것이 아니라 낯선 감각과 색다른 경험이어야 한다.

도전 스트레스와 방해 스트레스

모든 사람을 만족시킬 수는 없고, 직장에서는 스트레스를 받을 수밖에 없다. 도전으로 인한 긍정적 스트레스와 방해로 인한 부정적 스트레스를 구분해 대처하라. 직장생활을 하면서 불편한 상호작용을 피하고 원하지 않는 일을 맡지 않는 것도 능력이다.

목소리는 침착하게 내고 있었지만 진경 씨의 눈가에는 눈물이 고였다. 전화기를 든 손이 덜덜 떨렸다. 진경 씨는 신용카드 콜센터에 근무한다. 신용카드 정보 유출로 해지·철회·재발급을 요청하는 고객의 전화가 빗발치는 와중에 전화 연결을 하자마자 욕부터 해대는 고객을 감당하기가 힘들었다. 오늘도 한 남자 고객이 직원이 전화를 받자마자 대뜸 욕설을 퍼부으며 화를 냈다.

진경 씨는 "죄송합니다"를 연발하며 그 욕을 다 받아낸 뒤 전화를 끊을 수밖에 없었다. 그녀는 신용카드 회사의 콜센터 직원이고 그 남자는 고객이기 때문이다. 다음 전화를 연결하기도 전에 고함이 들리는 듯했다.

하지만 잠시 마음을 가다듬을 새도 없이 다음 전화를 받아야 했다. 화장실이라도 가려면 자신의 부스에는 전화가 연결되지 않게 연결 보류를 설정해야 하는데, 연결 보류를 자주 하는 직원은 아침 조회시간에 상사의 잔소리를 들어야 했기 때문이다.

진경 씨는 2년 전부터 정신과 치료를 받고 있다. 아무리 심호흡을 하고 마음을 가다듬어도 갈수록 전화 받기가 무서워졌다. 의사는 우울증에 대인기피증을 앓는 거라고 진단했다. 일이 힘들다고 가족이나 친구들에게 하소연하면 모두 하나같이 이렇게 말했다. "너만 힘든 줄 아냐, 다른 사람도 다 힘들다."

많은 콜센터 직원들이 진경 씨와 같은 경험을 한다. 그들의 심리적 건강이 위협받고 있다. 진경 씨뿐 아니라 많은 감정노동자가 공적인, 때로는 사적인 관계의 어려움 때문에 끙끙 앓는다.

≫ 직장에서의 불쾌한 관계는 어떻게 피하는가

'감정노동'이란 배우가 연기하듯 근로자가 고객의 감정에 맞추려 자기 감정을 억누르고 통제하는 일을 일상적으로 수행하는 업무를 뜻한다. 그리고 이러한 일을 수행하는 사람들을 감정노동자라고 한다. 그들은 고객이 원하거나 회사가 원하는 대로 표정, 몸짓, 말투를 갖추고 필요한 감정 표현만 하다 보니 정작 자신이 실제로 느끼는 감정은 점점 잊게 된다.

불편한 사회관계 의도적으로 피하기

잡 크래프팅의 세 번째 방법인 관계 재설정 방법 가운데 하나는 불편하고 부담스러운 사회관계를 줄이는 것이다. 사실 이는 조직 차원에서는 그리 달갑지 않은 잡 크래프팅 기법이다. 그러다 보니 종업원도 대놓고 하기는 쉽지 않은 경우가 많다.

네덜란드 에라스무스대학교 마리아 팀스는 불쾌한 고객은 피하는 것이 업무 스트레스를 줄이고 건강을 유지하는 가장 좋은 방법이라고 조언한다.[34] 팀스는 자기 본연의 업무에 방해되는 타인과의 관계를 최소화하고 심리적으로 불편하고 불안해지는 상황을 의도적으로 피함으로써 잡 크래프팅을 할 수 있다고 설명했다. 그럼으로써 결과적으로 자기 일에 더욱 만족할 수 있는 환경을 스스로 만들어낸다는 것이다.

최근 악덕 소비자 때문에 많은 기업이 골머리를 앓고 있다. 이들은 기업을 상대로 구매한 상품의 하자를 문제 삼아 피해보상금을 과도하게 요구하거나 거짓으로 피해를 본 것처럼 꾸며 보상을 받아내려 한다.

이런 사람들은 막상 자기보다 힘 있는 사람들 앞에서는 한없이 약해진다. 그러다 보니 그들이 가장 만만한 상대로 찾는 대상이 콜센터 여성 직원이다. 콜센터 직원이 주로 여성이라는 점과 자신이 보이지 않는다는 익명성을 무기로 콜센터 직원들에게 상상도 못할 언행을 일삼는 사례가 여러 매체를 통해 보도되었다. 콜센터 직원과 같은 감정노동자가 장기간 스트레스를 해소하지 못한 채 흥분과 화를 억제하면 심각한 우울증과 불면증, 대인기피증에 시달릴 확률이 높다.

모든 상처는 사전에 예방하라

감정노동자가 자신의 건강과 행복을 지키려면 무엇을 해야 할까? 기업과 사회 측면에서 각종 제도적 장치를 마련해줄 수 있지만, 모든 상처는 사후에 치료하기보다 사전에 예방하는 것이 가장 좋다. 따라서 가능하다면 악덕 소비자와 만날 일 자체를 차단해야 한다. 이상한 기미가 보이면 전화를 끊어버려야 한다.

그런데 고객 전화를 어떻게 먼저 끊을 수 있는가? 그랬다가는 고객에게 함부로 대응한다는 윗사람의 질타를 들을 수 있다. 그런데 현대카드 정태영 부회장은 콜센터 직원들에게 실제 전화를 끊도록 지시한다. 직원 보호가 우선이라는 게 그의 지론이다.

> 갑이든 을이든 육두문자가 나오면 게임 끝이다. 그것을 받아주는 게 좋겠다, 아니다가 왜 비즈니스적 판단이 되어야 하는가. 미국에서는 회사가 이런 일을 참으라고 하면 어마어마한 소송감이다.[35]

이는 일반 직장에서도 스트레스를 주고받는 관계에서 비슷하게 적용된다. 나에게 스트레스를 주는 사람과의 사이에 어떤 요인이 있는지 파악해 사전에 부딪치지 않게 동선을 짜거나 상호작용을 유발할 계기를 없애는 것도 엄연히 잡 크래프팅의 한 기법이다.

방해 스트레스를 차단하라

회사에서 받는 스트레스에는 크게 두 종류가 있다고 한다. 애리조

나대학교의 네이선 파싹오프와 그의 동료들은 스트레스를 유발하는 요인을 '도전요인'과 '방해요인'으로 구분했다.[36]

먼저 도전요인으로 받는 스트레스는 우리 일에 도움을 주는 긍정적 스트레스다. 대표적 요인으로 시간 압박, 일의 복잡성, 책임감 같은 것이 있다. 도전으로 받는 스트레스는 업무 완성도에 대한 기대치가 높고 자신이 충분히 통제력을 갖는다면 우리로 하여금 좀 더 도전적인 환경을 추구하게 만들어 만족감을 극대화할수 있다.

다음으로 방해요인으로 받는 스트레스는 정반대 패턴을 보인다. 대표적 요인으로 역할갈등, 모호함, 일상의 혼란, 괴롭힘 등이 있다. 방해요인은 직무 만족, 일에 대한 몰입과는 부정적 상관관계를 갖는 반면, 이직과는 긍정적 상관관계를 갖는다. 쉽게 말하면 방해요인으로 받는 스트레스는 직장에서의 만족감을 떨어뜨려 직장을 옮기게 만드는 원인이 된다.

도전 스트레스와 방해 스트레스의 구분

우리가 직장에서 받는 스트레스가 '도전 스트레스'인지 '방해 스트레스'인지 잘 따져 대처해야 한다. 그게 도전 스트레스라면 잘 관리해서 자기 일에 긍정적인 영향을 주도록 유도하고, 방해 스트레스라면 그 싹을 과감히 잘라내야 한다.

많은 자기 계발 전문가는 안전지대에서 벗어나라고 주문한다. 자기가 편하게 느끼는 영역에서 벗어나 새로운 도전을 하라는 것이다. 당장은 환경이 익숙하지 않아 불편하고, 눈에 보이지 않는 불확실성 때문에 힘들게 밤을 새우겠지만 무언가를 성취하려면 고통과 스트레스는 어쩔 수 없으니 참고 견디라고 조언한다.

이는 도전 스트레스에는 적절한 조언일지 몰라도 방해 스트레스에는 부적절한 조언이다. 방해 스트레스를 버티고 견디어낸다고 우리가 성숙하지 않는다. 자신이 겪은 과거의 스트레스를 한번 떠올려보자. 보통 하기 싫은 일을 억지로 계속하면 그 일을 잘하게 되는가, 아니면 그만두게 되는가?

악덕 소비자도 상대하다 보면 요령이 생기고 예전보다 능숙하게 대응할 수 있을지 모른다. 그러나 그들을 상대하는 요령을 배워야 한다는 생각에 무지막지한 스트레스를 감내하지 말자. 그전에 당신의 마음과 정신 건강이 위태로워진다. 그들은 상대할 대상이 아니므로 최대한 피해야 한다.

전략적 무능력 보여주기

직장생활을 하다 보면 고객이나 직장 동료뿐만 아니라 맡은 일 자체가 맞지 않거나 스트레스를 야기할 때가 있다. 그렇다고 해서 그 일을 못하겠다고 상사 면전에서 지시를 거절하는 행위는 회사를 그만둘 각오가 아닌 다음에야 불가능하다.

이에 대해 〈월스트리트 저널〉의 재러드 샌드버그 기자는 꽤 유용한 충고를 했다. 그는 '원치 않는 업무에 대한 순수한 무능력을 예술적으로 보여주기'라는 기사[37]에서 '전략적 무능력'에 대해 언급했다. 직장생활을 하면서 원하지 않는 일을 맡지 않는 것도 능력이다. 본인이 생각할 때 부가가치가 없다고 생각하는 일에 흥이 날 리 없다. 그러다 보니 좋은 성과를 기대하기도 어렵다.

그러나 거절에도 요령이 필요하다. 그래서 그는 전략적 무능력이 필요하다고 말한다. 사실 여기서 말하는 무능은 실제로 무능한 것이 아니라 의례적 제스처다. 그가 든 사례를 보자.

한 인사담당 임원이 몇 년 전 자동차 부품회사에 다닐 때 있었던 일이다. 사장은 그에게 회사의 야유회 계획을 짜라고 지시했다. 그러나 그는 야유회를 계획하는 일은 별로 하고 싶지 않았다. 그래서 자신이 야유회에 대해서는 아는 것이 없다는 사실을 알리는 데 주력했다.

"그래서 도대체 어떻게 해야 하는 거야?"

"작년에 준비했던 사람들은 어떻게 했다고?"

"어떻게 하는 거라고? 무슨 말인지 잘 모르겠어. 내가 이해할 수 있게 알려줘. 내가 이쪽에는 도통 아는 것이 없어서."

결국 그 일은 다른 사람에게 다시 할당되었다.

샌드버그 기자는 이 전략을 가정생활에서도 활용할 수 있다고 조언했다. 물론 이 전략은 적절한 상황에 적당한 수준에서 활용해야 한다. 자칫하다가 정말 무능하다는 소리를 듣기 십상이다. 그러나 여기서 중요한 메시지는 전략적 무능력이 직장 상사나 동료, 고객, 때로는 가족이 당신에게 무언가를 요구할 때 그 기대를 버리도록 하는 데는 분명 유용할 거라는 사실이다.

내 삶을 건강하게 만드는 '미움받을 용기'

모든 사람을 만족시킬 수는 없고, 모든 일을 잘 해낼 수도 없다. 그러니 어려운 부탁은 거절할 줄도 알아야 하고, 불쾌한 고객과의 접촉은 되도록 피해야 한다. 방해 스트레스를 주는 요인은 맞서 대처하기보다는 근본적으로 싹을 잘라내야 한다. 의미 있는 일을 할 시간도, 행복을 즐길 시간도 충분하지 않은데 그런 것에 일일이 대응하면서 모두 안고 갈 수는 없다. 그래서 때로는 전략적 무능력을 보여줌으로써 일을 요령 있게 조정하는 지혜가 필요하다.

《미움받을 용기》로 국내에 소개되어 아들러 심리학 열풍을 일으켰던 알프레드 아들러는 '과제 분리' 개념을 제시했다. 우리는 누구나 다른 사람에게 인정받으려는 욕구가 있지만 이를 만족시키려고 하다 보면 진정한 자신의 삶이 아니라 남들의 기대를 만족시키기 위해 사는 것이 되어버리고 만다. 늘 남들의 시선에 신경을 곤두세우고 다른 사람의 평가에 전전긍긍하게 된다. 아들러는 이런 문제를 해결하려면 과제를 분리해야 한다고 말한다. 자신의 과제인지 타인의 과제인지를 먼저 분리한 다음 타인의 과제는 침범하지 않고 오로지 자신의 과제에만 집중하는 것이다. '여기서부터 저기까지는 내 과제가 아니다'라고 경계선을 정한 뒤 내 과제에는 집중하고 타인의 과제는 버려야 한다.

타인에게 인정받으려는 욕구는 자연스러운 것이다. 하지만 여러 관계에서 오는 각종 스트레스에 대처하느라 시달리기보다는 적당히 포기할 줄 알아야 한다. 자신이 통제할 수 없는 부분에는 의연

해질 필요가 있다. 나 자신의 행복을 위해서 남들의 시선은 신경
쓰지 않고 때로는 거리를 두면서 미움받을 용기가 필요한 것이다.
결국 이러한 노력은 근본적으로 자신의 삶을 건강하게 유지하는
한 방법이다.

'원래 그런 사람'은 없다

사람들은 대개 자신에게는 관대하고 다른 사람에게는 엄격하게 군다. 하지만 '원래 그런 사람'은 없다. 누구나 그럴 만한 사정이 있음을 받아들인다면 직장에서 발생하는 다양한 갈등에 유연하게 대처할 수 있다. 이런 오류를 줄이려면 평소 주의 깊은 관찰과 역지사지의 태도가 필요하다.

김 파트장은 진행하던 프로젝트 일정에 중대한 차질이 생겼다는 사실을 알게 되었다. 원인을 찾아보니 우형 씨가 맡은 업무 때문이었다. 그가 담당하는 동영상 제작이 지연되어 전체 프로젝트에 영향을 준 것이었다.

평소에도 우형 씨의 느릿느릿한 태도가 마음에 들지 않았는데, 납기를 지키지 못했다는 사실에 김 파트장은 화를 참을 수가 없었다. 그는 비난 섞인 질책을 이어갔다.

"나라면 밤을 새워서라도 납기를 맞췄을 거야, 무책임하게 지금까지 뭘 한 거야?"

전체 프로젝트 일정을 연기하기로 결정한 김 파트장은 퇴근길에 가까운 동료 파트장을 불렀다. 소주 한잔을 나누며 화를 삭일 요량이었는데, 뜻밖의 이야기를 전해 들었다.

"그 동영상 제작업체 때문에 다들 난리라고 하더군. 지금 그 프로젝트는 괜찮아?"

다음 날 김 파트장은 우형 씨를 불러 차근차근 이야기를 들어 보았다. 알고 보니 동영상 제작업체가 내부인력 유출로 진행하던 여러 프로젝트를 중단한 상태였다. 우형 씨는 프로젝트가 진행될 수 있도록 업체를 설득하는 데 성공해 대안을 만들어냈지만, 김 파트장이 제시한 일정까지는 맞출 수 없었다. 애초에 다소 무리한 요구였던 것이다.

우리는 타인으로 인해 어떤 문제가 발생했을 때 상대방이 '원래 그런 사람'이었다며 사람 자체를 탓하는 경향이 있다. 위 사례를 보면 알 수 있듯이 직장에서도 마찬가지다. 내가 저지른 실수는 여러 가지 상황적 요인 때문에 어쩔 수 없었다고 변명하면서도 다른 사람의 실수는 그 사람이 무능한 탓, 실력이 없는 탓, 우형 씨의 경우에는 느릿느릿한 태도 탓이라고 지레짐작한다.

≫ 누구나 그럴 만한 사정이 있다

'귀인'이란 어떤 사건의 원인을 찾는 과정과 그 결과를 말한다. 우리는 무슨 일이 생기면 그 일이 일어난 원인을 찾고 싶어 한다. 원인을 알아야 앞으로 그와 비슷한 사건이 일어나지 않도록 미리 대비할 수 있기 때문이다. 귀인의 일반적 형태는 상황이나 환경에 그 원인을 돌려 설명하는 방식인 '상황귀인'과 상황 요인보다는 그 사람의 태도, 성향, 동기 등에 돌려 설명하는 방식인 '성향

귀인' 등 2가지가 있다. 상황귀인은 '외적 귀인'이라고도 하고, 성향귀인은 '내적 귀인'이라고도 한다.

그러나 귀인은 종종 현실을 왜곡하거나 오해하게 만드는 문제가 있다. 이를 '귀인오류'라고 한다. 그중 대다수가 거의 모든 행동에서 자연스럽게 저지르는 오류가 있다. 그래서 명칭도 '기본적 귀인오류'다.

기본적 귀인오류

기본적 귀인오류란 남들이 왜 그런 행동을 했는지 설명할 때 상황이나 환경은 과소평가하고 그 사람의 속성, 기질, 성격으로 귀인하는 오류를 말한다. 사람의 행동에는 구조적 여건, 절박한 상황, 집단의 규범, 판단 착오 등 여러 원인이 있는데 이를 무시하고 성격이나 동기 등 행위자의 내적 특성 탓으로만 돌리는 것이다.

지각을 한 A사원은 원래 게으른 사람이라고 생각하고, 눈물을 흘린 B사원은 원래 나약한 성격이라고 생각하며, 아침 엘리베이터에서 인사하지 않은 C사원은 원래 건방진 사람이라고 생각하는 경우가 이러한 오류에 속한다.

기본적 귀인오류는 나이, 성별, 인종을 불문하고 모든 사람에게 흔하게 나타나기 때문에 누구도 예외가 될 수 없다. 이 오류를 지적한 심리학자 리 로스에 따르면 동양인보다 서양인이 이런 오류를 더 많이 범한다고 한다. 동양인이 상대적으로 상황적 논리를 더 많이 고려하는 경향이 있기 때문이다.

상대방이 처한 상황과 맥락 이해하기

기본적 귀인오류는 상대방을 오해하게 하고, 상대방이 처한 상황과 맥락을 보지 못하게 한다. 스티븐 코비의 《성공하는 사람들의 7가지 습관》에 의미 있는 사례가 나온다.

어느 평온한 일요일 아침에 뉴욕 지하철을 탔다.

몇 정거장을 지나 한 남자가 아이들을 데리고 지하철을 탔다. 아이들이 소란을 피우고 제멋대로 굴자 지하철 분위기가 어수선해졌다. 그러나 내 옆에 앉은 그 아이들의 아버지는 눈을 감은 채 상황을 파악하지 못한 분위기였다. 아이들은 고함을 지르고 이리저리 날뛰면서 물건을 집어 던졌고, 심지어 사람들이 보던 신문을 낚아채기도 했다. 보통 심란한 아이들이 아니었다. 그런데도 내 옆에 앉은 남자는 아무런 조치도 하지 않았다.

짜증을 억누르기 힘들었다. 결국 난 남자를 보며 말했다.

"여보시오. 당신 아이들이 많은 사람에게 피해를 주고 있잖소. 근데 당신은 어떻게 애들을 조금도 말리지 않는 겁니까?"

남자는 고개를 들더니 조용히 말했다.

"아, 그렇군요. 어떻게든 손을 써야겠네요. 우리는 방금 병원에서 오는 길인데, 애들 엄마가 한 시간 전에 눈을 감았답니다. 전 지금 머릿속이 멍한데, 도대체 어떻게 손써야 할지 모르겠군요."[38]

이런 사정을 헤아리지 못하고 아이들을 조용히 시키기 위해 남자를 비난하고 아이들을 훈계했다면 아이들은 조용해졌을지 모르지만, 속사정을 알고 나서는 그렇게 한 행동을 후회할 것이다.

직장생활도 이와 비슷하다. 지각이 잦은 A사원은 정말 게을러서 지각을 자주 할까? 출근 전에 아이를 어린이집에 데려다주어야 하는 복잡한 상황이 있지 않았을까? 엘리베이터에서 인사하지 않은 C사원은 정말 건방져서 인사하지 않은 걸까? 혹시 이미 로비에서 인사했지만 못 보고 지나쳐 무안해서 그랬던 것은 아니었을까? 문제를 단지 상대방 탓으로 돌리기보다 상대방이 처한 상황이나 맥락을 이해할 수 있을 때 그 문제의 진짜 원인을 알고 해결책을 강구할 수 있다. 때로는 문제 자체가 성립되지 않을지도 모른다.

≫ 관찰과 역지사지의 힘을 키워라

기본적 귀인오류를 줄이려면 먼저 평상시 관찰의 힘을 길러야 한다. 차를 탄 두 사람이 같은 거리를 지나가면서 동일한 차창 밖 풍경을 봤더라도 둘이 습득하는 정보의 양은 다르다. 한 사람이 바라보고 기억하는 장면을 다른 사람은 전혀 기억하지 못할 수도 있다.

따라서 다른 사람의 행동을 주의 깊게 관찰하는 것만으로도 그 원인이 되는 상황적 조건을 찾아낼 확률이 커진다. 똑같은 상황에 부닥쳤을 때 대부분 사람이 같은 방식으로 행동했다면 상황이나 환경이 원인일 개연성이 높다.

기본적 귀인오류를 줄일 수 있는 또 하나의 방법은 상대의 관점에서 사건을 바라보려고 노력하는 것이다. 똑같은 상황에서 나라면 어떻게 행동했을까 하는 역지사지의 태도를 갖출 필요가 있다. 사람들이 처한 상황이 모두 나와 같지는 않다는 사실을 늘 명심해야 한다. 스콧 피츠제럴드의 소설《위대한 개츠비》의 첫 구절처럼 말이다.

어릴 적에 나는 지금보다 훨씬 더 여리고 유약했다. 그래서인지 아버지는 여린 나에게 충고를 해주셨는데 언제나 그 조언을 마음속에 되새기고 있다.
"누군가를 비판하고 싶어지면 이 말을 명심해라. 세상 사람들이 모두 다 너처럼 혜택을 누리고 사는 건 아니란다."

직장에서의 행복은
결코 혼자서 이룰 수 없다

회사가 적절한 기회를 주고 여건을 마련해준다면 직원들의 잡 크래프팅을 더욱 활성화할 수 있다. 경영자와 리더는 의미 있는 목표 제시에 주력해야 한다. 직원들이 고객을 직접 만나게 하는 것도 좋다. 그리고 직원들에 대한 통제와 자율성 사이에서 적절한 균형점을 찾아야 한다.

지수 씨는 새벽같이 통근버스에 몸을 싣고 사업장 문에 들어서면 자정이 다 되어서야 마지막 퇴근 버스를 타고 집에 돌아온다. 일요일 저녁을 마지막으로 며칠째 아이들의 얼굴을 보지 못했다.

매일같이 반복되는 업무와 상사의 잔소리, 잦은 야근에 이제는 지쳐버렸다. 일에 흥미도 보람도 느끼지 못한 지 오래되었다. 그렇다고 회사를 그만둘 수도 없다. 당장 일을 관두면 무엇을 하며 먹고산단 말인가? 밖으로 눈을 돌리면 이 회사에 들어오려는 수많은 사람이 줄을 서 있다. 청년 백수가 넘쳐난단다. 아무리 그래도 이 일을 앞으로 10년 넘게, 아니 평생을 해야 한다고 생각하니 숨이 막히고 가슴이 답답해진다. 내 인생은 이제 어떻게 될까?

이 사례는 우리 시대 직장인의 전형을 보여준다. 그러나 지금까지의 잡 크래프팅 내용을 이해하는 독자라면 그에게 해줄 말이 많을 것이다.

그의 일이 갖는 긍정적 영향과 기여를 알려주어 그가 자기 일에 의미를 부여하도록 도울 수 있다. 또 자신의 업무 난이도와 범위를 조정해서 일에 대한 흥미를 되살릴 수도 있고, 새로운 영역의 일에 대한 꾸준한 관심을 바탕으로 뜻밖의 기회를 얻을 수도 있으니 힘을 내라고 격려할 수도 있다. 그래도 그가 답답해한다면, "회사에 친구를 만들어라" "자기 역할을 재구성함으로써 새로운 인간관계를 구축하라" "오히려 느슨한 인간관계에서 새로운 기회를 엿봐라" 하며 회사 내 인간관계 구축에 대해 조언할 수도 있다. 이런 일련의 노력은 자신이 할 수 있는 일이다. 스스로 일의 의미를 바꾸고 새롭게 가공함으로써 '잡 크래프팅'을 시도해볼 수 있다.

≫ 잡 크래프팅을 위해 회사에서 해줄 수 있는 일

그런데 이 모든 노력을 혼자서 하는 것이 아니라 회사의 도움을 받으며 할 수 있다면 얼마나 좋을까? 회사는 직원 개개인의 잡 크래프팅을 위해 충분히 지원하고 적절한 역할을 할 수 있다. 잡 크래프팅이 조직에서 활성화된다면 회사로서는 종업원의 이직률 감소, 직무 만족도 상승뿐만 아니라 회사 성과에도 긍정적인 효과를 얻을 수 있다. 가만히 앉아서 꿩 먹고 알 먹는 일이 아니겠는가?

그럼 회사는 어떻게 직원들의 잡 크래프팅을 지원해줄 수 있을까?

의미 있는 목표 제시

잡 크래프팅을 조직 내에서 활성화하려면 먼저 CEO나 리더가 직원들에게 매출, 이익률 같은 재무적 성과를 강조하기보다 의미 있는 목표 제시에 주력해야 한다.

경영의 권위자로 불리는 게리 해멀 교수는 "경영의 목표는 대개 효율, 이익, 가치, 우월성, 집중력, 차이 등으로 설명된다. 이런 목표가 중요하지만 인간의 마음을 움직일 만한 힘을 갖고 있지 않다"라고 지적했다. 그는 직원의 마음을 움직이려면 "영혼을 울릴 만한 이상, 명예, 진리, 사랑, 정의, 아름다움 등을 평범한 사업 활동에 넣는 방법을 찾아야 한다"라고 강조했다.[39] 실제로 선진기업들은 회사의 비전과 목표를 수립할 때 회사가 줄 수 있는 의미 있는 가치를 내세운다.

'세상의 모든 정보를 모아 온 인류가 접근할 수 있고 사용할 수 있도록 만들자'라는 구글의 사명은 직원들이 회사의 존재 이유와 자신들이 어떤 역할을 하는지를 명확히 인식하게 하는 좋은 사례다. 이 문구를 통해 직원들은 자신이 어떤 일을 하는지 명확히 알 수 있다. 차가운 숫자로 나타낸 목표보다 정성적인 목표일 때 직원들은 마음을 움직이고 더욱 공감하게 된다.

OKR, 개인이 주도하는 목표

최근 바람직하게도 우리 기업들에 OKR(목표와 핵심 결과) 방법론이 유행하고 있다. OKR은 목표 설정 및 프로세스 관리 방법 중 하나로 구글 등 실리콘밸리 기업들이 큰 효과를 봤다고 해서 많은 관심을 끌고 있다. 기존의 MBO(목표관리) 방식과 가장 큰 차이점은 목표 설정을 상명 하달식으로 진행하지 않고 이를 수행하는 집단 혹은 개인이 주도한다는 점이다. 이는 구성원들이 잡 크래프팅을 실천하는 데 토양이 될 수 있다.

성과 관리의 본질이 구성원의 동기부여라는 관점에서 보면 기존의 MBO는 목표가 상명 하달식으로 정해진다는 점에서 개인의 동기가 저해되는 측면이 있었다. 이에 반해 OKR은 스스로 자신의 목표를 조직의 목표에 맞춰 설정하고 모든 조직 구성원이 이를 공유하기 때문에 내재적 동기부여가 가능한 방법론이다. 예를 들어, 기존에는 '2030년 사업부 매출 100억 원 달성'이라는 목표 아래 '콘텐츠 및 광고 매출 40억 원 달성'과 같은 핵심 결과를 제시했다면, OKR 방식에서는 '고객의 콘텐츠 경험을 확대한다'라는 보다 정성적 의미를 부여한 목표 아래 '네이버/카카오 등 SNS별 맞춤 콘텐츠 확대를 통한 팔로워 수 5만 명 달성'과 같은 구체적 핵심 결과를 제시한다.[40]

따라서 OKR 방식에서는 사업부 내 팀별, 부서 단위로 의미 있는 목표를 재설정할 수 있고 이는 개인의 업무에도 적용된다.

고객을 만나게 하라

기업의 규모가 커질수록 개개인이 하는 일이 매우 세분되다 보니 직장인은 대부분 자신이 만드는 제품의 최종 고객을 직접 만날 일이 없다. 자신이 하는 일은 최종 제품과 서비스를 제공하기 위한 일련의 프로세스 중 하나일 뿐이다. 제조직에 종사하는 사람은 긴 제조 공정 중 일부 공정을 담당할 뿐이고, 사무직 종사자도 자기 회사가 제공하는 제품과 서비스가 원활히 생산되고 판매될 수 있도록 하는 다양한 업무 중 일부만 담당한다.

최근에는 전문직의 상황도 별반 다르지 않다. 대형 로펌에 들어간 젊은 변호사들은 의뢰인을 직접 만나거나 재판정에서 판사 또는 배심원에게 직접 변론할 기회가 거의 없다. 그들 역시 일반 직장인과 다름없이 상사의 지시에 따라 자료나 판례를 찾고, 변론 문서를 작성하는 등 소송 과정 중 일부를 담당한다.

자신이 하는 일에 의미를 부여하려면 일의 과정과 결과 그리고 그 결과가 누구에게 어떤 영향을 미치는지 알아야 한다. 따라서 회사직원에게 '최종 고객이 누구인지' 그리고 '우리의 제품과 서비스를 통해 그들이 얼마나 큰 기쁨을 누리는지' 등을 알려줌으로써 동기부여를 해줄 수 있다. 실제 미국 의료기기 제조업체 메드트로닉은 직원에게 자신들이 만든 의료기기로 인생을 바꾼 환자들의 강연을 듣게 해줌으로써 생명을 살리는 기계를 만든다는 자부심을 부여한다.[41]

≫ 잡 크래프팅이 가져오는 성과

《무엇이 성과를 이끄는가》의 저자 닐 도쉬는 성과를 '적응적 성과'와 '전술적 성과'로 구분해 정의한다. 적응적 성과는 변화하는 경영환경에 적응하면서 문제를 해결해나가는 성과를 의미하고, 전술적 성과는 계획을 잘 따르고 실천하는 성과로 생산성과 효율성에 집중한다. 2가지 성과 모두 중요하긴 하지만, 오늘날처럼 변동성이 크고 불확실한 경영환경에서는 적응적 성과를 높여야 한다.

더구나 회사의 조직은 자동차 엔진과 같은 기계 구조가 아니다. 자동차 엔진에는 적응성이 그다지 필요하지 않지만 기업 조직은 다르다. 조직과 개인은 환경 변화에 유연하게 대응해야 한다. 다른 이들과의 상호작용을 위해서는 정해진 계획과 규칙만으로 움직일 수 없다. 개개인의 적응적 성과가 매우 중요해지는 것이다. 그럼 적응적 성과를 높이려면 어떻게 해야 할까? 직원들에게 '잡 크래프팅'을 할 수 있는 환경과 여건을 마련해주어야 한다.

잡 크래프팅을 위한 회사의 지원과 역할

인간은 자신이 장기판의 말처럼 도구로만 쓰이길 원하지 않는다. 본인 스스로 판단하고 결정하는 자율성이 주어지지 않는다면 일에 대한 동기도, 잡 크래프팅을 할 이유도 찾지 못한다. 따라서 경영자는 통제와 자율성의 균형점을 적절히 찾아야 한다. 게다가 모든 기업에 통용되는 자율성의 수준이란 있을 수 없다. 직원마다 자신이 무엇을 어디까지 통제하고 싶은지에 대한 생각이 다르기 때문이다. 경영자가 할 수 있는 최선의 선택은 각 개인이 바라는 바가 다름을 인정하고 각자의 영역에서 직원들이 무엇을 요구하는지에 최대한 관심을 두는 것이다.

지금까지 살펴본 바와 같이 회사는 직원 개개인의 잡 크래프팅을 위해 충분한 지원과 적절한 역할을 할 수 있다. 다르게 보면 잡 크래프팅을 성공적으로 수행하려면 '회사·동료의 신뢰와 지원'이 필수다. 따라서 잡 크래프팅이 단지 나만을 위한 것이 아니라 조직과 동료들에게도 가치가 있다는 공감을 얻는 것이 매우 중요하다. 그리고 잡 크래프팅이라는 처방전이 혼자만의 행복을 위한 이기적 처방전이 되어서는 곤란하다(5장 참조). 직장에서의 행복은 결코 혼자서 이룰 수 없기 때문이다.

부족한 이에게도 기회를 주어야 하는 이유

임정남 (삼성전자)

8년 전 부서를 이동한 지 3개월 정도 되었을 때의 일입니다. 당시 그룹 내 모든 법인이 참여하는 기능 경진 대회가 한국에서 열렸습니다. 부서 인원 13명 중 한 명에게 참여할 기회가 주어졌는데, 흔치 않은 기회라 모두가 내심 참여하고 싶어 했습니다. 그때 실무를 하고 있던 9명 중 저만 3개월 차 초보였고 나머지 부서원은 모두 5년 이상의 경력이 있는 분들이었죠. 그래서 당연히 저는 저를 제외한 나머지 부서원 중에서 한 분이 참여할 거라고 예상했습니다.

그런데…… 당시 리더였던 선배가 대회 참여자를 결정짓는 회의에서 대회 참여자로 저를 지목한 거예요.

모두들 '왜'라고 말하는 듯한 표정으로 저와 선배를 바라봤습니다. 저도 선배가 왜 그런 선택을 했는지 의아했습니다. 경력이 있는 분이 참여해서 좋은 결과를 얻도록 해야 할 텐데 왜 하필 초보인 저를 지목했는지 도무지 알 수가 없었습니다. 그때 선배가 입을 열었습니다.

"이 자리에 있는 분들은 이미 이 분야의 전문가이십니다. 참여하면 1등은 떼놓은 당상이겠지요. 그러나 부서 이동을 한 지 얼마 되지 않은 정남 님은 이제 시작입니다. 이번 대회를 통해 좋은 경험을 쌓고, 이를 디딤돌로 삼아 성장하고 발전할 수 있지 않을까 생각해서 이렇게 결정했습니다."

그래서 결국 제가 대회에 참여하게 되었습니다. 리더의 선택이 틀리지 않았다는 것을 증명해 보이고 싶었고, 부서원들의 몫까지 해야 한다는 책임감을 느꼈기에 짧은 시간 동안 정말 열심히 준비했습니다. 그 과정에서 자신이 성장하고 있다는 것이 느껴졌습니다.

그 결과 저는 도전 분야에서 1등의 영광을 차지했습니다. 선배의 말씀처럼 그 대회가 저에게 잊지 못할 경험이자 성장의 디딤돌이 되어 지금 여기까지 올 수 있었던 것 같습니다. 그날 그 선택이 지금의 저를 만들어주었고, 그때의 선배처럼 저 역시 이제는 후배들을 믿고 성장시키면서 부서와 회사의 발전에 보탬이 되는 리더가 되어야겠다는 목표를 가지게 되었습니다.

Chapter 5

오늘을
즐길 줄 아는 것이
잡 크래프팅

어떻게 살 것인가가 먼저다

어떤 일을 해야 하는지, 내 일에 어떤 의미를 부여해야 하는지보다 어떻게 살 것인지를 고민하라. 당신을 당신답게 하는 것은 다른 사람 눈에 비친 지위와 타이틀이 아닌 당신의 사고와 생각, 가치관이다. 올바른 가치관 형성은 좋은 스승과 양서를 만나는 데서 시작된다.

"꿈이 뭡니까?"

"제 꿈은 이 회사의 CEO가 되는 겁니다."

"그렇군요. 왜 CEO가 되려고 하나요?"

"네, CEO는 기업의 최고 의사결정자로서 샐러리맨에게는 최고의 영광이고요, 개인적으로 높은 연봉에 대한 욕심도 있습니다."

"네, 솔직하시네요. 원래 꿈이 대기업 CEO가 되는 거였나요?"

"네? 원래 꿈이라고 하면 언제를 말씀하시는지요?"

지원자는 이렇게 되물었고, 면접관은 다시 질문했다.

"뭐, 초등학교 때나 중고등학교 때나 이럴 때요. 어린 시절의 꿈."

"글쎄요. 이런저런 꿈을 꾸었지만, 대학 입학 이후엔 줄곧 CEO가 되고 싶었습니다."

"CEO가 되어서 뭘 하고 싶습니까? 뭘 하려고 CEO가 되고 싶은 건가요?”

“……”

“음, 질문을 바꿔보죠. CEO라는 높은 지위에 올라 연봉을 많
이 받으면 무엇을 하시겠습니까?”

“돈이 많다면 아무래도 제가 할 수 있는 게 많아지잖아요. 선택
의 폭도 넓어지고요.”

“그 선택이 뭔지 궁금합니다. 어디에 쓰려고 돈을 많이 벌고 싶
은 거지요?”

“……”

필자가 경영학과 출신의 한 취업지원자와 인턴 면접장에서 나눈
대화를 조금 바꿔보았다. 압박 질문은 아니었다. 분위기는 부드러
웠다. 사실 요즘 MZ세대 중에 누가 '임원'을 목표로 일하겠는가?
월급 받는 만큼만 일한다고 공공연히 이야기하는 젊은 친구들이
많은 시대, 면접 상황이어서 어느 정도 과장도 있었겠지만 이 지원
자는 솔직했다.

이 지원자는 현재 삼성의 금융 관계사에서 일하고 있다. 그리고
나중에 전해 들은 이야기지만 당시 필자의 질문에 적잖은 충격을
받았다고 한다. 예상치 못했던 질문이었기 때문이다.

평소에 그런 고민을 별로 하지 않은 이유도 있을 테지만, 사실
기업 면접장에서 하는 질문이 대부분 비슷하기 때문에 굳이 생각
해볼 필요가 없었을지 모른다. 입사 면접에서 “저는 이 회사 임원

이 되는 게 꿈입니다"라고 대답하면 상당수 면접관은 그저 흐뭇해한다. "왜 임원이 되고 싶은 겁니까?"라고 되묻는 면접관은 흔치 않다. 하지만 이 질문은 대단히 중요하다.

≫ 목적과 수단을 분명히 하라

취업을 목적으로 하는 청년들은 종종 CEO가 되고 싶다고 말한다. 솔직한 속내는 CEO가 돈을 가장 많이 벌 수 있기 때문이다. 물론 맞는 말이다. 그런데 그렇게 돈을 많이 벌어서 무엇을 할지에 대해서는 구체적으로 고민하지 않는다. 사실 돈은 버는 것보다 쓰는 데 더 의미가 있다. 돈은 무언가와 바꾸기 위한 교환 수단이다. 돈을 많이 벌려고 한다면 그 많은 돈과 바꾸고자 하는 교환 대상이 있어야 한다.

돈과 지위, 권력은 수단

'돈'뿐 아니라 '지위' 역시 수단이다. 그 지위를 이용해 무엇을 하겠다는 목표가 분명히 있어야 한다. CEO 지위에 오르고 싶으면 CEO에 올라 펼치고 싶은 무언가가 있어야 한다. 따라서 직책 자체가 목표가 되어서는 안 된다. 무슨 제품과 서비스를 어떻게 제공하기 위해서, 그 제품과 서비스를 통해 내가 세상에 어떤 기여를 하고 싶어서 어떤 자리에 가야 한다고 밝히는 것이 진정한 목표가 될 수 있다.

'권력' 또한 마찬가지다. 권력을 얻는 것 자체가 목표가 되어서는 안 된다. 그 권력으로 세상에 어떤 영향력을 행사하고 싶은지, 나아가서 이 세상을 어떻게 바꾸고 싶은지가 목표가 되어야 한다.

아울러 명예를 위해 사는 것도, 이름을 후대에 남기기 위해 사는 것도 자기 자신을 수단으로 삼는 것과 다름없다. 철학자 칸트는 "인간을 항상 수단이 아닌 목적으로 대하라"고 했다. 다른 사람에게도 이럴진대 자신을 수단으로 대해서는 안 된다. 현재의 삶을 충실히 살고, 그 삶의 결과로 후대가 나를 기억하도록 해야 한다.

목적이 없는 노동은 의미 없는 노동

철학자 니체는 "왜 살아야 하는지 아는 사람은 어떠한 삶도 견뎌 낼 수 있다"라고 했다.

"당신의 꿈은 무엇입니까?"

"왜 그렇게 살려고 합니까?"

취업지원자뿐 아니라 어느 시대건 그 시대를 살아가는 청년에게 이보다 더 중요한 질문이 있을까? 나치 강제수용소에서 3년 동안 죽음의 공포와 맞서 싸운 빅터 프랭클 박사 역시 "삶에 의미가 없다면 그 순간 그 사람은 죽은 것이다"라고 했다. 일에서도 무엇을 위해 경쟁하는지 그 목적이 없으면 의미 없는 노동이 된다.

학력은 높아졌지만 상식이 부족하고
지식은 많아졌지만 판단력이 모자란다.

돈 버는 법을 배웠지만 '어떻게 살 것인가'를 잊어버렸고

인생을 사는 시간은 늘어났지만

시간 속에 삶의 의미를 넣는 방법을 상실했다.

SNS상에서 널리 회자되는 글이다. 출처가 정확하지는 않지만 티베트의 정신적 지도자인 달라이 라마의 글이 변형된 것으로 짐작된다. 이 글처럼 오늘날 우리나라 사람들의 삶은 예전보다 풍요로워졌지만 삶과 인생의 궁극적인 의미와 가치는 잃어버린 듯하다. 본래는 삶을 윤택하게 하는 수단이었을 뿐인 돈과 지위와 권력이 어느덧 우리 사회에서 지상 최고의, 인생 최고의 목표로 추앙받고 있다.

우리는 무엇을 위해 이렇게 돈과 지위, 권력에 목을 매는가? 그 이유는 우리가 다른 사람과 떨어져 혼자 살아가는 존재가 아닌 사회적 존재이기 때문이다. 사회적 존재로서 인간은 다른 사람의 인식과 영향에서 결코 자유로울 수 없다. 애덤 스미스는《도덕감정론》에서 이렇게 말했다.

이 세상에서 힘들게 노력하고 부산을 떠는 것은 무엇 때문인가? 탐욕과 야망을 품고, 부를 추구하고, 권력과 명성을 얻으려는 목적은 무엇인가? (중략) 다른 사람들이 주목을 하고, 관심을 쏟고, 공감 어린 표정으로 사근사근하게 맞장구를 치면서 알은체를 해주는 것이 우리가 거기에서 얻을 수 있는 모든 것이라고 말할 수 있

다. 부자가 자신의 부를 즐기는 것은 부를 통해 자연스럽게 세상의 관심을 끌어모은다고 여기기 때문이다. (중략) 지위와 이름이 높은 사람은 온 세상이 주목한다.

시대와 지역에 따라 달라지는 존경의 조건

우리가 그토록 돈과 지위, 권력에 목을 매는 이유는 다른 사람에게서 존경과 관심을 받기 위해서다. 존경의 욕구는 1장에서 설명한 매슬로의 욕구 5단계 중 4단계에 위치할 만큼 인간의 고차원적 욕구다. 배가 부르고 안전하다고 느끼게 되면 사람들은 다른 이에게서 존경받고 존엄을 유지하고 싶어 한다.

존경에 대한 욕구와 바람은 시대와 지역을 떠나 변하지 않았지만 그 조건은 각 시대와 지역에 따라서 달랐다. 어떤 곳에서는 존경과 관심을 끌어모으는 기술이나 자질이 다른 곳에서는 아무런 의미가 없거나 경멸의 대상이 되기도 했다. 예를 들어, 1700년대에 우아하게 춤을 잘 추는 능력은 영국 신사에게는 부러움의 대상이었지만, 당시 아마존의 카두베오 부족 남자에게는 수치스러운 자질이었다.

시간의 흐름에 따라 존경의 지표도 달라진다. 지금과 같은 자본주의 시대에는 돈이 다른 어떤 것보다 존경의 지표로 추앙받지만, 인류 역사에서 늘 그런 것은 아니었다. 다른 이에게서 존경받고자 하는 욕구 자체는 변하지 않았지만, 그 욕구를 무엇으로 채울지는 그때그때 변했다.

바로 이 점, 존경받고자 하는 욕구를 무엇으로 채울지는 매우 중요한 문제다. 남들에게서 존경을 받고 관심을 끌기 위해 필요한 조건이 비단 돈이나 세속적 지위, 권력뿐일까? 모두가 돈이나 지위를 원한다고 해서 그것만이 세상 가치의 전부는 아니다. 세상에는 다양한 가치가 있다. 사랑, 진리, 명예, 헌신 등 사람들은 자신이 가치 있다고 여기는 것을 선택할 자유가 있다. '무엇을 통해 존경받을 것이냐, 누구에게서 존경받을 것이냐'는 온전히 내가 선택할 수 있다.

≫ 삶의 가치는 내가 선택한다

앞서 우리와 같은 동아시아인은 '체면 문화' 때문에 남의 시선을 더 많이 의식한다고 지적했다. 이런 모습은 유교적 관습과 어렸을 때부터 받아온 교육의 영향이 크다. 한국과 일본에서는 예로부터 다른 사람에게 피해를 주지 않도록, 남의 시선을 의식하도록 가르쳤다. 그에 비해 서양인은 상대적으로 남을 덜 의식한다. 서구 사회는 어렸을 때부터 자녀들에게 자기 자신의 판단에 따라 행동하라고 가르친다. 이는 아리스토텔레스 이후 이어진 서양철학의 전통과도 맥을 같이한다.

자신의 양심과 이성에 집중하기

우리는 다른 사람의 시선과 인정을 의식하기보다 우리 내부의 양심과 이성의 명령에 집중해야 한다. 남들이 하는 대로 휩쓸리지 말고 자기가 믿고 판단하는 대로 행동해야 한다. 다른 사람이 맹목적으로 좇는 돈과 명예가 무엇을 위해 필요한지, 그리고 나에게도 반드시 필요한지 먼저 정의할 수 있어야 한다. 그 판단은 온전히 자기 몫이다. 존 스튜어트 밀은 《자유론》에서 다음과 같이 말했다.

> 사람은 누구든지 자신의 삶을 자기 방식대로 살아가는 것이 바람직하다. 그 방식이 최선이어서가 아니라 자기 방식대로 사는 길이기 때문에 바람직한 것이다.

삶의 결정권은 자신이 가져야 한다. 스스로 설계한 삶이 옳다고 믿어야 한다. 다른 이의 시선을 의식하며 그에 맞추어 살려고 하지 말자. 스티브 잡스는 2005년 스탠퍼드대학교 졸업 연설에서 다음과 같은 말을 남겼다. 이 말에 담긴 메시지는 존 스튜어트 밀의 지혜와 닮았다.

> 당신의 시간은 영원하지 않다. 다른 사람의 삶을 살면서 시간을 낭비하지 말라. 다른 사람의 의견이 당신 안에서 말하는 목소리가 사라지도록 하지 말라. 당신의 가슴과 직관이야말로 당신이 진정으로 원하는 것이 무엇인지 알고 있다. 당신의 가슴과 직관이 원하는 대로 따라가는 것이 중요하다. 그 밖에 다른 것은 모두 부차적인 문제일 뿐이다.

나를 나답게 만드는 것은 나만의 생각과 가치관이다

어떻게 살 것인가? 지금껏 강조했듯이 정답은 내 방식으로 나의 가치를 찾으며 사는 것이다. 삼성전자 DS부문을 이끄는 경계현 부문장은 부사장들을 대상으로 한 교육과정에서 CEO에게 가장 먼저 필요한 것이 무엇이냐는 한 교육생의 질문에 '자기만의 철학과 가치'라고 대답한 바 있다. 자신의 방식대로 살려면 흔들리지 않을 자신만의 가치관과 세계관을 확립해야 한다.

나를 나답게 하는 것은 직책이나 타이틀이 아니다. 직책은 잃을 수도 있고 타이틀은 늘 변한다. 그런데 직장인 가운데 직장의 브랜드와 자신의 브랜드를 동일시하는 이가 많다. 대기업에 다니는 사람들은 자신들이 중소기업에 다니는 사람들보다 우월하다고 느끼기도 한다.

물론 실제로 모두가 그런 것은 아니다. 비슷한 직무를 수행할 경우, 중견기업 직원이 대기업 직원에 비해 직무 전문가로서의 능력이 더 뛰어난 경우를 자주 봐왔다. 대기업과 같이 조직이 클수록 개인이 하는 일은 더욱 세분화되기 때문이다. 미국의 대부호 폴 게티는 대기업의 일원이 되는 것은 기차에 타는 것과 같아서 자기 자신이 시속 100킬로미터로 달리는지, 달리는 기차에 자신이 타고 있는지 구별되지 않는다고 말했다.

대기업의 브랜드와 자신의 브랜드를 혼동하지 말아야 한다. 나를 나답게 만드는 것은 지위와 타이틀, 다니는 회사 브랜드가 아닌 자신의 사고와 생각, 가치관이다. 가치관을 제대로 형성해야 제대로 된 나를 만들 수 있다.

가치관이란 세상에 어떤 것이 가치 있고 어떤 것이 가치 없다고 믿는 기준이다. 쉽게 설명하면 어떤 의사결정을 할 때 가장 우선순위에 두는 기준이다. 가치관이 명확히 서지 않으면 행동에 일관성을 유지하기 어렵다. 사람이 최고 자산이라고 늘 이야기하던 CEO가 막상 회사가 어려워졌을 때 직원부터 해고한다면 그 사람은 거짓말을 했거나 가치관이 불분명해서 자신이 무슨 말을 했는지도 모르는 것이다. 이런 CEO는 당연히 직원들의 신뢰를 잃을 수밖에 없다.

가치에 합당한 삶이 과정도 즐겁다. 비록 남들 눈에는 잘 보이지 않을지라도 자신이 믿는 가치를 실천하면서 사는 삶이 만족도가 높다. 우리는 뒤늦게 삶의 가치를 발견한 사람들의 이야기를 듣는다. 그들은 하나만 보고 열심히 살아왔는데, 막상 자신이 원했던 성공의 문턱에서 '이게 아닌데'라며 후회한다. 그런 경우, 지나간 인생은 무의미해진다.

그렇기 때문에 행복이나 성공을 위해서라도 일찍부터 자신을 제대로 알고 명확한 가치관을 갖는 것이 매우 중요하다. 그래야 후회도 덜 남고 과정도 더 즐길 수 있다. 자기 자신의 가치관이 정립되지 않은 상황에서는 중요한 결정조차 주위의 권유에 떠밀려, 분위기에 휩쓸려서 덜컥 하기 쉽다. 그렇게 살다 보면 결국 후회하는 이는 다른 사람이 아닌 바로 자기 자신이다.

올바른 가치관을 가져라

올바른 가치관은 좋은 스승과 같은 사회관계를 구축하고 좋은 책을 만나는 것으로 형성된다. 시간적·물리적 한계가 있는 주관적 경험만으로는 올바른 가치관을 세우기 어렵다.

책을 예로 들면 근래에 수없이 쏟아지는 자기계발서가 그 역할을 대신할 수 없다. '유행'이라는 것은 살짝 머리를 흩날리게 하는 가벼운 바람과 같다. 그 순간에는 잠시 상쾌할지 몰라도 마음속 깊이 울림을 주긴 어렵다. 그래서 고전 읽기를 추천한다.

삼성경제연구소에 세상 모든 일에 박식하고 글을 맛깔나게 잘 쓰는 분이 있었다. 하루는 전공 분야도 아닌 다른 분야에서도 해박한 지식을 뽐내기에 물었다.

"도대체 1년에 책을 얼마나 읽으시기에 그렇게 많이 아세요?"

"난 1년에 책을 몇 권 안 읽어요. 단지 대학교 시절에 제 나름대로 책을 많이 읽었죠. 그게 살면서 계속 도움이 되네요."

이어서 그는 덧붙였다.

"요즘 나온 책들은 거의 읽지 않지만 고전은 많이 읽으려고 노력해요. 새로 나온 책도 대부분 고전을 재해석하거나 짜깁기한 수준이죠. 고전 한 권을 읽으면 요즘 책 10권을 읽는 것과 같은 효과가 있습니다."

시대와 지역을 불문하고 이어져 내려오는 고전이 있는 데는 분명 이유가 있다. 그 안에 녹아 있는 인간의 삶과 사회에 대한 깊은 통찰은 우리가 올바른 가치관을 갖도록 돕는다.

반면 피해야 할 것이 있다. 바로 일회성으로 소비되는 신문이나 잡지의 기사, 칼럼, 논설이다. 물론 세상 돌아가는 소식을 알려주는 매체이기에 다양한 정보를 접하고, 논리적으로 사고하고, 문장력을 키우는 데 도움을 주기도 한다. 하지만 기사나 논설을 통해 가치관을 형성하는 데는 한계가 있다. 같은 활자라고 해도 고전 문장이 주는 통찰과 이해관계가 스며든 일간지 논설이 주는 메시지는 확연히 다르다.

> 옛사람들은 고전에서 인간학을 배우며 자신을 다스리고 높이는 공부를 했다. 그러나 요즘 사람들은 얄팍한 지식이나 정보의 덫에 걸려 고전에 대한 소양이 너무 부족하다. 자기 나름의 확고한 인생관이나 윤리관이 없기 때문에 눈앞의 조그만 이해관계에 걸려 번번이 넘어진다. 아무 도움도 되지 않는 텔레비전 프로나 신문기사로 머리를 가득 채우는 것은 영양가 없는 음식을 몸에 꾸역꾸역 집어넣는 것처럼 정신 건강에 해롭다.[42]

이 글은 법정 스님의 일갈이다. 최근 인터넷 기사의 댓글을 보면 실제 이렇게 신문을 통해 가치관과 세계관을 형성해 살아가는 사람이 적지 않은 것 같아 놀랍다. 유명한 가톨릭교회 작가인 토머스 머튼은 "하느님이 계시하신 말씀을 믿지 못하는 사람들이 신문에서 읽은 내용은 그대로 받아들인다"라고 하며 이런 세태를 한탄했다.

좋은 직장을 얻는 일보다 선행되어야 할 것은 '어떻게 살 것인가'를 명확히 하는 일이다. 무엇을 위해 살고 그 과정에서 어떤 가치를 견지할지 먼저 고민해야 한다. 가치관을 제대로 정립하고 사는 삶에서는 어떤 일을 하든 자신이 중요하게 생각하는 가치를 일에 투영해 의미를 만들어낼 수 있다.

오늘이 행복해야 내일도 행복하다

당신이 열심히 일하는 이유는 무엇인가? 우리는 미래의 성공을 위해 현재의 희생을 당연시하면서 소중한 사람과 보내는 시간조차 포기하고 있다. 삶의 목표라는 건 언제든 바뀔 수 있다. 그 과정에서 즐겁고 행복할 수 있어야 한다. 또한 그러려면 '휴식'은 필수다.

그레고르 잠자는 악몽에서 깨어난 순간 자신이 벌레로 변했음을 깨닫는다. 도대체 무슨 일이 자신에게 일어났는지를 알기도 전에 출근해야 하는 현실에 대한 걱정과 자신이 돈을 벌어 부양해야 하는 가족 걱정이 가장 앞선다. 이후 그레고르는 의사소통이 단절된 채 방 안에 갇힌 신세가 된다. 그는 일하지 않는 가족이 앞으로 어떻게 살아갈지 걱정을 멈출 수 없다.

하지만 그 걱정은 기우였다. 가족들은 저마다 일거리를 찾아 돈을 벌면서 오히려 예전보다 활기차게 살아간다. 그리고 진액을 묻혀 가며 벽을 기어 다니는 그레고르를 눈엣가시처럼 귀찮아한다.

결국 아버지가 던진 사과에 맞아 그레고르는 죽음에 이르고, 가족들은 그의 시체를 집에 버려둔 채 피크닉을 떠나기 위해 기차에 몸을 싣는다.

프란츠 카프카의 소설 〈변신〉에 나오는 주인공 그레고르는 가족을 위해 자신을 희생하며 열심히 돈을 벌었지만 막상 돈을 벌어오지 못하는 '벌레'가 된 뒤에는 완전히 찬밥 신세가 된다. 그의 걱정과 다르게 가족들의 삶은 오히려 이전보다 나아졌다. 아버지는 은행 안내원이 되었고, 어머니는 양장점 바느질 일을 시작했으며, 여동생은 일자리를 얻기 위해 속기와 불어를 공부하기 시작했다.

그는 도대체 무엇을 위해 자신을 희생하며 살아왔던 것일까?

≫ 당신이 열심히 일하는 이유는 무엇인가?

〈변신〉은 100여 년 전에 나온 소설이지만, 지금 우리 사회에 주는 시사점은 여전히 강력하다. 21세기 한국 사회에는 가족 부양을 위해 힘들게 돈을 버는 주체이면서 정작 가족에게서는 존경받지 못하는 사람이 있다. 가족을 위한 일이라고 여기며 인생을 모두 바쳤는데 막상 가족에게는 그저 돈 버는 기계로 취급받는 부모가 그렇다. 어느 설문조사 결과를 보면 대학생의 절반가량이 아버지에게 원하는 1순위로 '돈'을 꼽았다.

한국 사회에서 가족을 위한 희생의 극단적 형태로 '기러기 아빠'가 있다. 외국어와 양질의 교육을 위해 기러기 아빠는 아내와 자녀들을 먼 이국땅으로 보내고 비싼 학비와 생활비를 대느라고 더 열심히 일한다. 퇴근 후 집에 돌아오면 가족의 빈자리는 더욱 크게 느껴지지만 어느덧 이런 삶도 시간이 흐름에 따라 조금씩 적응된다. 일상은 가족과 함께했던 과거와는 전혀 다른 모습이 되어버리고 어느새 자녀들의 연락도 뜸해진다.

가족으로부터의 소외와 외로움은 비단 기러기 아빠에게만 해당하는 이야기가 아니다. 같은 집에 살면서도 가족과 얼굴 한번 보기 힘든 아버지들이 우리 주변에 많다. 가족과 함께 풍요로운 삶을 누리려고 돈을 버는 것인데 현실은 돈을 벌기 위해 가족과의 시간을 포기하고 있다.

자녀를 키우는 부모라면 아이들이 아빠와 추억을 가장 많이 만들 수 있는 시기는 초등학교 시절임을 알 것이다. 아이들은 중학생만 되어도 부모와 함께 다니는 것을 꺼린다. 아이들과 함께 시간을 보내는 것도 때가 있다. 그 시기를 놓치면 자녀와의 추억을 만들 수 있는 기회를 영원히 놓치게 된다.

나중으로 미룰 수 있는 것은 많다. 사고 싶은 게 있으면 오늘 참는 대신 절약하고 저축해서 미래 어느 시점에 더 좋은 것을 살 수도 있다. 하지만 아이들은 기다려주지 않는다. 부모와 함께 공유할 수 있는 어린 시절의 추억은 그 시절이 지나면 영원히 다시 만들어낼 수 없다. 열심히 돈을 버는 이 순간에도 시간은 흐르고 아이들은 자란다.

우리가 보지 못하는 소중한 것들

돈을 버는 일도 자신에게 쓸 수 있는 시간과 여유가 있을 때 의미가 있다. 아무리 돈이 많아도 그 돈을 쓸 수 없다면 그건 더 이상 돈이 아닌 종잇조각에 불과하다. 하지만 우리 주변에는 돈은 많이 벌지만 정작 번 돈을 제대로 써보지 못하는 사람들이 있다. 더 정확히 말하자면 본인이 의도했든 의도하지 않았든 간에 돈을 버는 데 시간을 다 써버려 정작 돈을 쓸 시간이 없는 사람들이 있다. 한 맞벌이 부부의 사례를 보자.

> 맞벌이 부부는 하루도 쉬지 않고 열심히 돈을 벌었다. 그래서 아내는 본인이 늘 꿈꾸던 예쁜 베란다를 꾸몄고, 남편은 좋아하는 오디오를 샀다. 부부는 앞으로 더 열심히 살자며 돈을 벌러 아침 일찍 나가고 밤늦게 들어오는 생활을 반복했다. 그러던 어느 날 남편이 두고 나온 물건을 가지러 집에 들렀더니 집안일을 도와주시는 아주머니가 베란다의 예쁜 의자에 앉아 자신이 산 오디오의 음악을 들으며 차를 마시고 있었다. 자신들은 물건을 사기만 했지 정작 그 물건들을 여유롭게 누린 적은 한 번도 없었다. 그러나 아주머니는 열심히 일하면서 그 여유를 즐기고 있었다.[43]

내일이 아닌 오늘을 살라

우리가 하루하루를 치열하게 사는 이유는 무엇일까?

무엇을 위해서 인생의 달력을 매일 한 장씩 뜯어가며 일터로 향하는지 진지하게 돌아보자. 물론 당장의 생계를 위해 일터로 갈 수밖에 없는 이들에게는 이런 질문이 배부른 소리로 들릴지 모른다. 그러나 일을 하는 많은 사람이 단순히 생계만을 위해 일터로 향하지는 않는다.

사람의 행복은 어느 일정 수준의 소득에 도달할 때까지는 비례해서 늘어나지만 일정 수준을 넘어서면 더 이상 비례해서 늘어나지 않는다. 일정 수준 이상의 소득에서 행복을 결정하는 요인은 '돈'만이 아니다. 막연히 '돈만 벌면 된다' '열심히 살면 된다'라는 생각으로 살아가는 모습은 결승점만을 보고 질주하는 경주마와 같다. 경주마의 눈에는 가림막이 씌워져 있어서 달리는 동안 주변을 돌아보지 못한다. 그렇게 앞만 보고 달려가면서 소중한 것들을 얼마나 많이 지나쳤을까?

경주마처럼 앞만 보고 살아왔던 사람들도 죽음을 앞둔 상황에서는 대부분 뒤를 돌아보게 된다. 그렇게 자신의 삶을 돌아봤을 때 그들이 후회하는 것이 어쩌면 우리 인생에서 가장 중요했던 것이 아닐까? 죽어가는 사람들을 돌보았던 한 호스피스 간병인은 이들에게서 비슷한 후회가 반복된다는 사실을 발견하고 이 내용을 정리한 바 있다. 그중 주목할 만한 것이 "내가 그렇게 열심히 일하지 않았더라면" 하는 후회와 "나 자신에게 더 많은 행복을 허락했더라면" 하는 아쉬움이다.[44] 죽음을 앞두고 하는 후회니만큼 이 말은 진심일 확률이 높다.

우리가 일을 하는 이유는 단지 돈을 많이 벌기 위해서가 아니다. 또한 우리가 돈을 버는 이유는 단지 베란다를 예쁘게 꾸미고 멋진 오디오를 소유하고 싶어서가 아니다. 그것들이 주는 경험을 즐기기 위해서다.

결국 우리가 일하는 이유는 일 자체와 일을 해서 얻는 보상을 통해 우리 인생의 경험을 더욱 풍요롭게 하기 위해서다.

≫ 행복한 직원이 성과도 좋다

사람은 가진 게 많아질수록 기대치도 높아지기에 이전과 같은 행복감을 느끼려면 더 많이 소유해야 한다. 그런데 이는 꼭 돈이나 상품과 같은 물질적인 것에만 국한되지 않는다. 자신이 설정한 목표에 대한 열망에도 동일하게 적용된다.

한 연구에 따르면 야심이 큰 사람들은 좋은 대학에 들어가고 연봉이 높은 직업을 얻을 가능성이 높지만, 야심이 덜한 사람들보다 수명이 짧은 것으로 나타났다.[45] 여기서 주목할 점은 누가 오래 살고 누가 오래 살지 못했는지가 아니다. 목표를 이룬 사람들이 자신의 야심 때문에 인생의 즐거움을 제대로 누리지 못하는 경우가 많았다는 사실에 주목해야 한다. 이들은 끊임없이 목표 기준을 높여가느라 행복을 느낄 겨를이 없었고 오히려 불행했다. 연구팀은 목표의 달성이 행복하고 건강한 생활을 보장해주는 것은 아니며 목표의 달성 못지않게 안정된 가족관계와 우정 등이 행복을 이루는 데 매우 중요하다고 강조했다.

인생에서 우리는 늘 새로운 목표를 끊임없이 탐색한다. 직장에서는 구성원에게 동기를 부여하려고 끊임없이 새로운 목표를 제시한다. 어느 정도 목표를 달성했다 싶으면 그보다 높은 목표를 추가한다. 그 목표가 자의든 타의든 목표 하나를 달성했다고 해서 거기에 머무를 수는 없으며 구성원은 끊임없이 새로운 목표를 향해 움직인다. 목표 달성 후에 오는 행복은 그리 오래 지속되지 않는다. 그에 비해 목표에 이르는 과정은 상당히 길다. 그래서 우리는 목표에 이르는 과정을 즐길 수 있어야 한다.

목표를 달성해가는 과정을 즐겨라

삶에서 명확한 목표 설정은 아주 중요하다. 하지만 때로는 반대일 때도 있다. 절대적이고 확실한 목표를 추구하다 보면 전혀 예기치 못하게 등장하는 좋은 기회를 놓칠 수도 있다. 그래서 오늘날의 복잡하고 변화무쌍한 사회를 살아가는 현대인은 어디서 어떻게 나타날지 모르는 기회를 포착할 수 있는 기민함과 상황과 환경이 바뀌었을 때 바로 적응할 수 있는 유연성을 갖추어야 한다.

당신의 인생에서 기회와 위협은 언제 어디서 어떻게 나타날지 모른다. 기회와 위협을 포착할 수 있는 예민한 관찰력과 함께 주변을 충분히 둘러볼 만한 여력이 필요하다. 책은 고사하고 하루에 신문 한 장 읽을 시간이 없는 사람이 어떻게 세상 돌아가는 분위기를 읽고 올바른 판단을 내리겠는가? 눈코 뜰 새 없이 바쁜 것은 자랑이 아니다. 자신의 일을 열심히 하면서도 눈치껏 여력을 만드는 것이 현명한 일이다. 모든 에너지를 오늘 다 써버리면 기회가 왔을 때 그것을 붙잡을 힘이 남아 있지 않기 때문이다.

아울러 현재의 상황이 영원히 계속되리라 생각해서는 안 된다.

지금의 부서장이, 지금의 조직이, 지금의 회사가 영원히 지금과 같은 방식대로 작동할 거라고 기대하는가? 한 치 앞도 내다보기 힘든 세상이다. 상황이 바뀌면 그에 맞게 생각과 태도, 행동도 바뀔 수 있도록 평소 열린 자세와 유연성을 갖추어야 한다. 그래서 멀리 떨어져 있는 원대한 목표에만 매달리기보다는 그것을 달성해가는 과정을 중요하게 생각하는 사고를 갖는 것이 필요하다.

창의성의 대가인 테리사 애머빌 교수는 최종 목표를 달성하기 위해 큰 목표를 여러 단계로 나누어 중간 목표를 수립할 것을 제안했다. 조금만 노력하면 달성할 수 있는 작은 목표를 여러 개 세우고, 하나씩 이루다 보면 성취감과 자신감이 늘어나서 다음 단계로 넘어갈 수 있는 에너지가 생긴다는 것이다.[46] 마라톤 선수가 42킬로미터라는 긴 거리를 달릴 수 있는 것은 처음부터 42킬로미터를 뛴다고 생각하고 달리는 것이 아니라 10킬로미터씩 또는 5킬로미터씩 구간을 나누어 한 구간씩 달성해간다는 생각으로 뛰기 때문이다.

많은 사람이 마라톤을 우리 인생과 비교하지만 우리 인생은 정해진 코스를 뛰는 마라톤과 차이가 있다. 중간에 코스가 바뀔 수도 있고, 악천우로 쉬었다 갈 수도 있다. 때로는 최종 결승점이 변경될 수도 있다. 그런 불가피한 상황 변화를 충분히 예상해서, 최종 목표를 향해 맹목적으로 뛰어가기보다 자신의 여건에 따라 속도를 적절히 조절하며 주위를 살필 필요가 있다.

어떻게 보면 목표 자체도 바뀔 수 있다. 이렇게 해야만 한다고 절대적으로 정해진 목표는 세상에 없다. 우리는 최선의 결과를 얻어내려고 시간과 노력을 투입할 뿐이다. 그 과정에서 즐겁고 행복할 수 있으면 더 좋다. 이것을 자신의 일에 적용한다면 바로 잡 크래프팅이다. 목표를 향하며 자신의 일을 성실히 수행하다 우연찮게 발견한 기회를 활용할 수 있어야 한다. 자기가 개발한 풀이 점착성이 떨어진다는 사실을 알고 낙담하기보다는 그것을 이용해 포스트잇을 만들어낸 3M의 연구자, 자기 직업을 불만족스러워하다가 취미로 즐기던 사진 찍기를 직업으로 삼은 변호사 등 우리 인생은 우연과 변화의 가능성으로 가득 차 있다.

일만큼 중요한 놀이와 휴식

삶 전체의 행복에 직장에서의 행복이 미치는 영향이 무엇보다 큰 것은 사실이지만, 일이 인생의 전부는 아니다. 마틴 셀리그만은 일, 놀이, 사랑이 삶의 위대한 3가지 영역이라고 정의한 바 있다. '놀이'가 '일'만큼 중요한 인생의 한 영역이라는 것이다. 우리는 일과 놀이를 구분해 '일'은 긍정적인 것으로 여기고 '놀이'는 부정적인 것으로 꺼리는 시대에 살고 있지만, 일과 놀이는 본래 구분될 수 있는 성질의 것이 아니었다. 과거 인류는 일의 육체적 고단함을 달래거나 정신적 각성을 도모하기 위해 휴식과 놀이를 활용했다. 오늘날에도 일의 생산성을 유지하거나 더 나은 성과를 창출하기 위해서 휴식은 필수다.

마라톤의 예를 다시 들면, 마라톤을 즐기는 사람들 사이에서 유명한 호주의 마라토너 데릭 클레이턴의 사례가 있다. 클레이턴은 큰 키에 폐활량이 적었다. 마라토너로서는 불리한 신체 조건이었다. 일주일에 250킬로미터씩 달리며 훈련했지만, 그의 기록은 2시간 17분에 머물렀다. 더구나 고된 훈련은 부상으로 이어졌다. 1967년 일본 후쿠오카 마라톤 대회를 준비하다가 부상을 입은 클레이턴은 회복을 위해 한 달간 휴식을 취해야 했다. 그는 회복한 뒤에 준비 훈련을 하는 셈 치고 별 기대 없이 후쿠오카 마라톤 대회에 출전했다. 그러나 한 달간 훈련을 못했음에도 역사상 최초로 2시간 10분의 벽을 깨고 그 대회에서 우승했다.

우연은 한 번에 그치지 않았다. 클레이턴은 1969년 앤트워프 마라톤을 준비하다가 다시 부상을 당했다. 어쩔 수 없이 휴식을 취한 그는 이번에는 세계 신기록인 2시간 8분 33초로 우승했다. 그의 세계기록은 이후 12년이나 깨지지 않았다. 오늘날 많은 운동선수가 '휴식도 훈련'임을 클레이턴의 사례를 인용해 강조하고 있다.

재택근무와 심리적 분리

휴식과 놀이는 지속 가능한 성과와 업무몰입을 위해서라도 반드시 필요하다. 휴식과 놀이 없이 지속 가능한 일은 이 세상에 없다. 요즘 재택근무가 활성화되면서 일과 휴식의 경계가 모호해지고 있다. 한 연구 결과를 보면 네덜란드의 일반 근로자는 12퍼센트가 일요일에 일한 반면, 재택 근무자는 50퍼센트가 일요일에 일했다.[47] 하지만 재택근무를 하더라도 일과 휴식은 철저히 분리되어야 한다. 심리학에서는 그 이유를 '심리적 분리'라는 개념으로 설명한다.

심리적 분리란 서로 다른 영역 간에 심리적 거리 두기가 필요하다는 것인데, 휴식을 취할 때는 업무에 관한 정신적 활동을 하지 않아야 업무로 인해 고갈된 인지적·정신적 자원을 회복할 수 있다는 주장이다. 독일 만하임대학교 사빈 소네타크 교수는 여러 차례의 연구에서 퇴근 이후에 직장과 심리적으로 분리되지 않으면 정서적으로 탈진할 수 있고 다음 날 업무 몰입도도 떨어진다는 결과를 보여주었다. 독일이나 프랑스 같은 국가에서 '업무 후 휴대폰 메시지 금지'와 같은 정책 및 법안을 만드는 것도 이런 이유 때문이다. 재택근무를 운영할 때도 업무시간과 휴식시간은 철저히 분리해서 운영해야 한다.

근무 강도를 조절하는 지혜

개인에게 주어진 에너지는 한계가 있으며 사용할수록 점차 소진된다. 에너지뿐 아니라 의지력이나 도덕성도 사용할수록 줄어든다. 한 도덕성 실험 연구에 따르면 사람들은 아침에는 도덕성이 높지만 오후로 갈수록 도덕성이 낮아진다고 한다. 연구자는 그 이유로 자기통제력의 감소를 들었다. 아침에는 자기통제력이 높아 도덕적 기준에 엄격하지만 오후로 갈수록 자기통제력이 낮아져 비도덕적이 된다는 것이다. 대학생을 상대로 한 해당 실험에서 실험 대상자들은 아침 8~12시보다 오후 12~18시에 부정행위를 더 많

이 저질렀다.[48]

　이는 일반인뿐 아니라 전문직 종사자에게도 동일하게 적용된다. 이스라엘 가석방 전담 판사들을 대상으로 수행한 한 연구는 전문가에게조차 의지력의 한계가 있음을 여실히 보여준다. 연구 결과를 보면 가석방 심사의 경우 식사시간 및 휴식이 끝난 후에는 승인 요청의 약 65퍼센트가 수용되는 반면, 다음 식사를 하기 전 2시간 남짓 동안에는 승인 비율이 점차 하락한다. 그러다가 식사시간 직전에는 0퍼센트대로 뚝 떨어진다. 이는 관련 서류에 대한 몰입도가 저하되면서 판단력이 제대로 작동하지 못해 승인 요청을 거부하게 되기 때문이다.[49]

　몰입의 지속성에 한계가 있다는 사실은 이와 같이 여러 연구 사례를 통해 지속적으로 증명되고 있다. 개인의 일에 대한 주의력, 통제력, 몰입의 양은 정해져 있다. 의지력과 통제력은 우리 몸의 근육과 같아서 한동안 힘을 썼다면 휴식을 취하며 다시 회복될 때까지 기다렸다가 사용해야 한다.

　그러나 여전히 일반 기업에서는 휴식을 그리 달갑게 보지 않는다. 아직도 많은 기업의 경영자들은 밤이 늦도록 직원들이 사무실을 지키고 있으면 든든해하고, 일찍 퇴근하는 직원은 미심쩍은 시선으로 본다. 회사에 오래 남아 있다는 것은 회사에 대한 열정과 헌신을 뜻하며, 그런 사람이 일도 잘할 것이라는 그릇된 맹신에서 벗어나지 못하고 있다.

　야근도 하루 이틀이다. 비록 자신이 경영자가 아니라 시켜서 해야 하는 어쩔 수 없는 상황일지라도 방법을 찾아보자. 자신이 몰입할 수 있는 시간과 능력의 한계를 인식하고 이에 맞게 근무 강도를 조절하는 지혜가 필요하다. 그렇게 하는 것이 자신의 건강과 행복을 지킬 뿐 아니라 결국 회사에도 도움이 되는 길이다.

세상과 당신은 멀리 떨어져 있지 않다

> 잡 크래프팅은 일의 의미를 찾고자 하는 개인적 시도이지만 개인을 고립된 존재로 보
> 지는 않는다. 일의 궁극적 의미는 공동체에 물질적·서비스적으로 기여하는 것이다.
> 성공한 사람은 결코 개인의 능력과 노력만으로 성공한 것이 아니기에 그 성과를 다른
> 이들과 함께 나눌 책임이 있다.

새로운 비즈니스 트렌드에 관심이 많은 강 과장. 얼마 전 다녀
온 외부 포럼 소식을 전하던 중 의미심장한 얘기를 던졌다.

"그날 기조 강연을 ○○기업 CEO가 했는데, 솔직히 하나도 공
감이 안 되더라고요."

"왜, 무슨 얘기를 했길래?"

강 과장은 말을 이어갔다.

"그렇게 유복하지 않은 환경에서 자랐지만 자신은 최선을 다
했고, 높은 취업 경쟁률을 뚫고 회사에 들어와 작은 회사를 이
만큼 키우느라 엄청 노력했다는 거예요. 그러면서 지금 젊은
친구들은 '근성'이 없다고 하더군요."

"뭐 특별히 대단한 얘기도 아니고, 그렇다고 공감 못 할 얘기도
아닌 것 같은데?"

"근데 솔직히 그분이 입사할 때는 웬만한 4년제 대학 나오면
다 취직할 때였고, 당시 그 회사는 지금처럼 대기업도 아니었

잖아요. 회사가 커지면서 당연히 자리도 많아졌고, 때 되면 승
진은 다 하는 분위기였고…… 지금은 임원은커녕 부장 달기도
어려운데 말이에요."

"아, 그땐 참 그랬지. 그 회사가 성장한 이유도 정부가 해당 산
업을 키우면서 사업 인허가를 몰아줘서라고 하던데."

"솔직히 시대를 잘 만난 덕분이잖아요. 그분이 지금 세대였다
면 과연 같은 결과가 있었을까요?"

≫ 성공과 실패 그리고 공동체

우리는 보통 자신의 성공을 내 재능과 노력 덕분으로 돌린다. 마찬
가지로 타인의 실패는 그 사람이 모자라고 노력이 부족한 탓으로
돌린다. 이런 해석은 진실의 절반밖에 보지 못한 것이다.

잘나가는 사람이 계속 잘나갈 수 있는 것은 그가 계속 잘나갈 수
있게 만들어주는 사회적 기반과 시스템이 있기 때문이다. 만약에
시스템이 붕괴하거나 기반이 사라진다면 그의 성공이 계속될 수
있을까? 예를 들어, 잘나가는 프로야구 선수는 자신의 재능과 능
력으로 높은 연봉을 받는다고 생각할지 모르지만 프로야구 리그
라는 시스템이 깨진다면 그가 계속 돈을 벌 리 없다. 몇몇 스타 선
수 중심으로 경기가 운영되고, 나머지 선수들은 생계마저 어려울
정도가 된다면 게임을 보는 관중의 흥미는 점점 줄어들 것이다. 만
약 스타가 되기 위해 경기가 조작되고 부패가 만연한다면 팬들은

완전히 등을 돌릴 것이다. 그렇게 되면 결국 프로야구라는 시스템은 붕괴되고, 그 안에서 성공한 사람도 존재하지 않게 된다.

우리가 사회 구성원으로서 잡 크래프팅 이전에 관심을 가져야 하는 것은 바로 시스템, 즉 공동체의 보존이다. 서로 협력하고 공존하는 공동체 없이는 누구도 성공을 이룰 수 없다. 제대로 돌아가는 공동체가 있어야 직장도 잡고, 회사도 옮기고, 그 안에서 성공하는 사람도 나온다. 공동체가 잘 기능한다면 굳이 잡 크래프팅을 하지 않아도 많은 사람이 자신이 원하는 일을 하게 될 것이다.

공동체 없이 누구도 행복할 수 없다

동물은 태어나면서부터 걸으며 자기 앞가림을 하지만 사람은 거의 20년 동안 부모의 도움을 받으며 성장한다. 사람이 동물과 다르게 사회적 존재임을 설명하는 이론 가운데 '조산설부產說'이 있다. 사람은 다른 동물에 비해 몸의 기관과 기능이 자연적으로 완성된 상태가 아니라 오직 가능성만 지니고 태어난다는 것이다. 다른 동물은 이미 날 때부터 하나의 완벽한 개체로 이 세상의 빛을 보지만, 인간은 자궁 밖으로 나온 뒤에도 다른 사람이나 사회환경의 도움을 받으며 성숙한 인간으로 완성되는 과정을 거친다.

부족하게 태어난 인간은 성인이 되어서도 여전히 다른 사람의 신세를 진다. 밥을 먹고, 잠을 자고, 공부를 하는 모든 활동이 다른 사람의 도움으로 이루어진다. 사람들과 불가분의 관계를 맺지 않고서는 일상생활을 영위할 수 없다. 분업화된 세상에서는 다른 사람이 내가 먹고 입고 자는 데 필요한 모든 물건과 집기를 제공한다.

인간이 사회적 동물이라는 말은 물질적 재화를 다른 사람을 통해 공급받는 측면에 한정되어 있지 않다. 인간은 다른 사람과 유대해야만 살아갈 수 있는 존재다.

사회신경과학의 창시자 중 하나인 시카고대학교 존 카치오포 교수는 인간이 외로움을 피하도록 진화해왔다고 주장했다. 인간이 육체적 고통 때문에 신체적 위험을 피하듯이 외로움의 고통 때문에 고립의 위험을 피하도록 진화했다는 것이다. 그는 오랜 진화 과정에서 '사회적 유대'가 생존에 유리하다는 걸 알고 이를 유전자에 새겨 넣었다고 설명한다. 이미 오래전에 아리스토텔레스를 비롯한 많은 현인이 이 모든 것을 깨우쳤다. 그래서 인간은 공동체를 떠나서는 살 수 없는 존재라는 점을 계속 강조한 것이다.

≫ 세상이 돌아가는 데 관심을 갖자

인간은 다른 사람이 없으면 살 수 없는 동시에 자기만의 욕구를 지닌 이기적인 존재다. 사회적 존재로서 인간은 자신의 욕망과 집단의 욕망 사이에서 타협해야 할 필요가 생긴다. 그렇게 하지 않으면 다른 사람의 욕구로부터 자신의 생명과 재산을 지킬 수 없다. 그래서 탄생한 것이 사회의 윤리, 제도, 법이고 이를 만들고 바꾸어가는 것이 바로 정치다.

정치는 우리 삶과 생활의 기준을 만들어가는 중요한 활동이다. 정치는 내 삶의 모든 일과 직간접적으로 연결되어 있다. 따라서 정치에 관심이 없다는 표현은 "내 이웃, 내 나라, 세상사에 관심이 없다"라고 말하는 것과 같다. 정치는 나와 구분할 수 있는 별개의 것이 아닌 내 삶의 모든 것과 직간접적으로 연관되어 있기 때문이다.

좋은 공동체에 대한 관심

우리 주변의 청년이 취업을 하지 못하는 이유는 둘 중 하나다. 취업할 자리는 널려 있는데 본인 능력이 부족해 번번이 떨어지거나, 능력은 탁월하지만 외부적 여건, 즉 경제 상황 또는 국가정책 등이 맞지 않아 취업을 하지 못하는 경우가 그것이다. 정치는 취업준비생이 취업에 유리하게끔 도움이 되는 정책을 만들어낼 수도 있고, 반대로 그들에게 불리한 정책을 만들어낼 수도 있다. 하지만 자세히 보지 않으면 그 차이를 제대로 알 수 없다. 어떤 정당, 어떤 정치인이 내놓은 정책이 실제로 자신에게 도움이 되는지, 불리한지 판단하기가 쉽지 않다. 그래서 관심을 가지고 살펴야 한다.

좋은 공동체를 유지하고 그 안에서 내가 안정적이고 수입이 충분한 좋은 일자리를 얻으려면 좋은 정치와 올바른 정책이 있어야 한다. 내 관심이 늘어날수록 나에게 유리한 정책을 만들어낼 정치인을 선별하는 안목이 생긴다. 또한 사람들이 자신을 지켜보고 있다는 사실을 알게 되면 정치인은 자신에게 주어진 일을 소홀히 할 수 없기 때문에 우리는 그들에게 관심을 가져야 한다.

공정한 계약

정치가 우리 삶과 좋은 공동체 유지에 필수불가결한 것이라면 어떤 정치적 원칙을, 다시 말해 공동체를 지배할 어떤 원칙을 정해야 할지 생각해보아야 한다.

앞서 살펴본 바와 같이 누군가의 성공과 실패는 온전히 그의 능력과 노력의 결과가 아닐 수 있다. 자신의 능력과 노력은 오히려 작은 부분에 한정될지도 모른다. 그렇다면 성공한 사람들은 자신의 성과를 온전한 자기 몫으로 주장할 자격이 있을까?

《정의란 무엇인가》에서 마이클 샌델은 이런 의문을 풀기 위해 자신의 스승 존 롤스의 《정의론》에 대한 설명에 상당한 지면을 할애한다. 그의 주장을 토대로 우리 삶을 지배할 원칙이 어떤 모습이어야 하는지 생각해보고자 한다.

먼저, 모든 사회 구성원이 모여 우리 삶을 지배할 원칙과 기준을 정한다고 가정해보자. 현재 모습 그대로 모인다면 각자의 지위와 처한 상황, 선호와 성격 등이 워낙 다양해 삶의 원칙과 기준에 대해 합의하기가 쉽지 않을 것이다. 할아버지부터 어린아이까지, 부자부터 가난한 이들까지, CEO부터 말단 직원까지 다양한 사람이 모두 공감하는 보편적인 원칙을 찾아내기란 여간해서는 쉽지 않다. 이런 경우 아마도 지위가 높거나 나이가 많은 사람의 의견에 더 힘이 실릴 테고, 그들에게 유리한 원칙과 기준으로 합의가 이루어질 여지가 많다.

그래서 롤스는 '무지의 베일'이라는 가상의 상황을 설정한다. 자신과 상대방에 대해 아무것도 모른다고 가정한 상황에서 사회의 원칙과 기준을 다시 정하자는 것이다. 내가 공무원인지, 상대방이 대기업 회장인지 타이틀과 지위를 모르는 원초적으로 평등한 위치에서 사회계약을 맺을 때만 완벽하게 공정한 계약이 가능하다는 게 그의 주장이다. 아마도 대중목욕탕 모습과 비슷할 것 같다. 어디서 무엇을 하는 사람이든 간에 일단 옷을 벗고 목욕탕에 들어서면 그 어떤 권위나 지위도 필요 없다.

그럴 때 합의되는 원칙과 기준은 부자나 사회지도층에게 유리한 계약이 아닐 것이다. 자신이 어떤 위치에 놓일지 알지 못하는 상황에서는 모든 사람이 기본권을 평등하게 누려야 한다는 원칙에 동의할 것이기 때문이다. 아무래도 부잣집에서 태어날 확률보다는 그렇지 않을 확률이 높다고 생각하지 않겠는가?

≫ 내 성공은 온전히 내 것이 아니다

그런데 현실 세계에는 불평등이 엄연히 있다. 사회적 지위와 계층이 있고 부와 소득은 편중되어 있다. 이러한 경제적·사회적 불평등을 해소하기 위해 롤스는 '차등의 원칙'을 강조한다. 요컨대 롤스는 소득과 기회의 분배가 차별화될 수는 있지만 결코 임의의 요소를 기반으로 해서는 안 된다고 주장한다.

과거 봉건사회는 출생 신분이라는 우연을 기준으로 재산, 기회, 권력을 분배했기에 불공평했다는 점에는 누구나 동의할 것이다.

한편 개인에게 무한한 자유를 허용하는 근대 이후의 자유시장제도에서는 능력이 있으면 성공할 수 있지만, 여전히 기회 자체가 타고난 환경, 즉 어떤 집안에서 태어났느냐에 좌우될 가능성이 높다. 분명 봉건사회보다는 공평해졌지만 여전히 불공평하다. 애초에 출발선이 다르다면 그 경기는 공정하다고 보기 어렵다. 공정한 능력주의 사회라면 교육 기회를 고르게 제공해 가정 형편이 어려운 학생도 풍요로운 가정에서 자란 학생과 같은 기반에서 경쟁하게 해주어야 한다.

성공의 성과를 함께 나누자

그렇게 한다고 한들 타고난 개인의 능력과 재능이 성공에 미치는 영향을 무시할 수는 없다. 모든 아이를 IQ까지 똑같이 만들어줄 수는 없지 않은가? 가정환경 같은 사회적 우연이든 IQ 같은 타고난 우연이든 결국 성공의 향방을 결정하는 데 영향을 미칠 수밖에 없다.

　모든 사람에게 공정하고자 할 때는 사회적 우연이든, 타고난 우연이든 임의의 요소는 제외하거나 제쳐두어야 한다. 자신이 타고난 재능은 부모에게 우수한 유전자를 물려받은 덕이다. '그렇지만 재능을 갈고닦게 만든 내 성격과 태도는 당연히 내 몫이다'라는 생각 역시 문제가 있다. 성격심리학자들은 성격과 태도의 형성에는 물려받은 유전인자와 어렸을 때 겪은 가정환경과 사회환경이 크게 영향을 미친다고 주장한다. 엄밀히 말해 능력을 갈고닦게 만드는 성격과 태도 역시 유전적·환경적 요인에 기인한다. 따라서 이를 자신이 온전히 노력한 결과라고 보기는 어렵다.

또 누군가의 특별한 재능은 시대를 잘 만나야 꽃필 수 있다. 만약 마이클 조던이 NBA가 번성한 미국이 아닌 다른 나라에, 또는 다른 시대에 태어났다면 지금과 같은 부와 명성을 거머쥘 수 있었을까? 이처럼 특정한 시기에 사회가 가치를 두는 자질 역시 도덕적으로 임의성을 띤다는 점에서 공평하지 않다.

이러한 임의의 요소 때문에 인생이라는 경기는 공정하게 이루어지지 않는다. 그렇다고 흔히 오해하는 것처럼 롤스가 재능 있는 사람을 강제로 끌어내리고 불이익을 주어 억지로 평등을 맞추자고 주장하지는 않는다. 롤스가 내놓은 대안은 성공의 과실을 나눔으로써 재능 있는 사람에게 불이익을 주지 않으면서 재능과 소질의 불공정한 분배를 바로잡자는 것이다.

> 재능 있는 사람을 격려해 그 재능을 개발하고 이용하게 하되, 그 재능으로 시장에서 거둬들인 대가는 공동체 전체에 돌아가게 하는 것이다. 가장 빠른 주자에게 족쇄를 채우지 말고 최선을 다해 달리게 하라. 단, 우승은 그만의 것이 아니라 재능이 부족한 사람들과 함께 나누어야 한다는 점을 알려준다.[50]

자신의 성공을 과신하는 사람은 성공에서 이러한 우연이 차지하는 부분을 쉽게 지나친다. 성공이 온전히 자신의 힘으로 이루어졌다고 생각하다 보니, 자신이 가진 것을 남과 나누는 데 인색하다. 롤스의 사상은 미국 정치철학에 지대한 영향을 미쳤고 현대 복지 제도 사상의 근간을 이루었다. 그러나 기본적으로 모든 사람이 평등한 상태에서의 사회계약에서 출발하여 차등 원칙을 강조하기 때문에 현실과 괴리되었다는 비판을 많이 받는다. 현실론자들은 세상은 어차피 불평등과 부조리가 가득하니 그걸 인정하며 살 수밖에 없는 것 아니냐고 주장한다. 그러한 주장에 롤스는 격앙된 어조로 다음과 같이 항변한다.

> 실제로 존재하는 방식은 마땅히 존재해야 하는 방식을 결정하지 않는다.[51]

현실이 비록 암울하다고 할지언정 어쩔 수 없다고 체념하지 말자. 다 함께 협력하고 공존할 수 있는 공동체를 만들려는 노력 없이는 모두가 '만인 대 만인의 투쟁'으로 내몰리고 현실은 더욱 냉혹해진다.

세상과 연결되는 '잡 크래프팅'을 하라

현명한 사람은 세상의 변화를 내 삶과 연계하고 이에 대응한다. 그 출발점은 세상사에 대한 관심이다. 다시 한번 강조하지만 공동체의 보존이야말로 사회 구성원으로서 잡 크래프팅 이전에 관심을 가져야 하는 것이다. 서로 협력하고 공존하는 공동체 없이는 누구도 성공적인 삶을 살아갈 수 없다. 제대로 돌아가는 공동체의 기반이 있어야 그것을 토대로 성공하는 사람도 나오고, 잡 크래프팅이 굳이 없어도 자신이 원하는 일을 할 수 있게 된다.

잡 크래프팅을 소개하는 책 말미에 이런 내용을 강조하는 것은 잡 크래프팅이라는 처방전이 혹시나 개인을 극히 이기적이고 고립적인 존재로 가정한다는 오해를 받을까 봐 우려되기 때문이다. 성공한 사람은 결코 자신의 이기적이고 고립된 노력의 결과로 성공을 이룬 것이 아니다. 잡 크래프팅의 실천 또한 세상과 괴리된 자기 최면의 결과가 되어서는 안 된다. 잡 크래프팅은 자신만이 아닌 다른 사람에게 도움이 될 때 지속 가능하다.

자, 지금부터 세상과 연결된 '잡 크래프팅'을 시작하자.

성공을 끌어내는 '사회적 감수성'

회사를 둘러보면 뭘 해도 잘하는 팀과 뭘 해도 삐걱거리는 팀이 있게 마련이다. 두 팀의 차이점은 무엇일까?

카네기멜론대학교와 MIT의 연구진이 뭘 해도 잘하는 팀이 과연 존재하는가에 대한 실험을 진행했다. 실험 결과를 보면 분야별로 우수한 팀이 정해진 것이 아니라 대체로 한두 개를 잘하는 팀이 여러 방면에서 우수한 결과를 얻었다. 뭘 해도 잘하는 팀이 실제 존재하는 셈이다. 반대로 처음부터 헤매기 시작한 팀은 각기 다른 과제임에도 불구하고 뭘 해도 헤매는 모습을 보였다.

대체 무엇이 이런 큰 차이를 가져온 걸까? 연구진이 발견한 것은 바로 구성원의 사회적 감수성이었다. 뭘 해도 잘하는 팀은 다른 팀에 비해 상대방의 마음을 읽고 공감하는 능력이 매우 뛰어났다.[52]

하버드대학교 심리학과 대니얼 골먼 교수는 자신의 저서 《SQ 사회지능》에서 사회성을 나타내는 지수인 사회지능Social Quotient, 즉 SQ를 소개했다. SQ는 사회성과 밀접한 개념으로 사회관계나 인간관계에서 다른 사람을 이해하고 동시에 그 관계에서 적절하게 대처하고 행동하는 능력을 의미한다. SQ의 정의에서 충분히 이해할 수 있듯이

SQ가 높으면 상대방의 감정과 의도를 읽고 애매한 상황에서도 상대방이 무엇을 원하는지 알 수 있다. 심리학에서도 이와 비슷한 개념으로 '조망수용'이라는 것이 있다. 이는 '타인의 입장에 서서 타인을 이해하는 능력'이다. 즉 다른 사람도 나와 똑같은 생각을 하고 똑같은 감정을 느낄 것이라고 생각하는 자기중심적 입장에서 벗어나 타인의 입장에 자신을 가져다 놓는 능력을 뜻한다. 따라서 SQ 또는 조망수용을 높일 수 있다면, 회사에서 눈치가 빠르고 감이 있다는 평판을 들을 수 있다.

그럼 이 능력을 어떻게 개발할 수 있을까? 사회지능의 본질은 결국 상대방의 마음을 헤아리는 능력이다. 우리는 이를 역지사지, 감정이입, 공감, 배려 등으로 다양하게 표현한다. 상대방의 마음을 헤아리려면 상대방의 처지를 이해할 수 있어야 한다. 또 상대방의 처지를 이해하려면 상대방과 내가 다를 수 있음도 인정해야 한다. 그것조차 인정하지 못하면서 상대방의 마음을 헤아리기는 불가능하다. 조직 내에서의 많은 갈등은 서로 간에 '다름'을 인정하지 못하기에 생긴다. 임원과 신입사원은 자란 환경과 현재 위치가 다르다. 이 차이를 인정하지 못한다면 임원의 아무리 좋은 말도 신입사원에게는 귓등으로 흘려버릴 잔소리에 불과하다. 많은 기업에서 계층 간에 이해를 돕는 교육 프로그램을 운영하는 것도 이 때문이다.

그래서 '다름'을 인정하는 것이 바로 사회지능 향상의 출발점이다.

힐링을 넘어 잡 크래프팅으로

오늘날 직장인은 점점 더 복잡해지는 세상에서 상충되고 혼란스러운 충고로부터 스스로를 지킬 무기가 필요하다. 이 책이 그중 하나가 되었으면 한다.

21세기를 살아가는 직장인으로서 가질 수 있는 꿈과 열망, 그에 따른 도전과 실패는 삶의 대극으로 존재하지 않고 늘 공존한다. 기차의 출발역과 종착역이 아니라 서로 마주 보고 같이 달리는 레일처럼 늘 함께한다. 꿈과 열망을 키워 도전을 자극하는 성공 모델도 필요하겠지만, 실패와 좌절에서 오는 고통과 스트레스를 따뜻하게 어루만져줄 손길도 필요하다. 그래서 자기계발서가 끊임없이 나오고 사람들은 힐링에 열광한다.

필자는 좀 더 현재의 삶으로 눈길을 돌리고 싶었다. 도전에 대한 '독려'와 실패에 대한 '치유'만이 아니라, 그 모든 것이 공존하는 생활공간에서 일하고 살아가는 보통 사람들의 평범한 행복을 찾아주고 싶었다. 행복은 대단한 부와 명예에 있지 않고, 지금의 생활과 분리된 이상향에서도 찾을 수 없다고 믿는다. 즉 자신의 행복을 위한 노력이지만, 세상과 동떨어져서는 안 된다. 그래서 자신의 일과 삶에 궁극적인 행복을 가져다주는 기술로 잡 크래프팅에 주목했다. 일의 영역에서는 잡 크래프팅이지만, 삶 전체에서는 삶 크래프팅이 된다.

이제 우리는 다른 사람을 통한 소극적인 치유에 그칠 것이 아니라 자신의 행복 증진을 위해 적극적으로 노력해나가야 한다. 힐링의 필요성을 부인하지는 않는다. 다만 어느 정도 위로를 받았다면 이제는 떨치고 일어나 내 일과 삶을 의미 있게 하는 요소들을 찾아 적극적으로 행동할 때다. 이제는 힐링을 넘어 잡 크래프팅이 필요하다.

일을 단순히 즐기는 것과 잡 크래프팅을 하는 것은 엄밀히 따지면 다르다. "자신의 일을 즐겨라"라는 말은 직장인이라면 지겹도록 들었을 것이다. 그러나 단지 일을 즐기라는 말은 무책임하다. 이말은 본래 종업원의 성실과 헌신을 끌어내기 위한 경영자의 레토릭이었다. 나는 여기서 일을 즐기라고 주문하는 데 그치지 않고 구체적인 잡 크래프팅 방법을 제시하려고 애썼다.

잡 크래프팅은 자신이 선 자리에서 일의 의미를 가꾸어가는 이시대의 모든 직장인을 위한 기술이다. 잡 크래프팅을 통해 자기삶의 색채를 풍부하게 그려나갈 대한민국의 모든 직장인을 응원한다.

감사의 글

모두가 함께한 잡 크래프팅

이 책은 많은 분의 도움 덕분에 다시 나올 수 있었다.

어떻게 하면 직원들이 자신의 일에 몰입할 수 있을까를 고민하던 경영진에게 '잡 크래프팅' 개념을 끄집어내 제안해준 원호와 소영. 교과목 개설을 위해 함께 구상하고 사례까지 작성해준 기본교육 파트의 상우와 민석. 바쁜 업무 중에도 강의안을 준비하고 일타 강사로 나서준 미서, 진호, 사랑, 정무, 수미, 지연, 상일. 스크립트를 한 줄 한 줄 더해가며 강의 완성도를 한층 높여준 진수, 송화, 기선, 우람. 이들 모두가 '잡 크래프팅' 강의를 탄생시킨 조력자다.

교육의 몰입도를 높이고 보다 친근하게 주제에 다가설 수 있도록 잡 크래프팅 숏폼 동영상을 제작한 이들도 있다. 삼성전자 연극 동호회인 '극단 성전'에서 참여해주었고, 숨겨진 연기 재능을 발견한 용진, 진수, 송화, 진호의 열연도 인상 깊었다. 시나리오 작성부터 편집까지 영상 제작 과정을 총괄한 지연에게는 더 깊은 감사의 마음을 전한다.

이 개정판은 송화, 웅석, 희은, 진수, 용진 이 다섯 명의 도움이 없었다면 나오기 어려웠을 것이다. 2장을 맡아 각종 데이터와 사례를 업데이트해준 송화는 온디맨드 과정 전반의 코디네이터 역할까지 완벽하게 수행했다. 3장과 4장은 올해 우리 부서에 전입해 왔지만 그 누구보다 프로답게 열정적으로 일한 웅석과 희은의 작품이다. 개정판의 발간은 용진과 진수의 제안으로 시작되었는데, 용진은 자신의 잡 크래프팅 스토리를 공개해주었고, 진수는 출판사와의 연락을 도맡아 계약, 전달까지 프로세스 전반을 매끄럽게 진행했다. 아울러 핵심가치 파트의 도혁 파트장과 한별 프로가 직원들의 사례 발굴을 지원해주었다. 비록 잡 크래프팅 강의나 개정판 작업에 직접 참여하지는 않았으나 그로 인한 빈틈들을 완벽히 메꾸고 지지해준 팀원들, 윤정, 수용, 유동, 태영, 현지, 지광, 하빈, 오드, 하이코에게도 큰 고마움을 표한다.

회사에서 하는 일은 조직이나 상사의 지원 없이는 절대적으로 진행이 어렵다. 이번 작업도 마찬가지였다. 교과목 편성과 재출간을 독려해주신 부원장님, 팀원들이 자유롭게 일할 수 있는 환경을 만들어준 팀장님, 귀찮은 업무협조 요청에도 선뜻 응해준 여러 팀장, 파트장님에게도 감사의 말씀을 드린다.

마지막으로 주말마다 원고 작성에 바쁜 아빠를 배려해준 아이들에게 다시 한번 고마움을 전한다. 그사이 어엿한 숙녀가 된 수하와 여전히 집안의 귀요미를 담당하고 있는 서윤. 참으로 너희들이 있어 고맙고 행복하다.

주

1 잡코리아, "MZ세대 직업을 통해 이루고 싶은 것 …1위 '나의 발전'", 2021. 10. 7.

2 세계파이낸스, "대한민국 직장인 74% 월급 받기 위해 일한다", 2012. 5. 4.

3 Bellah, R. N., Madsen, R., Sullivan, W. M., Swidler, A., & Tipton, S. M., *Habits of the heart*, New York: Harper & Row, 1985.

4 Elangovan, A. R., Pinder, C. C., & McLean, M, "Callings and organizational behavior", *Journal of Vocational Behavior* 76(3), 2010, pp. 428-440.

5 국가지표체계, https://www.index.go.kr/unify/idx-info.do?idxCd=4217

6 김진하, 황민영, 〈서울시 청년층 이직/재취업 특성과 청년실업의 정책 시사점〉, 서울연구원, 2019.

7 대니얼 길버트, 《행복에 걸려 비틀거리다》, 서은국 외 옮김, 김영사, 2006.

8 대니얼 카너먼, 《생각에 관한 생각》, 이창신 옮김, 김영사, 2012.

9 마틴 셀리그만, 《긍정심리학》, 김인자 옮김, 물푸레, 2009.

10 Wrzesniewski, A., & Dutton, J. E., "Crafting a job: Revisioning employees as active crafters of their work", *Academy of Management Review* 26, 2001, pp. 179-201.

11 Wrzesniewski, A., Berg, J. M. & Dutton, J. E, "Managing yourself: Turn the job you have into the job you want", *Harvard Business Review*, June, 2010.

12 Berg, J. M., Wrzesniewski, A., Grant, A. M., Kurkoski, J., & Welle, B., "Getting

unstuck: The effects of growth mindsets about the self and job on happiness at work", *Journal of Applied Psychology*, 2022.

13 사람인, "직장인 70% '월급 받는 만큼만 일하면 끝' ⋯ 월급 외 투자 '아무튼 주식!'", 2021. 12. 14.

14 Diener, E., & Diener, C, "Most people are happy", *Psychological Science* 7(3), 1996. pp. 181-185.

15 배리 슈워츠 외,《어떻게 일에서 만족을 얻는가》, 김선영 옮김, 웅진지식하우스, 2012.

16 박재림,《신입사원이 복사기 옆에 앉았을 때 생길 수 있는 문제들》, 21세기북스, 2010.

17 木之本灰猫@Fay_D_Fluorite의 트위터, http://twitpic.com/65s5ct

18 Ashforth, B. E., & Kreiner, G. E, "How can you do it?: Dirty work and the challenge of constructing a positive identity", *Academy of management Review* 24(3), 1999, pp. 413-434.

19 Kim, Y., & Cohen, D., "Information, perspective, and judgments about the self in face and dignity cultures", *Personality and Social Psychology Bulletin* 36(4), pp. 537-550.

20 Daily Mail, "Whatever happened to the man who got the best job in the world on a desert island paradise?: He worked too hard, lost his girlfriend and got stung by poisonous jellyfish", 2012. 4. 24.

21 올리버 버크먼,《합리적 행복》, 정지인 옮김, 생각연구소, 2013.

22 수잔 케인,《콰이어트》, 김우열 옮김, 알에이치코리아, 2012.

23 경향신문, "채용 때 'MBTI 활용' 기업 3.1% 그쳐", 2022. 7. 19.

24 말콤 글래드웰,《그 개는 무엇을 보았나》, 김태훈 옮김, 김영사, 2010.

25 미하이 칙센트미하이,《몰입의 즐거움》, 이희재 옮김, 해냄, 2007.

26 김남국, 〈디테일의 함정〉, 상식타파경영학, SERICEO, 2013.

27 삼성경제연구소,《리더의 인생수업》, 삼성경제연구소, 2012.

28 경향신문, "직장인 58%, '적과의 동침' 프레너미 인정", 2010. 9. 2.

29 톰 래스,《프렌드십》, 정준희 옮김, 해냄, 2007.

30 예지은 외, 〈직장인의 행복에 관한 연구〉, 삼성경제연구소, 2013. 8.

31 Simone Schnall, Kent D. Harber, Jeanine K. Stefanucci, Dennis R. Proffitt, "Social support and the perception of geographical slant", *Journal of Experimental Social Psychology* 44(5), 2008, pp. 1246-1255.

32 애덤 그랜트, 《기브앤테이크》, 윤태준 옮김, 생각연구소, 2013.

33 삼성경제연구소, 《그들의 성공엔 특별한 스토리가 있다》, 삼성경제연구소, 2012. 5.

34 Tims, M., Bakker, A. B., & Derks, D., "Development and validation of the job crafting scale", *Journal of Vocational Behavior* 80(1), 2012, pp. 173-186.

35 조선비즈, "진짜 혁신은, 혁신을 깰 때 시작된다", 2013. 7. 17.

36 Podsakoff, N. P., LePine, J. A., & LePine, M. A., "Differential challenge stressor hindrance stressor relationships with job attitudes, turnover intentions, turnover, and withdrawal behavior: A meta-analysis", *Journal of Applied Psychology* 92(2), 2007, p. 438.

37 The Wall Street Journal, "The Art of Showing Pure Incompetence At an Unwanted Task", 2007. 4. 17.

38 배리 슈워츠 외, 《어떻게 일에서 만족을 얻는가》, 김선영 옮김, 웅진지식하우스, 2012.

39 다니엘 핑크, 《드라이브》, 김주환 옮김, 청림출판, 2011.

40 DBR, "'스스로 목표 설정' OKR, 구글 키운 핵심 비결", 2022. 3. 2.

41 예지은 외, 〈직장인의 행복에 관한 연구〉, 삼성경제연구소, 2013. 8.

42 법정, 《아름다운 마무리》, 문학의숲, 2008.

43 이종선, 《성공이 행복인 줄 알았다》, 갤리온, 2012.

44 브로니 웨어, 《내가 원하는 삶을 살았더라면》, 유윤한 옮김, 피플트리, 2013.

45 Judge, T. A., & Kammeyer-Mueller, J. D., "On the value of aiming high: The causes and consequences of ambition", *Journal of Applied Psychology* 97(4), 2012, p. 758.

46 Amabile, T., & Kramer, S, *The progress principle: Using small wins to ignite joy, engagement, and creativity at work*, Harvard Business School Publishing, 2011.

47 Eurofound and the International Labour Office, *Working anytime, anywhere:*

298

The effects on the world of work, 2017.

48 Kouchaki, M., & Smith, I. H., "The Morning Morality Effect: The Influence of Time of Day on Unethical Behavior", *Psychological Science* 25(1), 2014, pp. 95-102.

49 대니얼 카너먼, 《생각에 관한 생각》, 이창신 옮김, 김영사, 2012.

50 마이클 샌델, 《정의란 무엇인가》, 이창신 옮김, 김영사, 2010.

51 마이클 샌델, 《정의란 무엇인가》, 이창신 옮김, 김영사, 2010.

52 Anita Williams Woolley, et al., "Evidence for a Collective Intelligence Factor in the Performance of Human Groups", *Science* 330, 2010, p. 686.

내 일과 삶을 가꾸는 기술
잡 크래프팅